ДОРОГОЦІННА ВІРА

ПО ПРАВДІ БОГА НАШОГО

Дорогоцінна Віра По Правді Бога Нашого
Адольф Бем

©2024 HOLYBUNCH FELLOWSHIP.
ЦЕ ВИДАННЯ НЕ ПРИЗНАЧЕНЕ ДЛЯ ВИКОРИСТАННЯ В КОМЕРЦІЙНИХ ЦІЛЯХ. ВСІ ОТРИМАНІ КОШТИ БУДУТЬ СПРЯМОВАНІ ВИКЛЮЧНО НА ВИГОТОВЛЕННЯ, ЗБЕРІГАННЯ, ДОСТАВКУ ТА РОЗПОВСЮДЖЕННЯ КНИЖКОВОГО МАТЕРІАЛУ.

ВИДАННЯ НІМЕЦЬКОЮ МОВОЮ
ISBN-13: 978-1-7342802-2-7 (М'ЯКА ОБКЛАДИНКА)
ISBN-13: 978-1-7342802-3-4 (E-BOOK ВЕРСІЯ)

ВИДАННЯ РОСІЙСЬКОЮ МОВОЮ
ISBN-13: 978-1-7342802-0-3 (М'ЯКА ОБКЛАДИНКА)
ISBN-13: 978-1-7342802-1-0 (E-BOOK ВЕРСІЯ)

ВИДАННЯ УКРАЇНСЬКОЮ МОВОЮ
ISBN-13: 978-1-7342802-4-1 (М'ЯКА ОБКЛАДИНКА)
ISBN-13: 978-1-7342802-5-8 (E-BOOK ВЕРСІЯ)

ПЕРШЕ ВИДАННЯ ВИПУЩЕНЕ У 2019 РОЦІ.

Таємниця вічного життя схована в істинному чистому слові Бога, тобто в слові, яке насправді сказав Бог. Тому спасіння людини залежить від правильної віри, чи повірила вона в це слово. Звільнення від гріха, що означає і від смерті, відбувається через пізнання істини: «І пізнаєте правду, а правда вас вільними зробить!» (Ів. 8:32).

Ця книга призначена допомогти всім, хто хоче пізнати правду спасіння. В ній ви знайдете відповіді на питання: для чого створена людина, в чому сенс її життя, що таке гріх і як від нього звільнитись, як народитися від Бога і стати святим та праведним вже сьогодні, тобто як увірувати по правді.

В книзі приведені цитати з Біблії в перекладі проф. Івана Огієнка.

Відповіді на питання, що вас цікавлять, ви можете отримати за адресою: info@holybunch.com

WWW.HOLYBUNCH.COM

ЗМІСТ

ПЕРЕДМОВА
ВСІМ, ХТО БАЖАЄ ПІЗНАТИ ПРАВДУ СПАСІННЯ   **1**

РОЗДІЛ 1
ПРО БОГА   **15**

    А чи є Бог?.. 16
    Велич Бога 21
    Єство Бога 24
    Бог є правда 28
    Таємниця Бога і Отця і Христа 31

РОЗДІЛ 2
СТВОРЕННЯ ВСЕСВІТУ І ЛЮДИНИ   **37**

    Для чого Бог створив людину? 38
    Душа — особистість людини 40
    Про совість (сумління) 43
    Про тіло 48

РОЗДІЛ 3
ЗОВНІШНЯ ТЕМРЯВА. ПРО ДИЯВОЛА   **61**

    Фізична смерть — кінець усього? 63
    Про диявола — змія стародавнього 67
    Духи злоби 70

РОЗДІЛ 4
ВИБІР І ШЛЯХ ЛЮДИНИ ДО ХРИСТА   77

    Два дерева в Едемі 78
    Перший світ 84
    Історія єврейського народу 86

РОЗДІЛ 5
ПРО ЗАКОН   95

    Світ до закону 97
    Закон для Ізраїлю 99
    Благодать від Бога 108

РОЗДІЛ 6
ЯВЛЕННЯ ХРИСТА   111

    План Бога 113
    Проповідь Христа про Небесне Царство 117
    Перемога на хресті 121
    Вечеря Господня 126
    Він назавжди удосконалив тих, хто освячується 132
    Кінець закону — Христос 134
    Благодать та благодать на благодать 138
    У Христі тілесно живе вся повнота Божества 141

РОЗДІЛ 7
ПЕРША ЦЕРКВА   147

    Вибрання апостолів 148
    Перша Церква і її падіння 153
    Відхилення від істини 158
    Хто по праву може назвати себе домом Божим? 161

РОЗДІЛ 8
ЦЕЙ СВІТ І РЕЛІГІЯ — 169

Що таке цей світ? 171
Релігія 174
Що очікує на цей світ? 182

РОЗДІЛ 9
КРОКИ ВІРИ — 185

Вибрання 187
Віра 189
Що таке гріх? 193
Покаяння 196
Народження згори (від Бога) 199
Обрізання в серці 204
Водне хрещення 205
Триматися віри 207
Немовля у Христі 209
Переможець наслідує все 214
Про пильнування 220
Молитва 225
Хрещення Духом Святим 230
Міра зросту Христової повноти 233

РОЗДІЛ 10
ПЛОДИ ДУХА — 241

Терпіння 242
Лагідність та смиренність 246
Виконувати волю Божу 253

РОЗДІЛ 11
ЦЕРКВА ХРИСТА — 259

Наречена Христа 260
Наше служіння Богу 264
Хто хоче бути більшим — хай буде слугою 269
Десятина 271
Яку Церкву забере Собі Христос другим
пришестям? 276

РОЗДІЛ 12
ДРУГЕ ПРИШЕСТЯ ХРИСТА — 281

Остання година 283
Книга Об'явлення 285
Світ майбутній 290

ВСІМ, ХТО БАЖАЄ ПІЗНАТИ ПРАВДУ СПАСІННЯ

«Життя ж вічне — це те, щоб пізнали Тебе, єдиного Бога правдивого, та Ісуса Христа, що послав Ти Його» (Ів. 17:3).

Які це глибокі й прості слова. Щоб мати життя вічне — потрібно тільки одне: знати Бога і Господа Ісуса Христа! Але виникають дуже непрості питання: хто знає Бога і посланого Ним Господа Ісуса Христа? Як можливо пізнати Бога і Господа Ісуса Христа, щоб потім добре усвідомити: хто Він і хто Господь Ісус Христос? який Він? як Він являє себе? навіщо Він потрібен людям? І тут починаєш розуміти: виявляється, зовсім не так просто знати Бога, щоб мати життя вічне.

Про те, що Бог є, всі люди постійно чують, про це пишуть, також про Бога говорять в різноманітних релігійних течіях, і саме це дуже ускладнює пізнання Бога.

Одне відразу зрозуміло: Він невидимий для людини, Він — Дух, місце перебування Його на висоті небес, за межами всесвіту. Звідки ж виникло розуміння, що є Бог? Воно з'явилося через одну книгу під назвою Біблія, яка складається з багатьох книг. Книги Біблії — це Святі Писання, і написані вони людьми, керованими Духом Святим, тобто автор всіх книг Біблії є Бог (2Тим. 3:15–17; 2Петр. 1:21; Ів. 5:39, 8:31–32).

Ще Мойсею Господь повелів: всі слова Божі записати в книгу; так Мойсей і зробив. Таким чином і з'явилися п'ять книг Мойсея — Старий Заповіт (Вих. 24:4,7; 34:27). Ісусу Навину Господь Бог дав настанову: «Нехай книга цього Закону не відійде від твоїх уст, але будеш роздумувати про неї вдень та вночі, щоб додержувати чинити все, що написано в ній… — не відхилишся від нього ні праворуч, ні ліворуч…» (Іс. Нав. 1:8,7). Та й Мойсею Господь Бог повелів ще задовго до Ісуса Навина: «А мені Господь наказав того часу навчати вас постанов та законів, щоб виконували ви їх у Краю, куди ви переходите володіти ним» (Повт. 4:14).

Далі життя Ізраїльського народу записували літописці у двох книгах Хронік. Також при царях завжди були писарі, які постійно документували, описували життя царів і держави за їх правління — так з'явились чотири книги — дві Самуїлових та дві Царів. Надалі Господь Бог постійно навідувався до Ізраїлю, посилаючи своїх пророків, яких було дуже багато — сімнадцять книг; окрім цих книг: книга Йова, Псалмів, Приповістей Соломонових і це ще не все. Так що більше половини книг Біблії — книги Старого Заповіту, тобто ті, що були до явлення Господа Ісуса Христа в цей світ, а з Його явленням починаються книги Нового Заповіту. Таким чином у світі людства з'явилась книга Біблія — книга святого, чистого Письма, слова Божого.

Тому всі люди на землі, або майже всі, почули, що є Бог, і це від Бога, по волі великого Бога, єдиного, що має безсмертя (1Тим. 6:16). Це безсмертя Бог послав на землю Своїм Сином Ісусом Христом, Який по волі Отця народився людиною, прийняв плоть і кров: «Безсумнівно, велика це таємниця благочестя: Хто в тілі з'явився, Той оправданий Духом, Анголам показався, проповіданий був між народами, увірувано в Нього в світі, Він у славі вознісся!» (Ів. 1:14–18; 1Тим. 3:16), «Ми знаємо, що Син Божий прийшов, і розум нам дав, щоб пізнати Правдивого, і щоб бути в правдивому Сині Його, Ісусі Христі. Він — Бог правдивий і вічне життя!» (1Ів. 5:20).

«Життя ж вічне — це те, щоб пізнали Тебе, єдиного Бога правдивого, та Ісуса Христа, що послав Ти Його» — в цьому і є вічне життя! Але постає дуже важливе запитання: хто ж знає Бога?

Свого часу, коли Господь мене призвав до віри в Нього, я зіштовхнувся з дуже складною проблемою: переді мною одночасно з'явились різні течії в тлумаченні Святого Письма. Баптисти тлумачили і стверджували: «Ми знаємо Бога, у нас правда». Але з'явились адвентисти (суботники), вони тлумачили Святі Писання вже інакше, не так як баптисти, і стверджували: «Ми знаємо Бога, у нас правда», тобто суперечили одні одним, між ними не було ніякої єдності.

Я ж вислуховував тих і інших, але не розумів: в кого ж із них правда? В одному будинку з моєю сім'єю жила ревна католичка, навідуючись до мене, впевнено стверджувала: тільки католицька віра найправильніша, вона була від початку, всі інші від неї відокремились. І в цьому вона мала рацію. Основні християнські течії: православ'я, лютерани, англікани — відокремились від католиків. Перше розділення католиків відбулося із східними католиками Константинополя. Константинопольські католики почали деякі питання трактувати інакше, відбулось розділення з римськими католиками — відкинули одні одних. Східні католики отримали назву православні, тобто всі слов'янські народи сприйняли віру константинопольських — так і понині...

В самому Римі здійснив реформу Мартін Лютер — з'явились лютерани, до яких відносились і мої предки. Моя бабуся, у якої я виховувався чотирнадцять років, була лютеранкою. Від лютеран почали виникати баптисти, меноніти, методисти, кальвіністи, адвентисти, мормони, молокани, сіоністи і ще більше, так, що перерахувати вже неможливо. Розділення виникли на такій підставі: наприклад, лютерани хрестили дітей — не за Писанням; це зрозуміла група лютеран, вони оголосили хрещення тільки дорослих — з'явились баптисти. Далі група в середовищі баптистів зрозуміла: слід прийняти хрещення Духом Святим з говорінням на інших мовах, відокремились — з'явились п'ятидесятники. Кожного разу розділялись на підставі того, що ті, від яких відокремлювалися, не знають Бога, а ми знаємо Бога. Проходить час, і знову з'являються члени, які починають розуміти: ті не знають Бога, а ми пізнали і знаємо Бога — відділились. І так знову й знову відбувається розділення і завжди на підставі — вони не знають Бога, а ми пізнали і знаємо Бога. Але ті, що залишились вірними своєму вченню, теж стверджували, що знають Бога. Врешті відбулися сотні розділень на підставі: пізнали і знають Бога, і це стверджують всі сотні розділених — от і розберись: хто ж з них усіх, що об'явили нові й нові течії, знають Бога і мають життя вічне?

Ось в такому становищі я опинився, коли звернувся до Бога й увірував. Переді мною постало питання: де ж правда? як дізнатися, в кого вона? якою вірою повірити?

Щоб про це дізнатись та зрозуміти, залишалось одне: дослідити течію за течією; цим я і займався. Дізнаючись про будь-яку течію, яка стверджувала, що у них правда і єдина правильна віра, я негайно відправлявся на зустріч з ними. Входив до них, приймав їхнє тлумачення, потім досліджував Писання й дивився на життя цих віруючих і, впевнившись в їхній неправді, виходив від них. Так пройшов багато різних течій, досконало вивчаючи, на чому стоїть і утверджується ця віра. Оскільки будь-яка течія обов'язково має свою основу, яку ніколи не спішать відкривати, доводилось заглиблюватись, ставати таким, як вони. І коли вони зрештою розкривали свою справжню основу, на якій стоять, я, впевнившись, що знову не те, залишав їх.

Сам же я лишався п'ятидесятником, тому що, пройшовши різні течії, досліджуючи їх, впевнився, що п'ятидесятники найближче знаходяться до Писань, але бачив і розумів, що й вони далекі від істини, від того, як говорить Писання. І найголовніше питання — не звершалося звільнення від гріха! Чому? В чому причина? — дуже хотів її знайти, тому знову й знову знайомився з новою течією: можливо у них здійснилось за Писаннями, і вони мені пояснять, як відбувається? Але за весь час — тільки розчарування: не знайшов жодної течії, яка б згідно з Писаннями пояснила мені питання — як звільнитися від гріха? (Рим. 6:1–23).

Йшли роки, я все більше й більше переконувався, що п'ятидесятники не пізнали істину. Все більше й більше зустрічав невірні пророцтва, хибні видіння, неправильні тлумачення Писань. Я постійно знаходився в пошуках. Мої брати-п'ятидесятники говорили: «Адольф ніяк не може заспокоїтись, завжди кудись потрапить, потім кається». Так і було: я не міг зупинитися, перестати шукати, досліджувати, знайомитися все з новими й новими течіями, сподіваючись, що, можливо, у них істина. Але виявлялось не так, я каявся і повертався. Одного разу один брат-п'ятидесятник, спостерігаючи мої постійні пошуки і питання: чому, чому? — сказав мені: «Заспокойся, ти Лютером не будеш, щоб зробить реформу». На що я йому сказав: «Лютером не буду, але реформа п'ятидесятникам потрібна». Я тоді не розумів, що не реформа потрібна, а потрібна смерть старого єства, щоб родилося направді нове створіння у Христі Ісусі!

Зрештою, не знайшовши в жодній християнській течії того, що я шукав — звільнення від гріха, я сам, своїми силами через пости, прагнув цього досягти. Я розумів і так вірив, що маю прощення гріхів, але Писання говорило однозначно і ясно: **«КОЖЕН, ХТО РОДИВСЯ ВІД БОГА... НЕ МОЖЕ ГРІШИТИ...»** (1Ів. 3:9). Чому це ніде й ні на кому не збувається? Дійшовши до повного виснаження, я нарешті зрозумів, так і сказав, «що залишилось покласти мене в домовину і, коли мене будуть закопувати, я ще раз згрішу й помру». Я зрозумів, що не знайду таких, на кому б виповнилося слово про звільнення від гріха (щоб не грішити), та й сам я не можу звільнитись.

І коли я опинився на межі повного розчарування, до мене прийшли думки: «Навіщо далі жити?! Можливо атеїсти мають рацію, коли стверджують, що Біблію придумали розумні люди, щоб страхом утримувати своїх рабів в покорі, погрожуючи покаранням Божим, але насправді Бога немає». Одного дня, перебуваючи в тяжких переживаннях, ні, не в переживаннях, але в дуже тяжких стражданнях (було неймовірно тяжко!), я із самої глибини серця закричав до Бога: «Боже! Як же я хочу, щоб Ти був насправді! Адже я щиро хочу тільки Тебе, бути з Тобою і служити Тобі!». Сам в собі я точно знав, що не шукаю ніякої гордості, ніякої висоти, ніякої першості, ніякої похвали людської. Насправді шукав щиро та чесно пізнати Бога, щоб правильно вірувати і правильно служити Йому. Пройшов деякий час після цієї події, багато чого ще довелось пережити, але я зрозумів, що Бог мене тоді почув. В один з таких дуже небезпечних моментів життя мене раптом насправді відвідав Бог, це було так явно в моєму серці, що я впевнився: «Бог насправді є!» Всі сумніви відразу й назавжди відійшли! Більше ніколи не приходили сумніви відносно того, чи є Бог; Бог є — я в цьому отримав повну ясність і впевненість. І Він мені відкрився і дав пізнати істину, яка мене звільнила від гріха, як і написано в слові (Ів. 8:31–36). Господь Ісус Христос насправді ввійшов у мене, в мою совість — Він став моєю совістю (сумлінням) і розумом, тому все у мене стало чистим (Тит. 1:15; Мт. 5:8).

І дізнався я й зрозумів, хто знає Бога істинного та Господа Ісуса Христа, Якого Отець Бог послав на землю «...щоб через Нього світ спасся» (Ів. 3:17). Тільки той знає Бога та посланого Ним Ісуса Христа, кому відкрита таємниця, що була захована від віків і поколінь, «...а вона — Христос у вас, надія слави!» (Кол. 1:26–27) і на кому збулось Писання: «Бо ж ви вмерли, а життя ваше сховане в Бозі з Христом. Коли з'явиться Христос, наше життя, тоді з'явитеся з Ним у славі і ви» (Кол. 3:3–4).

Мені ясно відкрилося, як говорить слово: «...Я — дорога, і правда, і життя. До Отця не приходить ніхто, якщо не через Мене» (Ів. 14:6). І ще ясніше: «...щоб пізнати Правдивого, і щоб бути в правдивому Сині Його, Ісусі Христі. Він — Бог правдивий і вічне життя!» (1Ів. 5:20). І ще для ясності: «Хто вірує в Божого Сина, той свідчення має в собі... А це свідчення, що Бог життя вічне нам дав, а життя це — у Сині Його. Хто має Сина, той має життя, хто не має Сина Божого, той не має життя» (1Ів. 5:10–12).

Приходить розуміння: Господь Ісус Христос зійшов від Бога для того, щоб дати нам життя вічне. Це життя вічне є Він Сам: «Він — Бог правдивий і вічне життя!». Вірою приймаємо Його так, що Він вселяється в нас і стає нашим життям: «Коли з'явиться Христос, наше життя, тоді з'явитеся з Ним у славі і ви» (Кол. 3:4). Для того, щоб прийняти Його, слово говорить: «Тож виходьмо до Нього поза табір, і наругу

Його понесімо, бо постійного міста не маємо тут, а шукаємо майбутнього!» (Євр. 13:13–14). Що ж це означає: «виходьмо до Нього поза табір»? Для більшої ясності можна сказати іншими словами: перейдемо на сторону Христа, Його долю приймемо своєю долею: «Коли вас світ ненавидить, знайте, що Мене він зненавидив перше, як вас. Коли б ви зо світу були, то своє світ любив би. А що ви не зі світу, але Я вас зі світу обрав, тому світ вас ненавидить... Як Мене переслідували, то й вас переслідувати будуть... Але все це робитимуть вам за Ім'я Моє, бо не знають Того, Хто послав Мене» (Ів. 15:18–21).

Цей світ вигнав Господа зі свого середовища, відрікся від Нього і віддав на смерть, дуже жорстоку смерть — розп'яттям на хресті. Цим хрестом хвалився апостол Павло: «...хрестом Господа нашого Ісуса Христа, що ним розп'ятий світ для мене, а я для світу» (Гал. 6:14). «Знаючи те, що наш давній чоловік розп'ятий із Ним, щоб знищилось тіло гріховне... бо хто вмер, той звільнивсь від гріха! А коли ми померли з Христом, то віруємо, що й жити з Ним будемо» (Рим. 6:6–8), тобто вийти до Нього за стан означає: Його розп'яли — ми вірою теж приймаємо нашу смерть для цього світу із Христом на хресті; Він помер для цього світу — ми теж вмерли для цього світу із Христом на хресті; Він воскрес із мертвих Духом Святим — ми теж прийняли наше воскресіння з Ним силою Духа Його в нас і живемо вже не за тілом, але за Духом Ісуса Христа: «...А коли хто не має Христового Духа, той не Його» (Рим. 8:9).

Так і я вірою повністю перейшов на сторону Господа, Його долю прийняв своєю долею: смертю із Христом на хресті вмер для цього світу, пройшов тісні ворота і опинився в небесному світі у Христі і з Христом, як і написано: «і разом із Ним воскресив, і разом із Ним посадив на небесних місцях у Христі Ісусі»

(Лк. 13:23–24; Еф. 2:6). І тоді Господь почав мені відкривати правильне розуміння слова істини. Мені відкрилось розуміння по істині про два дерева в Едемському саду (було мені дуже й дуже дивно і радісно), відкрилось, що ці два дерева вміщують в собі історію всього людства від початку і до кінця!

Ще більшим здивуванням стало відкриття: що таке є гріх насправді, не гріхи — діла плоті, але сам гріх, від якого походять і являються всі гріхи і смерть! Це було для мене дуже дивне відкриття, все виявилося так просто: неправильна віра і є сам гріх! Гріхопадіння Адама і Єви в Едемському саду саме й полягало в тому, що повірили неправдивому слову змія; саме через це і сталося гріхопадіння. Так є і сьогодні, і про це ясно засвідчив Господь: «А як прийде (Дух істини), Він світові виявить про гріх, і про правду, і про суд: **ТОЖ ПРО ГРІХ, — ЩО НЕ ВІРУЮТЬ У МЕНЕ»** (Ів. 16:7–9).

Як я вже й писав, що у всіх християнських течіях є розходження в тлумаченні Писань — це є відхилення, переступ вчення Господа Ісуса Христа (2Ів. 9 вірш), тобто вірують хибною вірою. Саме ця **НЕПРАВИЛЬНА ВІРА І Є САМ ГРІХ**, з якого походять всі діла плоті (Гал. 5:19–21). Коли Господь мені це відкрив, я навіть розгубився — так просто і так ясно, що я деякий час не наважувався про це говорити, допоки сам в своєму житті не випробував, впевнився, а вже потім почав про це відкрито говорити. Таким чином, Господь перебував у мені, відкриваючи питання за питанням! І я негайно почав записувати це, перш за все для себе, писав листи, щоб збереглося відкриття слова. При цьому коло моїх знайомих було величезне, і я дуже старався всім донести дивне, велике, прекрасне слово спасіння, бажаючи кожному такої ж радості і миру, які й сам пережив!

Та невдовзі довелося переконатися: як мало тих, хто почув і зрозумів по правді благу звістку спасіння даром, лише по вірі. Знову почались суперечки, з'явилися розумні, закінчилось тим, що мене відкинули, визнали таким, що заблукав і врешті відлучили від себе.

Таким чином, я виявився повністю вільним від братства п'ятидесятників, в якому я був членом Всесоюзної ради християн віри євангельської п'ятидесятників. Коли дізнався про те, що залишився сам, сильно засмутився: що ж робити далі? куди тепер йти? до кого, до якої течії приєднатись? Але сум мій Господь перетворив у вічну радість, коли показав мені, що я тепер уже по-справжньому не від цього світу! Я перейшов у світ Божий, духовний, вічний, і, щоб це зрозуміти, п'ятидесятники мені допомогли — відлучили від себе.

Так відбулося повернення до початку, коли були апостоли Христові, і віруючі почали називатися християнами (Дії 11:26); так і ми сьогодні від початку нашого руху носимо одне ім'я — християни, без жодного додавання, тому що будь-яке додавання до імені християни — людське, земне, душевне, яке й показує, що це є релігія!

«Увіходьте тісними ворітьми… Бо тісні ті ворота, і вузька та дорога, що веде до життя, — і мало таких, що знаходять її!» (Мт. 7:13–14) — тільки той знає Бога та Господа Ісуса Христа, хто, через віру в смерть на хресті свого давнього чоловіка, перейшов новим творінням у Христі (2Кор. 5:17) із цього земного світу в світ духовний, небесний, і Господь Ісус Христос став життям людини — її святістю, праведністю, мудрістю (Рим. 14:17–18; 1Кор. 1:30) — той знає Бога!

Мені стає неприємно, коли люди з різноманітних релігійних християнських течій, про які я написав у цьому листі, говорять: «Мені Бог сказав; мені Бог відкрив; я пережив Бога, Він зі мною» (особливо це говорять і стверджують проповідники, учителі, пастирі), тоді як дуже ясно написано: **«КОЖЕН, ХТО РОБИТЬ ПЕРЕСТУП ТА НЕ ПРОБУВАЄ В НАУЦІ ХРИСТОВІЙ, ТОЙ БОГА НЕ МАЄ»** (2Ів. 9 вірш). У всіх релігійних течіях, розділених між собою, переступається вчення Христа, ніде воно не справджується — залишаються і перебувають з гріхом, всі грішать і стверджують: так є по правді, тоді коли це є хибне вчення. То хто ж їм це відкриває, хто ж їм це говорить?

Апостол Павло написав: «Такі-бо фальшиві апостоли, лукаві робітники, що підроблюються на Христових апостолів. І не дивно, бо сам сатана прикидається ангелом світла! Отож, не велика це річ, якщо й слуги його прикидаються слугами правди. Буде їхній кінець згідно з учинками їхніми!» (2Кор. 11:13–15). Також і апостол Петро написав: «А між людом були й неправдиві пророки, як і будуть між вас учителі неправдиві, що впровадять згубні єресі, відречуться від Владики, що викупив їх, і стягнуть на себе самі скору погибіль. І багато хто підуть за пожадливістю їхньою (в вірі), а через них дорога правдива зневажиться» (2Петр. 2:1–2).

Відбувся повний відступ від правди, як про це й написав апостол Павло (2Сол. 2:1–4). Релігія перетворила і Новий Заповіт Господа нашого в мертву букву закону. За основу Нового Заповіту поставили десять заповідей Старого Заповіту, які Господь Ісус Христос відмінив через їх неміч і непридатність, бо закон нічого не довів до досконалості (Євр. 10:9–10,14; 7:18–19). Тому в релігії всі лишаються з гріхом, грішать, хоч дуже прямо і ясно написано: «Кожен, хто в Нім пробуває, не грішить; усякий, хто грішить, не бачив Його і не пізнав Його...

Хто чинить гріх, той від диявола... Тому-то з'явився Син Божий, щоб знищити справи диявола. Кожен, хто родився від Бога, не чинить гріха, бо в ньому пробуває насіння Його. І не може грішити, бо від Бога народжений він» (1Ів. 3:6–9).

Як важливо знати Бога і Господа Ісуса Христа! В цьому таємниця вічного життя! З миром і любов'ю до всіх, хто полюбив і любить дорогоцінну правду Господа нашого Ісуса Христа, Адольф.

ПРО БОГА

01
РОЗДІЛ

16   А чи є Бог?

21   Велич Бога

24   Єство Бога

28   Бог є правда

31   Таємниця Бога і Отця і Христа

Бог відкрив Себе людству ще від початку, від давності, що Він є Бог, і сказав Сам про Себе: «Я Бог, і немає більш Бога, й нікого, як Я» (Іс. 46:9, 44:6). Що ж приховується під цим іменем Бог? І що дає таке право та сміливість називати Себе Богом, що немає іншого Бога, який подібний Йому?

«Усе через Нього повстало, і ніщо, що повстало, не повстало без Нього» — «Вірою ми розуміємо, що віки Словом Божим збудовані, так що з невидимого сталось видиме. — І: Ти, Господи, землю колись заклав, а небо — то чин Твоїх рук. Загинуть вони, а Ти будеш стояти, всі вони, як той одяг, постаріють. Як одежу, їх зміниш, і минуться вони, а Ти завжди Той Самий, і роки Твої не закінчаться!» (Ів. 1:3; Євр. 11:3, 1:10–12).

А ЧИ Є БОГ?

Читаючи приведені місця із Біблії, виникає питання: а чи насправді є Бог, Творець усього живого, видимого та невидимого, чи Його немає? Адже якщо ж Бог і справді існує, то хіба цьому можна не вірити? Питання дуже й дуже серйозне, основне, від правильної відповіді на нього залежить доля кожної людини на цій землі!

Одне слово говорить — Бог є, інше слово говорить протилежне — Бога немає. Між цими двома могутніми течіями вагається людина — якому слову повірити? І як показує життя на землі, людство так і не має ясності: люди не можуть повірити до кінця у те, що Бога немає, не можуть і повірити до кінця у те, що Бог є. Тому так активно світ цей, з усіма його вченими, хочуть довести, що Бога немає. А кому довести? — звичайно ж, самим собі, але довести так і не можуть. Так само й ті, які сумніваються, але схильні вірити, що Бог є, хоча також не можуть довести, що Він є! «Чи ти Божу глибінь дослідиш?..» — було поставлене запитання ще у далеку давнину (Йов 11:7), і якби протягом минулих тисячоліть через дослідження був знайдений Бог, чи ж було б доведено, що Його не існує, то слово Його виявилося б невірним.

На сьогодні вже є тисячі вчених, які мають суттєві докази на користь того, що Бог є, тобто все, що було створено, виникло не випадково. Науковці, які називаються креаціоністами, підтверджують це через дослідження на основі Біблії, але знайти й довести існування Бога не можуть. Адже знайти Бога — це означає показати Його, показати місце, де Він є та як туди доїхати, чи-то долетіти, чи хоча б поглянути на Бога, на місце, де Він перебуває. Знову ж таки вірне слово, яке сказав Бог: Бога ніхто ніколи не бачив, і бачити не може. Людині неможливо побачити Бога і залишитися живою (Ів. 1:18; 1Ів. 4:12; Вих. 33:20).

Через розглядання Його творіння видно невимовно велику силу Його і Божество, так що Бог на ділі завжди видимий. Він завжди Себе являє хоча б тим, що сонце сходить, світить та гріє; усім вистачає повітря, щоб дихати, та що взагалі незрозуміло, так це вода. Звідки береться і ніколи не закінчується така маса чистої питної води? Океани та моря не рахуються, вода в них солона, для пиття непридатна. Яким чином так виходить, що тисячоліттями людство вживає величезну масу води, і вона ніколи не закінчується? У книзі Еклезіястовій Соломон пояснив: «Всі потоки до моря пливуть, але море — воно не наповнюється: до місця, ізвідки пливуть, ті потоки — вони повертаються, щоб знову плисти!» (Екл. 1:7). Хто тут може що пояснити так, щоб це була правда?

Візьмемо будь-яке насіння: у кожній насінині прихована невидима велика сила — життя! Усі вчені цього світу, досліджуючи, розбираючи на складові частини будь-яке насіння, не можуть ні знайти, ні побачити у ньому життя, бо воно — таємниця великого творіння. Науковці цього світу добре вивчили склад всякого насіння та можуть у повній мірі створити подібне. Але чого не можуть і ніколи не зможуть — вкласти життя у створене ними насіння, воно залишається мертвим. Яка ж то велика таємниця — життя! Його не видно, його ніхто не знайде, але воно безумовно являється, ще й як являється! Хто може пояснити, що на одній і тій самій землі ростуть поруч, скажімо, квіти: червоні, білі, жовті, блакитні… Виявляється, у самому насінні, яким би маленьким воно не було, міститься ціла фабрика (образно кажучи), яка створює саме цю квітку зі своїм кольором та ароматом, чи то фрукт, або овоч — зі своїм кольором та смаком. Всі з однієї й тієї самої землі, ростуть одні біля одних: не сваряться. Із тієї самої землі стільки різних плодів росте рік за роком, десятиліття за десятиліттям, але землі не стає менше! Скільки всього із землі забирається злаками, рослинами, деревами — її мало б ставати все менше й менше… але ні, вона залишається незмінною і її стає навіть більше, судячи з розкопок.

Візьмемо корову, яка пасеться, їсть траву на полі чи сіно у стійлі. Впродовж дня з'їдає, скажімо, тридцять-п'ятдесят кілограмів трави або сіна; потім лягає і спокійно пережовує та переробляє сіно чи траву у молоко. І яке ж це чудо — молоко й усе те, що з нього виробляється!.. Люди з усіма своїми знаннями, науками не можуть нічого подібного створити: маючи траву, сіно — перетворити їх у молоко. Просто нічого подібного повторити не можуть, маючи всю сировину для цього.

А якщо взяти створення самої людини з усіма органами, які так чітко функціонують! — яка це велика таємниця! Давид говорить: «Бо ти вчинив нирки мої, Ти виткав мене в утробі матері моєї. Прославляю Тебе, що я дивно утворений! Дивні діла Твої, і душа моя відає вельми про це! І кості мої не сховались від Тебе, бо я вчинений був в укритті, я витканий був у глибинах землі! Мого зародка бачили очі Твої, і до книги Твоєї записані всі мої члени та дні, що в них були вчинені, коли жодного з них не було... Які дорогі мені стали думки Твої, Боже, як побільшилося їх число, перелічую їх, численніші вони від піску!.. Ти знаєш сидіння моє та вставання моє, думку мою розумієш здалека. Дорогу мою та лежання моє виміряєш, і Ти всі путі мої знаєш, бо ще слова нема на моїм язиці, а вже, Господи, знаєш те все!.. Дивне знання над моє розуміння, високе воно, я його не подолаю!» (Пс. 138 (139):13–18, 2–6).

Про незбагненність слави творіння людини говорить Йов: «Чи не ллєш мене, мов молоко, і не згустив Ти мене, мов на сир? Ти шкірою й тілом мене зодягаєш, і сплів Ти мене із костей та із жил. Життя й милість подав Ти мені, а опіка Твоя стерегла мого духа. — Твої руки створили мене і вчинили мене...» (Йов 10:10–12,8).

Кожен орган в організмі людини дуже голосно прославляє Творця. Наприклад, очі — як вони бачать? як вони так створені? — неповторно велике явище: вони дивляться, дивляться й дивляться! Та вже й зовсім закриваються уста і зупиняється розум, коли думаєш про будову мозку людини — це величезне чудо! Мільярди клітин! Усі ці клітини повністю гармонують між собою, будучи незбагненним чином з'єднані одна з одною.

Яка це велика мудрість, сила та могутність, що все це створила, і все це на наших очах живе та діє. Дивлячись на всесвіт, на все створене — розумієш, яким же великим є Бог у мудрості, у силі, у могутності! «Але запитай хоч худобу і навчить тебе, і птаство небесне й тобі розповість. Або говори до землі — й вона вивчить тебе, і розкажуть тобі риби морські. Хто б із цього всього не пізнав, що Господня рука це вчинила? Що в Нього в руці душа всього живого й дух кожного людського тіла?.. Мудрість та сила — у Нього, Його рада та розум. Ось Він зруйнує — й не буде воно відбудоване, замкне чоловіка — й не буде він випущений. Ось Він стримає води — і висохнуть, Він їх пустить — то землю вони перевернуть. В Нього сила та задум, у Нього заблуджений і той, хто призводить до блуду… Він робить народи потужними — й знову їх нищить, Він народи поширює, й потім виводить в неволю. — Він чинить велике та недослідиме, предивне, якому немає числа» (Йов 12:7–10,13–16,23, 5:9).

Тому кожна людина має таку можливість — **ПОВІРИТИ, ЩО Є БОГ**, розглядаючи творіння і читаючи Біблію — чисте слово правди від Бога. Повіривши, що є живий справжній Бог, Творець всесвіту, варто шукати Його зрозуміти, який Він є, дізнатися, як Його прийняти, щоб отримати життя вічне — тут є Його обітниця: «…тим, хто шукає Його, Він дає нагороду» (Євр. 11:6).

ПРО БОГА

ВЕЛИЧ БОГА

«Підійміть у височину ваші очі й побачте, хто те все створив? Той, Хто зорі виводить за їхнім числом та кличе ім'ям їх усіх! І ніхто не загубиться через всесильність та всемогутність Його... Бог відвічний — Господь, що кінці землі Він створив; Він не змучується та не втомлюється, і не збагненний розум Його» — «О глибино багатства, і премудрости, і знання Божого! Які недовідомі присуди Його, і недосліджені дороги Його!» — «Хто Господнього Духа збагнув, і де та людина, що ради свої подавала Йому? З ким радився Він, і той напоумив Його, та навчав путі права, і пізнання навчив був Його, і Його напоумив дороги розумної? Таж народи... як порох на шальках!.. Насупроти Нього всі люди — немовби ніщо, пораховані в Нього марнотою та порожнечею. — Я Бог, і немає більш Бога, й нікого, як Я, що звіщаю кінець від початку, і наперед — що не сталося ще, і що говорю: Мій замір відбудеться, і всяке жадання Своє Я вчиню» (Іс. 40:26,28; Рим. 11:33; Іс. 40:13–15,17; 46:9–10).

Яка велич Бога — ніяким людським розумом неможливо ні осягнути, ні зрозуміти, ні описати, дуже великий і могутній Бог! Наприклад, який зріст у Бога? Яка Його величина: висота, ширина? Про це можна думати, уявляти: наприклад, були люди-велетні на землі, то сильні, з давніх-давен славні люди (Бут. 6:4). Для нас: якщо людина буде у зріст три-чотири метри, то яка вона вже велика — скажемо ми, вже більше двох метрів — великий зріст. То який зріст у Бога? Про це написано: «Так говорить Господь: Небеса — Мій престол, а земля — то підніжок для ніг Моїх: який же то храм, що для Мене збудуєте ви, і яке ото місце Його відпочинку? Таж усе це створила рука Моя...» (Іс. 66:1–2).

«Небеса — Мій престол, а земля — то підніжок для ніг Моїх» — говорить Господь; але яке саме небо? Був чоловік узятий до третього неба, там був рай, але престолу Божого він там не бачив (2Кор. 12:1–4). Слово відкриває, що є багато небес: «Небо, і небо небес» (Повт. 10:14; 1Цар. 8:27; 2Хр. 6:18).

«Якщо заховається хто у криївках, то Я не побачу його? говорить Господь. Чи Я неба й землі не наповнюю? каже Господь» (Єр. 23:24). То яка ж Його величина, коли Він наповнює землю? Причому наповнює небеса небес, якщо так написано про Господа Ісуса Христа: «Тому й сказано: Піднявшися на висоту, Ти полонених набрав і людям дав дари! А те, що піднявся був, що то, як не те, що перше й зійшов був до найнижчих місць землі? Хто зійшов був, Той саме й піднявся високо над усі небеса, щоб наповнити все» (Еф. 4:8–10), «...і не з кров'ю козлів та телят, але з Власною Кров'ю увійшов до святині один раз, та й набув вічне відкуплення» (Євр. 9:12) — стає зрозумілим, що святилище знаходиться вище усіх небес, куди Господь Ісус вознісся і сів праворуч Отця на престолі Його: «Бог Ісуса Цього воскресив, чого свідки всі ми!.. Промовив Господь Господеві моєму: Сядь праворуч Мене, доки не покладу Я Твоїх ворогів підніжком ногам Твоїм!» (Дії 2:32–35; Євр. 1:13). І про це напряму сказав Господь Бог від давності через пророка Ісаю: «Бо так промовляє Високий і Піднесений, повіки Живущий, і Святий Його Ймення: Пробуваю Я на Височині та в святині...» (Іс. 57:15) — то який же Його зріст, який же великий Бог, якщо престол Його вище небес, а земля — підніжок ніг Його?! Якщо при цьому перше небо — небо, на якому Бог поставив сонце та місяць із зорями, щоб відділяти день та ніч; то ще написано про третє небо, на яке був узятий чоловік (Бут. 1:14–18; 2Кор. 12:2–4). Слово істини далі проголосило: «Єдиний, що має безсмертя, і живе в неприступному світлі, Якого не бачив ніхто із людей, ані бачити не може. Честь Йому й вічна влада, амінь!» (1Тим. 6:16). Це означає, що неприступне світло знаходиться вище усіх небес, воно і є святилище, де живе Бог, де знаходиться Його престол, на якому праворуч від Отця сидить Син Божий, Ісус Христос! Читаючи все це, стає зрозуміло, який великий зріст у Бога, це просто неможливо собі уявити — розміри Бога незбагненні. Він сказав: «Підійміть у височину ваші очі й побачте, хто те все створив?..» (Іс. 40:26). Сонце — яка його величина? Воно знаходиться за мільйони кілометрів від землі і як світить, і гріє, і обігріває всю землю! Воно щосекунди подає стільки енергії, що все людство взагалі не має ніякої можливості виробити стільки енергії за рік, скільки сонце подає за секунду чи хвилину. Яка величина — весь всесвіт зі всіма небесами, створений Богом — вже цього людині не досягти ніякою наукою! То Сам Бог незрівнянно більший за весь всесвіт, адже Він його створив!

Отже, де живе Бог? — на висоті небес, у святилищі, у неприступному світлі. Але є ще одне місце, де також живе Бог: «...Пробуваю Я на Височині та в святині, і **З ЗЛАМАНИМ ТА З УПОКОРЕНИМ**, щоб оживляти духа скромних, і щоб оживляти серця згноблених! — І при тому дивлюсь Я на вбогого та на розбитого духом, і на тремтячого над Моїм словом» — «Жертва Богові зламаний дух; серцем зламаним, та упокореним Ти не погордуєш, Боже!» — «Блаженні вбогі духом, бо їхнєє Царство Небесне... Блаженні чисті серцем, бо вони будуть бачити Бога» (Іс. 57:15, 66:2; Пс. 50 (51):19; Мт. 5:3–8).

ЄСТВО БОГА

Хто є Бог, який Він і яке Його єство? Сам Господь Ісус Христос сказав про це кількома словами: «Бог є Дух» (Ів. 4:24).

Далі Господь відкриває Себе багатьма іменами: «Господь, Бог твій, — Він палючий огонь, Він — Бог святий, Бог заздрісний Він» (Повт. 4:24; Іс. Нав. 24:19; Євр. 12:29). «Бог є світло» (1Ів. 1:5). «Бог є любов» (1Ів. 4:8,16). «Бог миру — любови та миру» (1Кор. 14:33; 2Кор. 13:11; 1Сол. 5:23). Бог називає Себе: «Я Господь, оце Ймення Моє, і іншому слави Своєї не дам, ні хвали Своєї божкам» (Іс. 42:8).

Далі через пророка Ісаю називає Бог Себе: «Чи ж не Я, ваш Господь? Бо ж немає вже Бога, крім Мене, окрім Мене нема Бога праведного та Спасителя!» (Іс. 45:21), тобто одночасно називає Себе Господом і Богом, тому вже повне Його ім'я: Я — Господь Бог! «Так говорить Господь, твій Відкупитель, Святий Ізраїлів: Я — Господь, Бог твій...» (Іс. 48:17). Проте це ще не всі імена. Коли Бог посилає Мойсея вивести Ізраїля із Єгипетського полону, Мойсей говорить: «І сказав Мойсей до Бога: Ото я прийду до Ізраїлевих синів та й скажу їм: Бог ваших батьків послав мене до вас, то вони запитають мене: Яке ім'я Його? Що я скажу їм? І сказав Бог Мойсеєві: Я Той, що є. І сказав: Отак скажеш Ізраїлевим синам: Сущий послав мене до вас. І сказав іще Бог до Мойсея: Отак скажи Ізраїлевим синам: Господь, Бог батьків ваших, Бог Авраама, Бог Ісака й Бог Якова послав мене до вас. А оце Ім'я Моє навіки, і це пам'ять про Мене з роду в рід» (Вих. 3:13–15).

Є ще багато імен у Бога, які є Його єство та одночасно імена: Бог є правда: «Правда Твоя — правда вічна» (Пс. 118 (119):142; Зах. 8:8; Пс. 144 (145):7; Пр. 12:28). Бог миру

— Бог терпеливости — Бог надії (Фил. 4:9; Рим. 15:5,13,33; 1Тим. 6:11) — одночасно ім'я та єство Бога — це явлення в дії Духа Святого, бо Бог є Дух та всі Його прояви духовні, небесні, святі!

Бог є Слово, Воно спочатку було у Бога і було Бог, яке у потрібний час по волі Бога Отця стало плоттю, і з'явився Син Божий Ісус Христос, через Якого Бог Отець явив благодать та істину — вчення Господа Ісуса Христа (Ів. 1:1–18).

Саме тому, Бога Отця, Якого ніхто не бачив і бачити не може, бо Він дуже великий, явив людям Син Божий, Який також Бог, одне з Отцем (1Ів. 5:20; Ів. 10:30, 14:8–9). І тому, аби у повноті зрозуміти Бога, необхідно просто зрозуміти Ісуса Христа: хто Він був і яким Він був, бо у Ньому тілесно живе вся повнота Бога (Кол. 2:9). Усе, ким був Христос, як проявлялась Його повнота, це все є Бог і Його єство:

Ісус Христос — Господь:	1Кор. 8:6; Дії 2:36
Дух Святий:	2Кор. 3:17
Любов:	1Ів. 4:15–16
Воля:	2Кор. 3:17
Мудрість, праведність, освячення, відкуплення:	1Кор. 1:30; 1Петр. 1:18–19; Еф. 1:7
Мир наш:	Еф. 2:14
Він є перший від усього:	Кол. 1:17
Творець всього:	Кол. 1:16; Євр. 1:2; Ів. 1:3

Все для Нього, все Ним стоїть:	Кол. 1:15–17
Дивний Порадник, Бог сильний, Отець вічности:	Іс. 9:5
Спаситель світу:	Дії 4:12; 1Ів. 4:14
Двері:	Ів. 10:7
Дорога, істина і життя:	Ів. 14:6, 5:26; Пр. 8:35; 1Ів. 1:2
Хліб життя — істинна пожива та питтям:	Ів. 6:27, 51–55
Світло світу — світло життя:	Ів. 8:12, 12:46
Наріжний камінь:	1Петр. 2:6; Еф. 2:20–22
Палючий вогонь:	Євр. 12:29
Агнець Божий:	Ів. 1:29
Первосвященник:	Євр. 5:1–6
Пастир добрий:	Ів. 10:11,14
Голова Церкви:	Кол. 1:18
Правдива Виноградина:	Ів. 15:1
Обрізання наше:	Кол. 2:11; Рим. 2:28–29
Посередник Нового Заповіту:	Євр. 9:13–15
Запорука Нового Заповіту:	Євр. 7:22
Воскресення:	Ів. 11:25

ПРО БОГА

Первородний з мертвих:	Кол. 1:18; Об. 1:5
Наслідник всього:	Євр. 1:2
Суддя всіх:	Дії 10:42, 17:30–31
Друга Людина:	1Кор. 15:47
Перший і Останній:	Об. 1:17
Свідок вірний:	Об. 1:5, 3:14
Корінь і рід Давидів:	Об. 22:16
Зоря ясна і досвітня:	Об. 22:16
Світильник нового міста Єрусалиму:	Об. 21:23
Він учора, і сьогодні, і навіки Той Самий:	Євр. 13:8

Ісус Христос, Який від вічності був Слово у Бога та був Бог, так і на сьогодні є слово живе — вчення Його, від Якого ніхто й ніщо не може сховатися, бо ж Він наповнив Собою все (Еф. 4:10). Слово, яке є Господь і Бог, «...живе та діяльне, гостріше від усякого меча обосічного, проходить воно аж до поділу душі й духа, суглобів та мозків, і спосібне судити думки та наміри серця. І немає створіння, щоб сховалось перед Ним, але все наге та відкрите перед очима Його, Йому дамо звіт!» (Євр. 4:12–13). «Страшна річ — упасти в руки Бога Живого!», залишаючись грішником у неправді! (Євр. 10:31).

БОГ Є ПРАВДА

«З ким радився Він, і той напоумив Його, та навчав путі права, і пізнання навчив був Його, і Його напоумив дороги розумної?» — «Як буду я кликати Ймення Господнє, то славу віддайте ви нашому Богові! Він Скеля, а діло Його досконале, всі-бо дороги Його справедливі, — Бог вірний, і кривди немає в Ньому, справедливий і праведний Він» (Іс. 40:14; Повт. 32:3–4).

Споконвіку, від початку всього, Господь Бог відкрився як Дух правди (Пс. 111 (112):3,9). У Новому Завіті говориться про Сина Божого: «...Престол Твій, о Боже, навік-віку; берло Твого царювання — берло праведности. Ти полюбив праведність, а беззаконня зненавидів; через це намастив Тебе, Боже, Твій Бог оливою радости більше, ніж друзів Твоїх» (Євр. 1:8–9). Вся Біблія загалом розкриває виключно одну тему: Бог є правда. Він любить правду, правда Бога — вічна та невмируща, вона — життя і смерті у ній немає!

Чому в Писаннях, починаючи з давніх часів, Господь Бог відкриває про Себе, що Він є правда і немає у Ньому й тіні переміни? (Євр. 13:8). Бог єдиний має безсмертя, живе в неприступному світлі (1Тим. 6:16). Своє безсмертя Бог відкрив людству цього земного світу словом правди, яке є Христос! (Ів. 1:14–18). Звідси стає цілком очевидно і зрозуміло, що життя вічне (безсмертя) несе з собою **ТІЛЬКИ СЛОВО ПРАВДИ** — Євангелія Божа. Перекручування цього Слова несе смерть: «В путі праведности є життя, і на стежці її нема смерти» (Пр. 12:28).

Про те, що правда вічна, бо правда Його є Він Сам, Його Дух Святий, говорять наступні місця Писання:

- «А Господь — Бог правдивий, Він — Бог Живий та Цар вічний!» (Єр. 10:10).

- «Правда Твоя — правда вічна» (Пс. 118 (119):142). «Правда Моя не зламається!» — «Правда Його пробуває навіки!» (Іс. 51:6; Пс. 110 (111):3,7–8).

- «Бо Бог Ти не той, що несправедливости хоче, зло не буде в Тобі пробувати!» (Пс. 5:5).

- «Страх Господній — лихе все ненавидіти: я ненавиджу пиху та гордість, і дорогу лиху та лукаві уста! В мене рада й оглядність, я розум, і сила у мене… Путтю праведною я ходжу, поміж правних стежок» (Пр. 8:13–14,20).

- «Блаженний той люд, що Богом у нього Господь, блаженний народ, що Він вибрав його на спадок Собі! — Господь близький всім, хто взиває до Нього, хто правдою кличе Його! — Господь береже тих усіх, хто любить Його, а безбожних усіх Він понищить!» — «І знаємо, що тим, хто любить Бога, хто покликаний Його постановою, усе допомагає на добре» — «Бог є Дух, і ті, що Йому вклоняються, повинні в дусі та в правді вклонятись» (Пс. 32 (33):12, 144 (145):18,20; Рим. 8:28; Ів. 4:24).

- «Справедливість прямих (не лукавих, а щирих) їх рятує» — «Блаженні, хто держиться права, хто чинить правду кожного часу!» (Пр. 11:6; Пс. 105 (106):3).

У Старому Заповіті правда Божа була викладена буквою закону для плоті, для душевної людини. Закон був мертвою буквою і не був Духом оживляючим, однак закон виражав волю Бога, та людині належало виконувати закон. З появою Ісуса Христа явилася й сама правда — Сам Бог Ісусом Христом: «А тепер, без Закону, правда Божа з'явилась, про яку свідчать Закон і Пророки. А Божа правда через віру в Ісуса Христа...» (Рим. 3:21–22).

Господь наш Ісус Христос, благовістуючи, проповідуючи слово правди, яке і є все Його вчення Нового Завіту, говорив та запевняв: «Блаженні голодні та спрагнені правди, бо вони нагодовані будуть» (Мт. 5:6). І тепер вся Євангелія Ісуса Христа відкриває Бога, Який є любов, у Ньому зовсім немає ніякої темряви: «Бог є світло, і немає в Нім жодної темряви!» (1Ів. 1:5).

Питання стає зрозумілим: щоб бути з Богом, увійти в Його Небесне, вічне, святе Царство, яке ніколи не закінчиться, необхідно зрозуміти Бога: Він — правда і чистота, Святий і Праведний; ніхто й ніщо інше, будь-яка неправда, нечистота не може знайти у Бога та в Його Царстві місця — це неможливо!

Правда, або, іншим словом, істина є тільки одна, немає другої чи третьої! На землі диявол народив за допомогою людей багато правд, але всі вони не є правда! Правда є тільки у Бога. Правда Бога має одне ім'я: чистота! — «...як чистий і Він» (1Ів. 3:3), «зразком... у чистоті!» (1Тим. 4:12), «провадити тихе й мирне життя в усякій побожності та чистоті!» (1Тим. 2:2), на небесах для вас (для нас) — успадкування нетлінне, чисте! (1Петр. 1:4). «Ціль же наказу — любов від чистого серця» (1Тим. 1:5), «Для чистих все чисте» (Тит. 1:15), «Блаженні чисті серцем» (Мт. 5:8), «жадайте щирого (чистого) духовного молока» (1Петр. 2:2). Старий Завіт: Пс. 118 (119):140; Пр. 30:5; Пс. 17 (18):31 — «...слово Господнє очищене». Воно завжди правда і чистота! Воно завжди любов та істина.

Отже, Бог є абсолютна правда, і хто бажає Бога, жадає мати Бога і жити Богом вічно — повинен це зрозуміти та знати, прийняти цю абсолютну правду, полюбити її більше свого земного життя та віддатися їй, щоб правда Бога цілковито заволоділа людиною!

ТАЄМНИЦЯ БОГА І ОТЦЯ І ХРИСТА

«Закрите те, що є Господа, Бога нашого, а відкрите — наше та наших синів...» (Повт. 29:28). «Господи, серце моє не пишнилось, і очі мої не підносились, і я не ганявсь за речами, що більші й дивніші над мене!», — молився і говорив Давид (Пс. 130 (131) увесь).

Апостол Павло пише: «Коли хто думає, ніби щось знає, той нічого не знає ще так, як знати повинно. Коли ж любить хто Бога, той пізнаний Ним» (1Кор. 8:2–3) — але що то за знання? Ніяк не знання про таємницю Божества загалом! Слово говорить: бо ми знаємо частинно; коли ж досконале настане, тоді зупиниться те, що частинне — а потім пізнаю, як пізнаний я (1Кор. 13:10,12) — це слово показує, що знаходячись у фізичному тілі, не в повній мірі дано пізнавати; коли будемо у духовному тілі, тільки тоді зможемо осягнути в повноті!

Далі слово говорить, що те, що можна знати про Бога — дано, але людям не дано знати все про Нього, а тільки те, що можна і потрібно зрозуміти. Тому, в жодному разі не варто переоцінювати свої знання з цього питання.

Що ж відкривають нам Писання про Бога? — Бог один, але Він і триєдиний: «Бо троє свідкують на небі: Отець, Слово й

Святий Дух, і ці Троє — Одне» (1Ів. 5:7); так і людина створена триєдиною за образом і подобою Божою: «дух ваш, і душа, і тіло...» (1Сол. 5:23; Бут. 1:27). Слово стало тілом, явився Ісус Христос — Син Божий; звідси: «Тож ідіть, і навчіть всі народи, хрестячи їх в Ім'я Отця, і Сина, і Святого Духа, навчаючи їх зберігати все те, що Я вам заповів. І ото, Я перебуватиму з вами повсякденно аж до кінця віку!» (Мт. 28:19–20). Отець, Син, Дух Святий — є Бог, а Бог — один, немає двох чи трьох богів, є тільки один Бог (Гал. 3:20). «Один-бо є Бог, і один Посередник між Богом та людьми, людина Христос Ісус» (1Тим. 2:5). Написано: «Хай потішаться їхні серця, у любові поєднані, для всякого багатства повного розуміння, для пізнання таємниці Бога, Христа» (Кол. 2:2).

Про таємницю Бога Отця та Христа Ісус Христос говорить так: «Передав Мені все Мій Отець. І не знає ніхто, хто є Син, — тільки Отець, і хто Отець — тільки Син, та кому Син захоче відкрити» (Лк. 10:22).

Неодноразово сказано у Писаннях, що Господь Ісус Христос є істинний Бог (1Ів. 5:20) — «...що Він над усіма Бог, благословенний, навіки» (Рим. 9:5). Сам Бог називає Ісуса Христа Богом: «А про Сина: Престол Твій, о Боже, навік-віку; берло Твого царювання — берло праведності. Ти полюбив праведність (правду), а беззаконня зненавидів; через це намастив Тебе, Боже, Твій Бог оливою радости більше, ніж друзів Твоїх» (Євр. 1:8–9) — у цих віршах двічі Ісус Христос названий Богом. Сам Господь також сказав: «Я й Отець — Ми одне!» (Ів. 10:30). На основі приведених місць Писань — Бог та Його Божество у повноті, разом з Христом, залишається великою таємницею, яку людським розумом неможливо вірно пояснити!

На сьогодні релігійним християнством проповідується: Христос воскрес із мертвих, вознісся на небо і сидить праворуч Отця, тобто на престолі з Богом; на землю посланий і діє Дух Святий, третя особа Божества. Виходить, що не Христос діє у віруючих (Він на небі, Йому потрібно молитися), а самостійно діє Дух Святий у серцях так званих християн. Чи вірне таке вчення?

Писання говорять, що у всіх давніх пророках жив Дух Христовий (1Петр. 1:11). Господь також сказав Сам про Себе: «А вони запитали Його: Хто Ти такий? І Ісус відказав їм: Той, Хто спочатку, як і говорю Я до вас» — порівняємо, як сказав Бог Мойсею: «Я Той, що є. І сказав: Отак скажеш Ізраїлевим синам: Сущий послав мене до вас» (Ів. 8:25; Вих. 3:14). Що ж виходить? Є Бог — Отець, є Бог — Син і Людина Ісус Христос, є Бог — Дух Святий. Але хто є Дух Святий? Бог є Дух (Ів. 4:24); Господь Ісус Христос також є Дух (2Кор. 3:17) — Дух Христовий (Рим. 8:9). Що ж, усі вони різні Духи? — зовсім ні, Бог і є Дух Святий, і у цьому Дусі Святому є і Отець, і Син — одне ціле! Отець не буває поза Сином, а Син не буває поза Отцем, обидва — Дух Святий або Дух істини. Про це Господь говорить визначено та зрозуміло: «Коли б то були ви пізнали Мене, ви пізнали були б і Мого Отця. Відтепер Його знаєте ви, і Його (Отця) бачили. Говорить до Нього Пилип: Господи, покажи нам Отця, — і вистачить нам! Промовляє до нього Ісус: Стільки часу Я з вами, ти ж не знаєш, Пилипе, Мене? Хто бачив Мене, той бачив Отця, то як же ти кажеш: Покажи нам Отця? Чи не віруєш ти, що Я — в Отці, а Отець — у Мені? Слова, що Я вам говорю, говорю не від Себе, а Отець, що в Мені перебуває, Той чинить діла ті» (Ів. 14:7–10).

Отже, як зрозуміти питання: хто живе в людині, що увірувала по правді? На це питання є чітка відповідь, варто тільки прочитати один вірш: «А ви не в тілі, але в дусі, бо Дух Божий живе в вас. А коли хто не має Христового Духа, той не Його» (Рим. 8:9) — цілком зрозуміло: Дух Божий та Дух Христовий — один і той же Дух; Дух Божий, що живе в людині, є Дух Христовий!

Господь сказав також: «І вблагаю Отця Я, і Втішителя іншого дасть вам, щоб із вами повік перебував, Духа правди… Я не кину вас сиротами, Я прибуду до вас!» (Ів. 14:16–18). Коли Господь говорив про іншого Втішителя, то говорив про Самого Себе — Він і прийшов до своїх учнів після того, як воскрес. Чому ж Господь назвав Його «інший Втішитель»? — тому що Він був людиною у тілі на землі, після воскресіння став вже не в тілі, яке було розіп'яте на хресті та померло, а Духом оживляючим: «Перша людина Адам став душею живою, а останній Адам — то дух оживляючий» (1Кор. 15:45). Господь і сьогодні приходить до людини, що Його приймає, Духом оживляючим, поселяється у ній та стає її совістю (сумлінням) та розумом, тобто життям людини: «Коли з'явиться Христос, наше життя, тоді з'явитеся з Ним у славі і ви» (Кол. 3:1–4).

Тому вчення про те, що на землі діє окремо Дух Святий, а не Христос, не виправдовує себе — на землі діє Бог: «Один Бог і Отець усіх, що Він над усіма, і через усіх, і в усіх» (Еф. 4:6).

Та проте, Їх — двоє, як сказав Господь: «Ви за тілом судите, — Я не суджу нікого. А коли Я суджу, то правдивий Мій суд, бо не Сам Я, а Я та Отець, що послав Він Мене! Та й у вашім Законі написано, що свідчення двох чоловіків правдиве. Я Сам свідчу про Себе Самого, і свідчить про Мене Отець, що послав Він Мене. І сказали до Нього вони: Де Отець Твій? Ісус відповів: Не знаєте ви ні Мене, ні Мого Отця. Якби знали Мене, то й Отця Мого знали б» (Ів. 8:15–19). Господь не сказав: «Ми троє: Отець, Я і Дух Святий». Чому ж Він назвав тільки двох, Я та Отець? — залишається таємницею! Чому Ісус Христос із Отцем стали двоє? — тому що Слово правди, Дух премудрості Божої отримав тіло, спочатку фізичне, щоб мати що принести в жертву (Євр. 8:1–4), потім, після воскресіння — духовне тіло. Звідси й двоє, Отець та Син, однак Вони одне — єдине та нероздільне! Тобто Сам Бог, Його вічне, нетлінне Божество, таємниця вічного життя, **ЗАЛИШАЄТЬСЯ ТАЄМНИЦЕЮ І В ТАЇНІ** (Мт. 6:6), Якому людям дано вірити чи ж не вірити, як воно і є до цього дня!

СТВОРЕННЯ ВСЕСВІТУ І ЛЮДИНИ

02
РОЗДІЛ

38   Для чого Бог створив людину?

40   Душа — особистість людини

43   Про совість (сумління)

48   Про тіло

«Коли бачу Твої небеса — діло пальців Твоїх, місяця й зорі, що Ти встановив, то що є людина, що Ти пам'ятаєш про неї, і син людський, про якого Ти згадуєш? А однак учинив Ти його мало меншим від Бога, і славою й величчю Ти коронуєш його! Учинив Ти його володарем творива рук Своїх, все під ноги йому вмістив: худобу дрібну та биків, їх усіх, а також степових звірів диких, птаство небесне та риби морські, і все, що морськими дорогами ходить! Господи, Боже наш, яке то величне на цій землі Твоє Ймення!» (Пс. 8:4–10).

ДЛЯ ЧОГО БОГ СТВОРИВ ЛЮДИНУ?

У Своїй незбагненній премудрості великий Бог задумав створити людину. Але, перш ніж це зробити, Бог створив дім для людини — фізичний всесвіт (Бут. 1:28, 12:7, 17:8; Пс. 8:1–10, 113:24 (115:16); Іс. Нав. 1:2–5; Єр. 51:9). Цей всесвіт тимчасовий, він пройде, як про це й написано: «що голос Його захитав тоді землю, а тепер обіцяв та каже: Ще раз захитаю не тільки землею, але й небом. А ще раз визначає заміну захитаного, як створеного, щоб зосталися ті, хто непохитний (тобто вічний, неминущий!)» (Євр. 12:25–27).

Постає питання: для чого великий безсмертний Бог все це створив, добре знаючи, що все створене — тимчасове? навіщо Господу Богу все це було потрібно? Висновок один: у Бога була мета! Але яка?

Коли був створений увесь всесвіт, тоді все було готове для створення людини. Створення людини — це і був намір Бога, як написано: «І ввесь людський рід Він з одного створив, щоб замешкати всю поверхню землі, і призначив окреслені доби й границі замешкання їх, щоб Бога шукали вони, чи Його не відчують і не знайдуть, хоч Він недалеко від кожного з нас — бо Сам дає всім і життя, і дихання, і все» (Дії 17:26–27,25).

«І сказав Бог: Створімо людину за образом Нашим, за подобою Нашою… І створив Господь Бог людину з пороху земного. І дихання життя вдихнув у ніздрі її, і стала людина живою душею» (Бут. 1:26, 2:7) — як просто сказано! Але якщо подумати та уявити собі: створений з пороху! Бог узяв землю, вірніше, глину (про людину сказано, що вона із глини: Іс. 64:8; Йов 10:9) і почав створювати людину: створив голову з очима, вухами, носом, ротом — це більш прості органи порівняно з мозком. Який потрібно було мати розум та знання, щоб створити з глини мільярди клітин мозку — розумом людським цього не збагнути… Візьмімо кровоносну систему людини, в котрій душа людини — яка це таємниця! А шлунок людини, який перетравлює їжу! Серце людини! Очі, які бачать! Вуха, які чують! Все це створив Бог із пороху, із глини. Потім вдихнув подих життя, і ожило все в людині, ожили та почали діяти всі органи. Людина задихала, серце стало працювати, розганяючи кров. Яка участь самої людини в цьому великому та чудовому творінні? — ніякої! Те, що вона з'явилась, заслуга тільки великого незбагненного Бога — Він створив людину!

Та не лише фізичне тіло створив Бог. Мета Бога — створити не тільки зовнішню, але й внутрішню духовну людину. Виникає питання: для чого? Багато хто намагається дати відповідь на це запитання, і відповіді різні, та з Біблії випливає лише одна: Бог захотів збудувати Собі дім (Еф. 3:1–12). Для цього Він і створив людину, щоб люди через Ісуса Христа стали живим камінням, з якого Він будуватиме Свій вічний дім — Вишній Єрусалим (Об. 21:1–5) для вічного Свого перебування в гармонії любові з людьми (2Кор. 6:16–18; 1Кор. 3:16–17), як написано: «Чого око не бачило й вухо не чуло, і що на серце людині не впало, те Бог приготував був тим, хто любить Його!» (1Кор. 2:9).

Із безлічі людей твориться і будується дім Божий, в якому Бог буде жити вічно! «Усякий-бо дім хтось будує, а Той, хто все збудував, то Бог. І Мойсей вірний був у всім домі Його, як слуга... Христос же, як Син, у Його домі. А дім Його ми, коли тільки відвагу й похвалу надії додержимо певними аж до кінця» (Євр. 3:4–6). «А дім цей — ми» — у цьому покликання людини! Людина не виконує своє призначення, якщо в ній не живе Бог, і від цього немає їй спокою, вона не знаходить вдоволення ні в чому, що б не робила. В пошуках задоволення та спокою люди намагаються багато чого робити, але все марно. Лише Бог, який став жити в людині, дає їй спокій та вдоволення.

Великий Бог створив людину із пороху, щоб перетворити її на **ДУХОВНУ ЛЮДИНУ**, святу і праведну, щоб бути людині окрасою творіння, щоб вона квітла і щоб розносились приємні пахощі в домі Божому, знала Бога, жила Богом і сповіщала досконалості Бога.

ДУША — ОСОБИСТІСТЬ ЛЮДИНИ

Слово нам відкриває, що людина створена за образом та подобою Божою (Бут. 1:26–27). Бог триєдиний (1Ів. 5:7), отже і людина має **ДУХ, ДУШУ І ТІЛО**: «...а непорушений дух ваш, і душа, і тіло нехай непорочно збережені будуть...» (1Сол. 5:23). Що ж таке особистість людини?

СТВОРЕННЯ ВСЕСВІТУ І ЛЮДИНИ

Душа і є сама особистість, наприклад, коли людина розмовляє з людиною чи звертається з питанням до неї, то кому вона говорить, до якої із трьох складових людини звертається: до духу, душі чи тіла? Зрозуміло, що звертається до особистості, тому що людина є особистість, здатна слухати та чути, здатна сприйняти і повірити або ж відкинути сказане. Це й розкриває, що саме душа є особистість людини, вона відповідальна повністю за всю людину, за її сьогодення та майбутнє, за її спасіння.

Мова йде про спасіння людини: то що ж спасається? Господь дав відповідь на це запитання: «Терпеливістю вашою душі свої ви здобудете» (Лк. 21:19). «Бо вам терпеливість потрібна, щоб Божу волю вчинити й прийняти обітницю» (Євр. 10:36). Кому потрібне терпіння? Хто має виконати волю Божу, щоб отримати обіцяне: душа, дух чи тіло людини? — звичайно ж душа (можна наводити ще багато місць Писань, які говорять про душу), яка і є особистість людини. **ДУША** — то є **РОЗУМ**, **ВОЛЯ** та **ПОЧУТТЯ**.

Людина має **РОЗУМ** — можливість думати, міркувати, обирати. Наприклад, коли людині приходить те чи інше вчення через слово, то спочатку вона сприймає це слово розумом. Вже те, що вона чує — є її розум; не маючи розуму, людина чути взагалі не може. Далі людина сприймає або відкидає слово, що йде до неї.

Коли людина не має в сумлінні своєму Бога, у неї плотський, душевний розум (1Кор. 2:14; Кол. 2:18), тому що кожна людина народжується в цей світ тілесною, із законом гріха та смерті всередині (Рим. 5:12). Помисли її тілесні: все для тіла, все навколо тіла (Рим. 8:5–8). Коли ж людина приймає серцем дорогоцінну віру по правді Бога нашого — відбувається народження від слова істини. Від віри слову істини відновлюється розум (Рим. 12:2; Еф. 4:23) і помисли людини стають духовними, розум її стає Христовим (1Кор. 2:15–16).

ВОЛЯ визначає дії людини і залежить безпосередньо від віри людини. Від початку, коли Адаму та Єві прийшло слово від Бога в Едемському саду: «не їж від нього», негайно задіяла здатність душі — вірити; задіяла віра, відразу з'явилась і воля — не куштувати! Але потім прийшло інше слово від змія: «Умерти — не вмрете... і станете ви, немов Боги, знаючи добро й зло» (Бут. 3:4–5). Явилася віра іншому слову: «І побачила жінка, що дерево добре на їжу, і принадне для очей, і пожадане дерево, щоб набути знання»; проявила себе воля і відбулась дія: «І взяла з його плоду, та й з'їла, і разом дала теж чоловікові своєму, і він з'їв» (Бут. 3:6).

Отже, віра та воля не бувають одна без одної. Початок віри, потім і волі — завжди слово: або правди, або неправди. Яке б не прийшло слово — негайно виявиться віра і воля: або відкинути, або прийняти. Віра — завжди двигун, воля — виконавець! Воля людини не буває незалежною: від кого слово віри, від того і дія волі.

ПОЧУТТЯ людини, так само як розум і воля, можуть бути суто тілесні, як, наприклад, почуття голоду, почуття тепла або холоду: «...печеню пече й насичається, також гріється та приговорює: Як добре нагрівся, відчув я огонь» (Іс. 44:16). Але почуття можуть бути і духовні, так як людина створена Богом як посудина для утримання в собі духа. Писання нам каже: «Нехай у вас будуть ті самі думки, що й у Христі Ісусі!» (Фил. 2:5). Від того, хто живе в людині, залежать її почуття і її розум. У міру того, як Христос заповнює людину, її почуття стають Христовими, не тілесними, а духовними, небесними, праведними, вільними від зла та неправди, здатними розрізняти

СТВОРЕННЯ ВСЕСВІТУ І ЛЮДИНИ

добро і зло (Євр. 5:14; Рим. 14:17).

Душа людини має дух, тобто **СОВІСТЬ (СУМЛІННЯ)**. Душа, як особистість, відповідальна за те, хто буде жити в совісті, тому що совість є дух, що живе в людині: або Божий Дух, або дух диявола.

Може виникнути питання: навіщо потрібна совість, якщо душа, як особистість, відповідальна за спасіння і може діяти самостійно, не підкоряючись совісті? Розумом людина думає, міркує, погоджується, приймає, але доки не здійсниться в совісті, людина буде вагатися: душею погоджується, але совість протидіє! Душі потрібна опора, підтримка, щоб водитись духом, і це вона може отримати тільки із совісті, тобто совість є опора душі, тому що в совісті живе дух, що вселився, який є абсолют завжди незмінний: або правда, або неправда. Сумління спрямовує, вабить, підказує душі, радить, пропонує, але рішення завжди за душею.

Якщо совість лукава, то душі доводиться розумом триматися букви закону і боротися проти власної совісті (релігійне положення, коли людина бореться сама із собою, хоче бути гідною, доброю, правдивою, але у неї нічого не виходить). Якщо ж совістю людини став Господь Ісус Христос, відбулась смерть для цього світу, зла, всякої неправди, таємниця вічного життя оселилася в совісті, то душа може повністю покластися на совість, давати керувати собою, спрямовувати себе.

ПРО СОВІСТЬ (СУМЛІННЯ)

В книгах Старого Заповіту немає абсолютно ніякого вчення про совість — її ніби немає у людини! Завжди мова йде тільки про душу разом із духом: «І приходили кожен чоловік, кого вело серце його, і кожен, кого дух його чинив щедрим, і приносили приношення Господеві...» (Вих. 35:21) — мова не йде про совість окремо, але завжди про особистість людини, тому що до явлення на землю Господа совість і душа були мертві для Бога: «Тому-то, як через одного чоловіка ввійшов до світу гріх, а гріхом смерть, так прийшла й смерть у всіх людей через те, що всі згрішили» (Рим. 5:12). Про совість, як про дух людини, вчення з'явилось тільки в Новому Заповіті.

Проте існує розуміння, що совість є виховання душі за законом будь-якої релігії, спираючись на місце Писання: «І ось книжники та фарисеї приводять до Нього в перелюбі схоплену жінку, і посередині ставлять її, та й говорять Йому: Оцю жінку, Учителю, зловлено на гарячому вчинку перелюбу... Мойсей же в Законі звелів нам таких побивати камінням. А Ти що говориш? Це ж казали вони, Його спокушуючи, та щоб мати на Нього оскарження... Він підвівся й промовив до них: Хто з вас без гріха, нехай перший на неї той каменем кине!.. І Він знов нахилився додолу, і писав по землі... А вони, це почувши й сумлінням докорені, стали один по одному виходити, почавши з найстарших та аж до останніх. І зоставсь Сам Ісус і та жінка, що стояла всередині» (Ів. 8:3–11). І так вчать, що вони (книжники і фарисеї) були навчені закону, і за законом совість їх докоряла. Закон Мойсея — закон добра; виходить, що добро їх докоряє, і вони, залишивши жінку, йдуть один по одному. Постає питання: що їх докоряло? Тут слід дивитись глибше, хто були ці люди — книжники та фарисеї. Вони були вороги Господу, вони були проти Нього, шукали приводу згубити Його (слід прочитати Матвія 23 розділ, де

Господь дуже вичерпно говорить: «лицеміри», «гроби побілені», «змії, гадюче поріддя», «сліпі проводирі») і, зрештою, осудили невинного та розіп'яли! Тобто це були люди, які повністю водились дияволом, хіба не так? Де в цих людях жив диявол? Чи може він не жив у них? Можливо сидів на лівому плечі та нашіптував у ліве вухо — так стверджують в релігії. Адже в релігії й думки не припускають, що диявол живе в совісті.

А як говорить істинне слово Боже? Господь дуже ясно сказав: «Бо з серця виходять лихі думки, душогубства, перелюби, розпуста, крадіж, неправдиві засвідчення, богозневаги. Оце те, що людину опоганює» (Мт. 15:19–20) — всяке зло і всяка неправда із серця виходять, то чий це дух? Ці люди своїм розумом за внутрішньою людиною знаходили задоволення в законі Божому і намагалися ревно виконувати його, але були вловлені гріхом і робили те, що розумом не хотіли робити. Постає питання: Господь сказав, що зсередини, із серця виходить вся мерзота і нечистота, а в посланні до Римлян, у сьомому розділі, пояснюється так, що за внутрішнім чоловіком маю задоволення в Законі Божому, служу розумом Законові Божому (Рим. 7:25). Як це зрозуміти? Зсередини виходить і те і інше? Здається незрозуміло — глухий кут! Та саме це положення розкриває таємницю совісті (сумління), адже написано: «...окропивши серця від сумління лукавого» (Євр. 10:22). В серці знаходиться особистість самої людини, життя особистості; там же, в серці, знаходиться і дух людини, її совість! Особистість людини — є її голова, тобто розум, і серце — центр, звідки кров починає свою течію та розносить почуття особистості, тому що душа знаходиться у крові! А совість — це дух людини, незалежний від душі орган, знаходиться в центрі, в самій основі душі та становить силу, вогонь життя людини, яку вдихнув Бог від Себе в тіло, що створене Ним з пороху! (Бут. 2:7, 1:26–28). Отже, серце — душа, ядро душі — **СОВІСТЬ (СУМЛІННЯ)**! Душею людина бажає доброго, силкується, але робить те, чого не хоче робити — сила, що знаходиться в совісті, сильніша за душу, захоплює душу, вловлює її, перемагає, і душа робить те, чого раніше не хотіла робити.

Стає зрозумілим, що закон знаходиться не в совісті, а в розумі, тобто в душі, а в лукавій совісті — закон гріха та смерті або сам диявол. І тепер повернемось назад до того моменту, коли совість звинуватила фарисеїв (Ів. 8:9), та запитаємо: хто становив совість цих людей? У них, книжників та фарисеїв, совість була лукава чи ні? Вони були невірні, вороги Господу, діяли проти Господа: «Стережіться розчини фарисейської» (Лк. 12:1) — совість їх була нечиста, лукава! То чий це нечистий дух у совісті? Відповідь зрозуміла: нечистий дух — є дух диявола, це підтверджується багатьма місцями Писання (Мт. 10:1; Мр. 6:7, 3:11, 5:13; Дії 8:7; Іс. 35:8), виходячи з яких, стає очевидним, що совість книжників та фарисеїв була нечиста, її наповнював закон гріха та смерті. Постає питання: коли совість їх докоряла, хто звинувачував їх із совісті? — звичайно ж диявол, який на підставі закону тільки те й робив, що засуджував їх у тому, що вони грішники. І вони зрозуміли, що Господь знає їх зсередини, і якщо тільки хто підніме камінь та кине на жінку, негайно буде викритий Господом, тому й почали йти один по одному.

Дев'ятий та десятий розділи послання до Євреїв безперечно вчать, що звільнення від закону гріха та смерті, досконалість спасіння досягаються в совісті. За законом Мойсея людина сама, своєю волею та розумом, повинна була досягти чистоти совісті, та це виявилось неможливим, інакше не потрібно було б приходити Христу для очищення совісті. Совість була мертвою в законі гріха та смерті. Христос переміг, з'явилося світло.

Далі може постати питання про апостола Павла, який служив Богу від прабатьків усією доброю совістю. Він за законом був бездоганним, але що він творив і робив, коли був Савлом? — «...Божу Церкву жорстоко я переслідував та руйнував її... бувши запеклим прихильником моїх отцівських передань» (Гал. 1:13–14); «Переслідував я аж до смерти цю путь, і в'язав, і до в'язниці вкидав чоловіків і жінок... і пішов до Дамаску, щоб тамтешніх зв'язати й привести до Єрусалиму на кару» (Дії 22: 4–5) — чий це дух діяв у ньому? За законом, за плоттю він був бездоганний, навіть міг покладатись на плоть (Фил. 3:4,6); совість не могла його судити, тому що він так ревно виконував закон, що диявол не мав можливості засуджувати і судити його — звідси його усвідомлення чистої совісті. Однак в дусі його, в совісті, діяла сила на вбивство та спустошення Церкви; він: «...дишучи грізьбою й убивством» (Дії 9:1) на віруючих, робив це в невіданні, тому й відмовився від праведності за законом, вважаючи все за сміття, аби Христа придбати!

У німецькій мові совість називається Gewissen. Якщо перекласти, то виходить: впевненість у знанні або впевнене знання. Знання є слово, слово є дух. Христос є слово знання: «...і пізнаєте правду, а правда вас вільними зробить!» (Ів. 8:32). Слово правди, розчинене вірою, стає совістю. Христос стає совістю, Він і є впевнене знання в совісті людини, що повірила. На совісті покоїться душа, іншими словами, душа покоїться на Христі.

Совість невіруючих людей є також впевнене знання — слово неправди, сам диявол, чи, як написано, закон гріха та смерті. Він зваблює людей, спонукає, навіює душі, але маючи страх закону, маючи душевне виховання (що добре та що погано), людина стримує в собі диявола. Доки людина має силу своєї волі, їй вдається утримуватися, вдається пригнічувати в собі диявола і не робити зла. Але коли її дуже роздратували, розлютили, вона втрачає контроль над собою, і диявол, який завжди й жив у людині, захопивши вуста, виходить з неї потоком безпосередньо із совісті. Прийшовши до тями, силою своєї волі людина знову заганяє в себе диявола і заспокоюється до наступного разу. Так у житті відбувається до старості; в старості людина втрачає силу своєї волі, і диявол напряму починає проявляти себе тим, чим завжди і жила людина.

Отже, душа завжди спирається на це впевнене знання — совість; тому людина говорить: «Я впевнений!». Говорить це особистість, душа, говорить так, тому що спирається на совість, яка надає душі впевненості у знанні. Тому **совість (сумління) є дух людини**, злитий в одне або з духом неправди, або з Духом правди.

ПРО ТІЛО

«Бо кожне тіло немов та трава, і всяка слава людини як цвіт трав'яний: засохне трава — то й цвіт опаде, а Слово Господнє повік пробуває! А це те Слово, яке звіщене вам в Євангелії» (1Петр. 1:24–25).

«І вернеться порох у землю, як був, а дух вернеться знову до Бога, що дав був його! Наймарніша марнота, сказав Проповідник, марнота — усе!..» (Екл. 12:7–8). «У поті свойого лиця ти їстимеш хліб, аж поки не вернешся в землю, бо з неї ти взятий. Бо ти порох, і до пороху вернешся» (Бут. 3:19).

Мова йде про фізичне земне тіло, яке є частина нас, тому тіло відіграє дуже важливу роль у житті тих, які повірили правді і прийняли Бога. Для душевних же людей тіло є щось найголовніше, тоді коли ми знаємо, що головне в нашому житті є Ісус Христос в нас, бо Він є таємниця життя. Але й не потрібно применшувати значення нашого тіла, бо якби не було земного тіла, то й нас не було б взагалі.

«І створив Господь Бог людину з пороху земного. І дихання життя вдихнув у ніздрі її, і стала людина живою душею» — «...сіється тіло звичайне... Та не перше духовне, але звичайне, а потім духовне» (Бут. 2:7; 1Кор. 15:44–48). Стає зрозумілим: для того, щоб створити духовну людину за образом та подобою Своєю, необхідно було почати з душевної людини, потім її змінити так, щоб могла постати духовна, тобто духовне тіло: є тіло душевне (звичайне), є й тіло духовне, та не перше духовне...

Таким був початок людини: «і стала людина живою душею», життя якої тільки в тому й полягало: все навколо тіла та для тіла, іншого для людини нічого не існувало. Вона була душевною, тілесною і могла знати лише те, що хоче, чого потребує її тіло: дуже холодно або дуже жарко, хочеться пити, зголодніла, захотіла спати; коли людина сита, виспалась, їй не холодно і не дуже жарко, хочеться погратися, розважитися, і коли поряд дружина — прокидаються почуття або потяг одне до одного, до розмноження.

Виходить, що душевне, тілесне життя людини тільки й відрізнялось від життя тварин тим, що люди могли розмірковувати, думати, створювати.

Коли Господь Бог дав заповідь Адаму з Євою, тим самим пробудив їх до послуху та віри, вони, звичайно ж, повірили та послухалися Бога, та ненадовго; з'явилась земна спокуса для тіла та розуму душевної людини — захопились, повірили, прийняли життя за плоттю, для тіла.

Життя за плоттю — є життя навколо тіла, кероване пожадливостями та пристрастями, яке виражає себе: «...бо все, що в світі: пожадливість тілесна, і пожадливість очам, і пиха життєва, це не від Отця, а від світу» (1Ів. 2:16) — це життя по вірі, від якої і з'явилося «старе створіння за Адамом». Господь Бог створив Адама чистим — без пристрастей, без пожадливостей, без гордині. Коли Адам з Євою повірили змію, народилось життя за плоттю з пристрастями, пожадливостями та гординею; і чисте тіло, створене Богом, перетворилося на тіло смерті, в членах якого став діяти закон гріха та смерті, про яке апостол Павло написав: «Нещасна я людина! Хто мене визволить від тіла цієї смерті?» (Рим. 7:24). Це є початок розвитку життя цього земного світу.

ЗЕМНИЙ СВІТ — ЖИТТЯ ЗА ТІЛОМ (ЗА ПЛОТТЮ)

За Писаннями можна дуже добре прослідкувати, як створювався, розвивався та облаштовувався цей земний світ, в житті якого тіло людини відіграє найважливішу роль. Культ тіла розвинувся та затвердився так, що все поставлено на служіння цьому тілу. Що б люди не робили — все завжди для тіла, бо є лише задоволення тіла та задоволення душі. Якщо

СТВОРЕННЯ ВСЕСВІТУ І ЛЮДИНИ

тілу чогось не вистачає — то це повне занепокоєння душі! Душа буде нудитись і страждати, доки не досягне, не знайде, не дістане бажаного тілу! Задовольнивши своє тіло, душа ніби заспокоюється. Проте тіло завжди уражене пожадливістю, а це є надмірно (понад потрібне) догоджати тілу. Воно може бути явним: ненажерство, пияцтво, паління, жадібність, або ж малопомітним: надавати великого значення одягу, їжі, відпочинку або розвагам. І це ніколи не дасть людині спокою, адже пожадливість тіла, пристрасті, гординя — ненаситні: «А ті несправедливі — як море розбурхане, коли бути спокійним не може воно, і коли води його багно й мул викидають. Для безбожних спокою немає, говорить Господь!» (Іс. 57:20–21). Та: «...вони отупіли й віддалися розпусті, щоб чинити всяку нечисть із зажерливістю» (Еф. 4:19).

Так склався образ життя цього світу, в якому основну роль відіграла віра: за вірою народився образ життя за тілом, вірою розвивався, вірою облаштовувався, вірою й живе до цього дня. Ця віра полягає в тому, що існує тільки життя за тілом (за плоттю), де фізичне тіло посідає головне місце, і для такої людини вкрай безглуздо звучить вчення про те, що потрібно відкинути життя за тілом: «А людина тілесна не приймає речей, що від Божого Духа, бо їй це глупота, і вона зрозуміти їх не може, бо вони розуміються тільки духовно» (1Кор. 2:14).

Чому вона вважає це безглуздям? — тому що цей світ має свої образи: свої земні почуття — стосуються тільки тіла плоті; своя любов — любить тільки земне, обов'язково пов'язане з тілом. Тобто любов у цьому світі, чи почуття, чи бажання, чи прагнення — все це є пожадливість тіла, пожадливість очей і гординя життя. Тіло взяте із землі, його неухильно й тягне тільки до землі, воно повністю земне.

Душа теж зваблена земним — хазяїном її стало тіло, й іншого не розуміє та не може розуміти. Звідси люди в цьому світі повністю земні: весь їх розвиток, весь напрямок, всі прагнення — на користь тілесної людини; тому надзвичайно важливо добре бачити та розуміти сутність земного життя, яке має виключно свій образ!

НЕБЕСНИЙ СВІТ — ЖИТТЯ ЗА ДУХОМ

Якщо в житті за тілом (за плоттю) все заради тіла, то в небесному — якраз навпаки: зовсім не жити за тілом та за його образом. «Тому-то, браття, ми не боржники тіла, щоб жити за тілом; бо коли живете за тілом, то маєте вмерти... І ті, хто ходить за тілом, не можуть догодити Богові» (Рим. 8:12–13,8).

Ісус Христос приніс у цей світ людям можливість прийняти зовсім інше життя — життя за Духом. Це означає жити Христом Ісусом, жити за внутрішньою людиною, народженою від Бога, коли тіло плоті повністю відкинуте, як образ життя. Це нове життя, де душа, разом із тілом, підкорилась совісті (сумлінню), в якій живе Бог. Життя такої людини віддане Богу: все для Бога, водитись Богом, жити для Нього та Ним! Тіло знову стало чистим, вільним від пожадливостей та гордині, і людина слідкує за ним за природною потребою. Керує вже не тіло душею, але душа керує тілом!

ВІДДАЙТЕ ТІЛА ВАШІ В ЖЕРТВУ БОГОВІ

«Горе вам, книжники та фарисеї, лицеміри, що чистите зовнішність кухля та миски, а всередині повні вони здирства й кривди! Фарисею сліпий, очисти перше середину кухля, щоб чистий він був і назовні!» (Мт. 23:25—26) — за вірним вченням Господа нашого зрозуміло, що спочатку необхідно займатися внутрішньою людиною, яка є наша совість. Очистивши совість, людина стає чистою і зовні, тобто її тіло, і тоді: «Для чистих все чисте, а для занечищених та для невірних не чисте ніщо, але занечистилися і розум їхній, і сумління» (Тит. 1:15). Нечистота розуму та совісті завжди походить від хибного слова, невірного вчення, що ясно підтверджує вірш: «...щоб у вірі здорові були, і на юдейські байки не вважали, ані на накази людей, що від правди відвертаються» (Тит. 1:13—14). Коли людина народжується від Бога, серце її Кров'ю Христа очищається від лукавої совісті (Євр. 10:22) та мертвих діл (Євр. 9:14), бо досконалість досягається саме та тільки у совісті (Євр. 9:9, 10:1—10,14) — у людини, у міру зросту, стає чистим і її тіло: «Для чистих все чисте». Саме таке чисте тіло і слід віддавати в жертву Богові: «Тож благаю вас, браття, через Боже милосердя, повіддавайте ваші тіла на жертву живу, святу, приємну Богові...» (Рим. 12:1). Якщо ж совість залишається нечистою, то й тіло ніяк не буде чистим, живим (Рим. 8:11) — така жертва Богу не до вподоби, Він ніколи не прийме в жертву нечисте тіло, вражене пожадливостями та пристрастями!

Щоб направлятись, водитись Богом, людина має присвятити себе, віддати себе, не тільки совість і душу, але й своє тіло, в жертву Богові. Для цього тілом необхідно управити, про що ясно свідчить апостол Павло: «Тож біжу я не так, немов на непевне, борюся не так, немов би повітря б'ючи. Але вмертвляю й неволю я тіло своє, щоб, звіщаючи іншим, не стати самому негідним» (1Кор. 9:26—27). Він, апостол, життя якого

Христос — нічого проти себе не знав (1Кор. 4:4), однак тіло своє йому доводилося спрямовувати, упокорювати та поневолювати. Маючи чисте серце, добре сумління, маючи і чисте тіло через чистоту серця, він не сидів, склавши руки, але йому доводилося піднімати своє тіло в дорогу на справу служіння; там побили камінням, ледь не на смерть, тут побили палицями, а він знову та знову йшов і служив, шукаючи стати жертвою за жертву: «…чи не досягну я того, чим і Христос Ісус досягнув був мене» (Фил. 3:9–16). Який блаженний стан — стати жертвою за жертву! Можливо попереду це чекає усіх вірних! І, звичайно, коли виникне потреба постраждати тілом, то доведеться ним управити — саме собою тіло не буде прямувати до поневірянь і страждань!

ДЛЯ ЧОГО НАМ ДАНЕ ТІЛО?

«Чи не знаєте ви, що ви — Божий храм, і Дух Божий у вас пробуває? …бо храм Божий святий, а храм той — то ви!» (1Кор. 3:16–17).

«Хіба ви не знаєте, що ваше тіло — то храм Духа Святого, що живе Він у вас, Якого від Бога ви маєте, і ви не свої? Бо дорого куплені ви. Отож прославляйте Бога в тілі своєму та в дусі своєму, що Божі вони!» (1Кор. 6:19–20). Отже, якщо совість моя — Христос, душа підкорилася совісті, тобто Господу Ісусу Христу, тоді тіло теж неминуче підкорене, святе та чисте, бо тіло без духа взагалі мертве, тіло несе плоди та робить те, чого бажає душа (Як. 2:26), воно — храм Божий! Але чому все ж таки про тіло сказано якось особливо: «отож прославляйте Бога в тілі своєму» — хіба тіло саме без душі може щось робити? Невже не досить було сказати: прославляйте Бога душами вашими? І хіба душа без тіла може щось сама

СТВОРЕННЯ ВСЕСВІТУ І ЛЮДИНИ

собою робити? — адже вони одне, складають одну людину! Втім про тіло завжди говориться окремо: «А Сам Бог миру нехай освятить вас цілком досконало, а непорушений дух ваш, і душа, і тіло нехай непорочно збережені будуть на прихід Господа нашого Ісуса Христа! Вірний Той, Хто вас кличе, Він і вчинить оте!» (1Сол. 5:23–24). Якщо ми проходимо наш життєвий шлях, зберігаючи правильну віру, то Бог збереже нас для Свого Царства (1Петр. 1:3–9). Тому й написано: «Будьте тверезі, пильнуйте! Ваш супротивник диявол ходить, ричучи, як лев, що шукає пожерти кого. Противтесь йому, тверді в вірі...» (1Петр. 5:8–9).

Втративши місце в людині, диявол буде ходити й ходити навколо. Чому? — тому що йому добре відомо, що тіло людини взяте із землі, воно — земля, і його тягне до землі; тому так до самого кінця диявол і буде шукати, де та як можна схилити тіло, а за допомогою тіла й душу, до чогось земного: надати значення одягу, їжі, відпочинку, розвагам, приділити надмірну увагу тілу, ніби в дрібницях, на що людина й не зверне увагу, проте душу її зачепить!

Диявол, почавши з малого, дуже постарається розширити своє перебування. Саме тому Сам Господь та апостоли неодноразово говорили та переконували бути тверезими та пильнувати, тому що тіло наше — земне і схилити до земного його доволі легко й просто, якщо людина не буде стояти на сторожі, не буде тверезою, перестане пильнувати!

Диявол не втомлюється, і він завжди ходитиме, спокушаючи, вселяючи, тягнучи, переконуючи, і це нам ясно показано на прикладі Господа нашого Ісуса Христа, від Нього диявол не відійшов, доки не домігся Його розп'яття. Диявол спокушав до кінця: чи не згрішить Він? чи не вдасться Його перемогти? Так було з усіма святими. Багато з них стали також жертвами до смерті: «Камінням побиті бували, допитувані, перепилювані, умирали, зарубані мечем, тинялися в овечих та козячих шкурах, збідовані, засумовані, витерпіли. Ті, що світ не вартий був їх, тинялися по пустинях та горах, і по печерах та проваллях земних» (Євр. 11:37–38).

Чому це так? — тому що диявол шукав зруйнувати їхню віру, щоб погубити їх! Апостол Павло також свідчить про себе: «Бо я вже за жертву стаю, і час відходу мого вже настав» (2Тим. 4:6). Що стало жертвою у апостола Павла? — його тіло! Чим пожертвували усі вбиті та спалені святі? — своїми тілами! Господь наш, коли був ще Духом премудрості і в славі Отця Свого, говорив: «Жертви й приношення Ти не схотів, але тіло Мені приготував... Ось іду... щоб волю чинити Твою, Боже!» (Євр. 10:5–7). Для чого Бог і Отець Господа нашого приготував тіло Ісусу Христу? — щоб і Цей також мав що принести в жертву (Євр. 8:3). «У цій волі ми освячені жертвоприношенням тіла Ісуса Христа один раз» (Євр. 10:10).

Ось і ми сьогодні маємо наше тіло. Для чого ми його маємо? — теж для того, щоб мати що принести в жертву Богу, і хто буде гідний цього? Бо від нас, від особистості, залежить, як хто управить своїм тілом!

Коли мова заходить про жертвування своїм тілом, то це сприймається відразу як щось велике, великі справи, але ж будь-яка справа починається з малого. Якщо не вчився в першому класі, то ніяк не перейдеш відразу до п'ятого — просто не потягнеш, не зможеш вчитися. Не навчившись жертвувати своїм тілом у малому, ніяк не зростеш, не зможеш жертвувати собою у великому.

Все, зокрема й жертвувати собою, починається з малого: у відносинах між чоловіком та дружиною, у відношенні до дітей та дітей до батьків, у відношеннях на роботі з колегами. Вірність та жертовність починаються з малого. Говорити про великий подвиг — прекрасно, звучить відважно, а як у повсякденному житті? Чи жертвуємо ми собою, своїм тілом на кожному нашому кроці? Чи керує Господь повністю нами, чи тіло все ж таки вимагає свого, і ми непомітно, але свого домагаємося? Душа розмірковує про високе: готовий вмерти за Христа! готовий постраждати! Та ось заходить мати чи дружина, чоловік чи батько: «винеси сміття, піди в магазин, помий посуд, помий підлогу... віднеси або принеси... піди туди, зроби те» — це все, з чого складається повсякденне земне життя — відразу з'являється протест, небажання, лінь!

Людина готує себе для більш високої мети, на справи великі та зовсім не думає, не розуміє, що коли в малому не здатна жертвувати собою, то й до більшого взагалі ніколи не доросте! Самозречення, жертвування собою, своїм тілом, починається з малого — тільки так зросте людина та навчиться розуміти волю Божу про себе, розуміти Його голос та Його водіння. Нехтуючи ж малим, на більше людина не стане здатною.

Щоб створити нас вірними, слухняними, духовними Своїми дітьми, нам дається фізичне тіло, через яке Господь випробовує, навчає, карає, милує, прощає і зрощує гідними на всяку добру справу. «Ми ж відкритим обличчям, як у дзеркало, дивимося всі на славу Господню, і змінюємося в той же образ від слави на славу, як від Духа Господнього» (2Кор. 3:18).

Зрозуміймо ж, що фізичне тіло нам дається один раз. Куди ми його направимо, залежить від нас, від нашого ревного бажання та прагнення догодити Господу Богу нашому. «Отож, бувши відважні постійно, та знаючи, що, мавши дім у тілі, ми не перебуваємо в домі Господньому, бо ходимо вірою, а не видінням, ми ж відважні, і бажаємо краще покинути дім тіла й мати дім у Господа. Тому ми й пильнуємо, чи зостаємося в домі тіла, чи виходимо з дому, бути Йому любими» (2Кор. 5:6–9).

ЗОВНІШНЯ ТЕМРЯВА.
ПРО ДИЯВОЛА

03
РОЗДІЛ

63 Фізична смерть — кінець усього?

67 Про диявола — змія стародавнього

70 Духи злоби

«І ввесь людський рід Він з одного створив, щоб замешкати всю поверхню землі, і призначив окреслені доби й границі замешкання їх, щоб Бога шукали вони, чи Його не відчують і не знайдуть, хоч Він недалеко від кожного з нас. Бо ми в Нім живемо, і рухаємось, і існуємо...» (Дії 17:26–28).

«Щоб Бога шукали вони» — а що ж людство? Одне було необхідно людям: шукати і пізнавати Бога, Його могутність, Його владу, силу і мудрість, бо Він дає всьому життя й дихання. Якби людство шукало пізнавати Бога, то не було б ніякої потреби шукати і турбуватися про земне: «Отож, не журіться, кажучи: Що ми будемо їсти, чи: Що будемо пити, або: У що ми зодягнемось? Бож усього того погани шукають...» (Мт. 6:31–32). Люди ж повністю захопилися тим, щоб самим турбуватися і влаштовувати своє земне життя, і така марнота охопила їх, що не знають спокою ні вдень, ні вночі! «Крім того, поглянь, що знайшов я: що праведною вчинив Бог людину, та вигадок усяких шукають вони!.. Я бачив усі справи, що чинились під сонцем: й ось усе це — марнота та ловлення вітру!.. Увесь труд людини — для рота її, і пожадання її не виповнюються» (Екл. 7:29, 1:14, 6:7). Люди стали являти усіляку неправду. Якби ж тільки маячнею захопились — все задля тіла, але захопились **СТРАШЕННОЮ БРЕХНЕЮ — НЕМАЄ БОГА!** Людина сама — бог! «Безумний говорить у серці своїм: Нема Бога! Зіпсулись вони, і обридливий чинять учинок, нема доброчинця!.. Господь дивиться з неба на людських синів, щоб побачити, чи є там розумний, що Бога шукає. Усе повідступало, разом стали бридкими вони, нема доброчинця, нема ні одного!..» (Пс. 13 (14):1–3).

Також, у розумінні людей, немає й диявола, але він є, тому що так говорить Писання: «Ваш батько — диявол, і пожадливості батька свого ви виконувати хочете… Як говорить неправду, то говорить зі свого, бо він неправдомовець і батько неправді» (Ів. 8:44). Отже, всі знають і розуміють, що всі люди в цьому світі говорять неправду. Однак визнати, що диявол є, що він живе в людях — для них неможливо! Тому що тоді потрібно визнати й Бога, що Він є. Визнати Бога означає визнати ад, визнати свою погибель — цього допустити людство не може! Краще залишатися в пізнанні: немає ніякого Бога, як немає й ніякого диявола — так спокійніше проживати своє земне життя.

ФІЗИЧНА СМЕРТЬ — КІНЕЦЬ УСЬОГО?

«Немає людини, яка панувала б над вітром, щоб стримати вітер, і влади нема над днем смерти, і на війні нема звільнення, і пана свого не врятує безбожність» (Екл. 8:8).

Який жах обіймає людину, коли раптово перед нею постає загроза смерті! Мимоволі, якось підсвідомо, всіма почуттями і тілом людина здригається від несподіваної загрози смерті! Їй неначе цієї миті щось говорить, що смерть — це щось жахливе, непоправне й безповоротне! Це перехід, але куди? І тільки душа відчуває — в пітьму! Які неймовірні зусилля робить людина в той момент, коли перед нею постає небезпека смерті! Такі зусилля, яких вона свідомо не робила раніше і після того не зможе повторити. Таких прикладів у житті багато, хіба що не в кожної людини таке траплялось, коли, переживаючи смертельну небезпеку, вона докладала неймовірних зусиль, щоб спастися. Так що ця тема зрозуміла для всіх.

Але не всім зрозуміло і не всі знають те, що небезпека смерті зовсім не в цьому. Дияволу вдалося переконати людей, що саме це є смерть і нічого іншого немає: йому вдалося майстерно замаскувати справжню смерть смертю фізичного тіла. Справжня ж смерть — не є припинення всього, як стверджують атеїсти, але **САМА СМЕРТЬ Є ДУХОВНЕ ЯВИЩЕ**, вічне перебування в муках. Тому, коли людина підходить до кінця свого перебування у фізичному тілі, визначеного Богом, тоді людина й переходить або у смерть вічну — в пітьму, або в життя вічне — у світло!

Всі люди добре знають, що земне перебування закінчується — люди вмирають. Але про те, що це не кінець, що це перехід навіки в духовний вимір, а саме в саму сферу смерті — про це знати не бажають, відвертаються. Біблія ж відкриває таємницю смерті — вічна темрява, де плач і скрегіт зубів! Озеро вогню, де черв'як їхній не вмирає і вогонь не згасає (Мт. 13:42; Мр. 9:43–48).

Тож не розставання із земним фізичним тілом, а сама смерть і є щось жахливе, непоправне, вона навіки взяла людину в свої обійми (Лк. 16:22–26). І це передчуває душа людини, тому мимоволі, несвідомо людина робить відчайдушні зусилля, щоб втекти. Але втекти від смерті неможливо, бо вона — полон, і з цього полону пітьми сама собою людина вирватись та втекти не може.

«А Ісус йому каже: Іди за Мною, і зостав мертвим ховати мерців своїх!» (Мт. 8:22). Цим Господь показав положення будь-якої людини поза Богом на цій землі — положення в смерті, бо «так прийшла й смерть у всіх людей через те, що всі згрішили (в Адамі)» (Рим. 5:12). І гріх в людині, будучи жалом смерті (1Кор. 15:56), робить в ній свою смертельну справу.

Отже, смерть — це положення поза Богом. А поза Богом — пітьма, в пітьмі — усіляке зло: ненависть, підступність, гнів, лють, крик, брехня, лицемірство й таке інше. Це і є єство диявола, духа пітьми!

Людина створена як дім, в який може поселитись чи то Бог, чи диявол. Бог створив людину вільною у своїй волі, з розумом, здатним до розвитку, і здібностями, так що фізично людина може розвиватись і діяти самостійно, маючи від Бога прекрасний розум, таланти, здібності, що й відбувається на землі, якщо дивитись на досягнення людства. Але духовно вона ніяк не може бути сама. Її духовний стан неодмінно залежить від духа, що живе в ній і впливає на неї! Тому Бог бажає й привертає людину до Себе, щоб вона прийняла Бога, щоб Бог жив у ній, для чого людина й була створена. Також і диявол бажає і вабить людину до себе, щоб людина вірила й довіряла йому, щоб диявол міг залишатися в ній. Фактором духовного стану людини завжди є віра — кому вона вірить і кому довіряє!

Диявол вабить за собою, спокушаючи людину різноманітними бажаннями тіла, змальовуючи насолоду від їх здійснення, створюючи таку атмосферу, що людині здається: саме в здійсненні цих бажань і криється вся краса та насолода життя, тобто людина починає вірити, що в цьому весь сенс життя. Таким чином, спокушаючись, людина йде вслід бажань тіла, які перетворюються на пожадливості, тобто в такі бажання, без яких людина надалі вже не може жити, але кінець їх завжди зло. І людина повністю живе гріхом і в гріху. За допомогою гріха диявол перетворює людину в свій жахливий образ пітьми, доводить до нечутливості так, що люди стають жорстокими без усякої милості й творять всяку нечистоту з ненаситністю! (Еф. 4:18–19). Все починають робити навпаки: замість правди — брехня, замість добра — зло! Солодке сприймають гірким, гірке — солодким, пітьму вважають світлом, а світло — темрявою! (Іс. 5:20). І так у всіх своїх починаннях і діях! На таких очікують вічні муки в темряві, де плач і скрегіт зубів, така доля боязких, невірних, мерзенних, вбивць, розпусників, всіх неправдивих!

Коли у людей мова заходить про в'язницю, то в який страх і жах вони приходять! А часто людина взагалі не витримує і починає хворіти від усвідомлення того, що її очікує у в'язниці, бо всі знають, як воно там людині. Але в'язниця — це тимчасове явище, людина відбула призначений строк і знову виходить на волю. Тут же мова йде про вічність, про безкінечність! Тут немає строку звільнення, і людині не лишається ніякої надії! Так є і буде для кожного, хто там опиниться!

Вихід є, але це поки людина знаходиться на землі, поки проповідується Євангелія Божа чистого слова віри, яке закликає перейти із смерті у життя і проходити подальший земний шлях в Господі, з усією серйозністю й уважністю до самого себе, розуміючи, що дорога до блаженства є тільки Христос, тільки Він — істина й саме життя! Велика трагедія очікує на того, хто потрапить до мороку пітьми, тоді як його наставляли, зупиняли, хоча б навіть і цією проповіддю. Бо темрява зовнішня не має часу взагалі, й повернення або звільнення вже ніколи не буде!

ПРО ДИЯВОЛА — ЗМІЯ СТАРОДАВНЬОГО

Диявол — батько неправди; про його походження говорять і навчають дуже давно. Дехто почав навчати: диявол був архангелом, святим у Бога. Цей святий архангел, створений Богом, загордився і захотів стати нарівні з Богом. Але він був відкинутий Богом, тож перетворився і став дияволом (слово «диявол», якщо перекласти на зрозумілу мову, означає наклепник, який тільки тим і зайнятий, щоб зводити наклепи на вибраних Богом, так є й сьогодні; насправді ж лишається змієм, як написано: «змій великий, вуж стародавній, що зветься диявол і сатана» — Об. 12:9). Такі міркування про походження диявола взято з книги пророка Єзекіїля, де Дух Святий докоряє царю тирському: «Через велику торгівлю твою твоє нутро переповнилось насиллям, і ти прогрішив. Тому Я зневажив тебе, щоб не був ти на Божій горі, і погубив тебе, хоронителю Херувиме… Стало високим твоє серце через красу твою, ти занапастив свою мудрість через свою красу… Я зробив тебе попелом на землі на очах усіх, хто бачить тебе. Усі, хто знає тебе серед народів, остовпіють над тобою; ти пострахом станеш, і не буде тебе аж навіки!..». Так насправді, згідно з історією, і відбулося з царем тирським і його царством на землі. Адже дуже просто і ясно описано про царя, якого створив Господь: «Ти печать досконалості, повен мудрости, і корона краси… Ти помазаний Херувим хоронитель, і Я дав тебе на святу гору Божу… Ти був бездоганний у своїх дорогах від дня твого створення, аж поки не знайшлася на тобі несправедливість» (Єз. 28:1–26).

Те, що диявол повністю заволодів цим царем, мав повний вплив на нього — так і амінь. При цьому цар тирський порівнювався з херувимом, який є в суті своїй служебний дух, святий у Бога, але аж ніяк не з архангелом, ангелом світла. Дияволу ж приписували, що він був архангел, а не херувим.

В книзі пророка Ісаї написано про царя Вавилону, який також виявився повністю підкореним гордості (дияволу), він мріяв стати подібним до Всевишнього: «Як спав ти з небес, о сину зірниці досвітньої, ясная зоре, ти розбився об землю, погромнику людей!» (Іс. 14:4–20). І це місце Писання відносять до явлення диявола, тоді як йдеться про царя Вавилону. У Бога, в Його Царстві, є й царює тільки неприступне світло істини, святості, правди; там немає і не може бути ніякої пітьми. І раптом архангел, святий служитель у Бога, Ним створений у світлі Своєму, в істині і святості Божій, загордився? Звідки архангел узяв гордість і загордився? Адже сам дух гордості і є диявол; як міг раптом, ні з чого, архангел стати гордим і перетворитись в Божому Царстві на духа неправди, в диявола? — це просто неможливо!

В одному випадку — мова про царя тирського, в іншому — про царя вавилонського; вони переповнились гордістю диявола, який за тисячі років до них вже був, адже ще перший світ диявол довів до знищення потопом.

Тоді постає питання: звідки взявся диявол? Бог повелів землі, і земля вивела із себе усіх тварин, та ще й таких різноманітних за їх видом та родом, що перерахувати просто неможливо. Серед усіх створених тварин за родом їх особливо виділяється створений змій: «Але змій був хитріший над усю польову звірину, яку Господь Бог учинив» (Бут. 3:1). Яким чином змій став хитрим, адже це вже було лукавство?

Невже Бог створив змія хитрим, лукавим? Аж ніяк! Бо: «І побачив Бог усе, що вчинив. І ото, вельми добре воно!» (Бут. 1:31). Не було ніякого зла, ні неправди, ні смерті, ні лукавства. То постає запитання: звідки змій узяв хитрість? Тут необхідно підкреслити: коли Бог давав заповідь Адамові з Євою, змій це чув і розумів, що Бог їм сказав! (Бут. 3:1) — це одне. Потім змій заговорив сам з Євою, і Єва зовсім не здивувалась, що змій, польовий звір, заговорив з нею. Це свідчить про те, що до гріхопадіння Адам і Єва розуміли мову звірів (тобто всі того часу один одного розуміли) і спілкувались, можливо не з усіма, але з деякими напевно. Інакше Єва сильно здивувалась би, коли змій з нею заговорив, але тут не було ніякої несподіванки, все було як і завжди.

Але написано: «Як говорить неправду, то говорить зі свого, бо він неправдомовець і батько неправди» (Ів. 8:44). Яким чином змій міг народити неправду, будучи створінням Божим? Читаючи про створення всесвіту, бачимо, що з Божого повеління земля вивела із себе всіляку душу живу за родом її, худобу й плазунів, і звірів земних, зокрема й змія (Бут. 1:24). Тому для розумного змія нічого іншого не існувало, як тільки земне, нічого іншого він не знав і не міг знати. Коли Бог давав першу заповідь людині, то змій почув і своїм розумом родив у собі спокусу, зрозумів, що можна сказати слово, протилежне слову Бога. Змій перекрутив слова Божі: «напевно помреш» і запропонував своє хибне слово: «Умерти — не вмрете!.. і станете ви, немов Боги», тобто він зрозумів: вони відразу ніяк не помруть. Так є й до цього самого дня, і сьогодні нічого не змінилось: диявол зайнятий тим самим — перекрутити вчення Христа, підсунути свою неправду під виглядом істини, і маси людей слідують його брехні: від істини відвертають вухо, а вірять байкам та всякій неправді (2Тим. 4:3–4). На сьогодні найбільша неправда диявола: жертва Христа не звільняє від гріха — так вірить сьогодні весь релігійний світ!

Все, що пов'язане зі смертю, пов'язане саме й тільки зі змієм — це видно через всю історію людства. В останній книзі Біблії, в Об'явленні св. Івана Богослова, говориться так: «І скинений був змій великий, вуж стародавній, що зветься диявол і сатана, що зводить усесвіт, і скинений був він додолу, а з ним і його ангели були скинені... Горе землі та морю, до вас-бо диявол зійшов, маючи лютість велику...» (Об. 12:9–12).

Тож, «Він був душогуб споконвіку» — це був змій стародавній. Слово неправди, що вийшло від змія, вбило Адама і Єву — це й було народження неправди, смерті. Ось тут і явився диявол (сатана), який і отримав згодом це ім'я.

ДУХИ ЗЛОБИ

Писання говорять: «Ваш супротивник диявол ходить, ричучи, як лев, що шукає пожерти кого» (1Петр. 5:8). Якщо він ходить, якщо він шукає, то він живий чи мертвий? Він є смерть, а не життя, і смерть діюча. Слово далі нам відкриває: дух, що панує в повітрі (Еф. 2:2), тобто він заповнює собою весь ефір, повітряний простір над землею, і це легко перевірити й зрозуміти: вмикаючи радіо чи телевізор, чи можна знайти перерву, щоб слово не лилось? День і ніч, цілодобово, ефір заповнений словом сатани — він панує в повітрі; і далі слово говорить:

«духа, що працює тепер у неслухняних» (Еф. 2:2). Як дізнатися, що він живе і діє в людині? — коли говориться такій людині слово правди Божої, вона обов'язково противиться.

«Зодягніться в повну Божу зброю, щоб могли ви стати проти хитрощів диявольських. Бо ми не маємо боротьби проти крови та тіла, але проти початків, проти влади, проти світоправителів цієї темряви, проти піднебесних духів злоби. Через це візьміть повну Божу зброю, щоб могли ви дати опір дня злого, і, все виконавши, витримати...» (Еф. 6:11–18). В цьому слові настанови апостола Павла приховані й життя, і смерть: життя вічне — якщо прийняв і зодягнувся в повну Божу зброю так, що стоїш непохитно вірно, твердо, впевнено, протистоячи й перемагаючи; смерть — якщо не прийняв і не зодягнувся в повну Божу зброю, то розпечені стріли диявола влучать і вб'ють тебе!

Наша боротьба не проти крові та плоті — як ясно показано, що немає у нас ворожнечі проти людей, проти будь-якої людини, будь-якої раси або національності, бо «І ввесь людський рід Він з одного створив...» (Дії 17:26–27). Але наша боротьба проти піднебесних духів злоби. Хто вони такі? Звідки вони взялись? Всі вчення цього світу, скільки їх є, суперечать здоровому вченню Господа нашого Ісуса Христа, тобто йдуть проти, не погоджуються, не сходяться із вченням істини Ісуса Христа — є піднебесні духи злоби.

Ці духи злоби здатні приймати й вид ангела світла (2Кор. 11:1–33), тобто, використовуючи людей, приймають вид служителів правди. За сприятливих обставин вони здатні підступністю та хитрістю увійти в довіру, а коли мета досягнута — їм повірили — починають діяти. І тут таємниця їхньої сили: віра їм! Там, де нема їм віри — вони безсилі, нічого не можуть вдіяти, тому вони постійно тим зайняті, що добиваються віри собі, і, якщо добились, відразу починають себе проявляти. Як? — не відразу грубою брехнею, вбивством, грабежем, але, приймаючи вид любові й добра, майстерно, тонко, хитро підсувають дещо таке, що здається схожим на істину Божу. Яскравий приклад тому — Галати.

Слід добре зрозуміти, що без людини у диявола немає ніякої можливості проявляти себе. Людина — це дім для духа, куди є можливість оселитися. Тому піднебесні духи злоби (Еф. 6:12), єство яких є смерть, тільки тим і зайняті, бо інакше не можуть, щоб заселити всяку душу смертю свого єства, щоб проявляти себе. В тому їх задоволення, коли вони проявляють себе через людину. Вони потребують тіла людини, як написано: «Коли дух нечистий виходить з людини, то блукає місцями безвідними, відпочинку шукаючи, але, не знаходячи, каже: Вернуся до хати своєї, звідки я вийшов» (Лк. 11:24). Знайшовши собі місце в тілі людини, ці духи починають проявляти себе. Як і чим? — породжують суперечки, скандали, являють гордість, ненависть аж до вбивства, до війни однієї держави проти іншої. Виникає запитання: навіщо вони це роблять? — через те, що це їх єство і їх сутність.

Для того, щоб було легше керувати людством і утримувати його в своїй волі, диявол наплодив масу хибних вчень, перекручуючи Євангелію. Як він це зробив і робить? Як вже показано вище, без душі людини диявол не може зробити нічого; він може народити хибне вчення тільки разом з душею людини. Диявол посилає думки, спонукає до роздумів; людина (душа) починає мислити, розмірковувати. Диявол підкидає думку: «Розуміти ось так — буде краще, буде вірніше. Так розуміти, як ти зараз розумієш — невірно». Людина починає ділитись з іншими, знаходить однодумців; зрештою з'явилось інше тлумачення, яке, як думають і розуміють, правильніше, на краще — починається нова реформа, готове нове розділення. Хто народив нове диявольське вчення? — народила людина, особистість, керована дияволом. Диявол приваблював, вселяв, давав новий погляд, нове розуміння, але **НАРОДИЛА ЛЮДИНА — ОСОБИСТІСТЬ**. Без особистості диявол не може народити нове вчення, воно — справа особистості, розуму і волі людини під впливом диявола.

Диявол — це небезпечна сила, він постійно ходить, як лев ревучий; лев може умертвити, якщо потрапиш до нього в лапи; і диявол обов'язково умертвить вічною смертю, приведе до вічної погибелі в озері вогненному. При цьому диявол застосує і фізичну силу — через злочинний світ, грабіжників; але це не так небезпечно, як небезпечні його підходи на м'яких лапах: погладжуючи, обіцяє все най-най... і вельми очевидно — він володіє великою силою захоплювати! Ця сила дуже підступна та хитра, являє себе такою любовною (будь-яка релігія), такою правдивою, такою життєво важливою: тільки прийдіть і знайдете спокій, мир та радість душам вашим. І мільйони, навіть мільярди людей, впіймані, вірять неправді та знайшли тільки стогін і боротьбу, але не сізнаються в цьому самим собі, часто переходять з однієї релігії в іншу, надіючись знайти бажаний мир і спокій душі. Але завжди обман. Коли ж почують істину, вона їм занадто незрозуміла, вважають її абсурдом, глупотою (1Кор. 1:18,21).

Людство, в більшості своїй, зовсім не знає і не розуміє, що воно рухається й направляється піднебесними духами злоби, що воно живе ними. Більш того, люди повністю відкидають, що такі духи є насправді. В їх розумінні взагалі немає ніяких духів, а все це є продукт самих людей: саме люди — злі істоти самі собою, схожі на звіриний світ, звідки й вийшла та розвинулась людина. В цьому велике досягнення диявола, який так засліпив людство, що воно повірило, що диявола немає взагалі, а все вигадки самих же людей. Люди бачать зло в звіриному світі тому, що йде боротьба за виживання, тому й з'їдають один одного: хто сильніший — з'їв того, хто слабший. Таким чином, вже має настати час, що всіх слабких з'їли, залишились тільки сильні. Однак не так на ділі: слабкі як були завжди, так і є, як були сильні, так вони і є. Звідси стверджують, що люди злі тому, що вони розвинулись від звірів, знищують один одного для виживання. Але, оскільки люди розумнішають більше й більше, то, зрештою, всяке зло зникне, люди стануть мирними, велелюбними — таке розуміння і вчення цього світу. Так стверджуючи, не розуміють, що це суто диявольське вчення, бо на ділі вочевидь протилежне: люди стають все злішими й злішими, закони доводиться посилювати, чисельність поліції збільшувати. Однак ненависть і зло зупинити не можна — вони примножуються, як Господь і передбачив: «Поправді кажу вам: не перейде цей рід, аж усе оце станеться. Небо й земля промине́ться, але не минуться слова Мої!» (Мт. 24:34–35).

Диявол духами злоби заселив усе піднебесся і веде смертельну війну на знищення до останньої душі людської. Факт очевидний: диявол має успіх, ведучи війну своєю зброєю: своєю підступністю, лицемірством, лукавством та хитрістю доводить людей до втрати почуттів та байдужості.

ВИБІР І ШЛЯХ ЛЮДИНИ ДО ХРИСТА

04
РОЗДІЛ

78 Два дерева в Едемі

84 Перший світ

86 Історія єврейського народу

«І побачив Бог усе, що вчинив. І ото, вельми добре воно! — І створив Господь Бог людину з пороху земного. І дихання життя вдихнув у ніздрі її, і стала людина живою душею. І насадив Господь Бог рай ув Едемі на сході, і там осадив людину, що її Він створив» (Бут. 1:31, 2:7–8). «І зростив Господь Бог із землі кожне дерево, принадне на вигляд і на їжу смачне, і дерево життя посеред раю, і дерево пізнання добра і зла» (Бут. 2:9) — і промовив до людини перші слова віри: «І наказав Господь Бог Адамові, кажучи: Із кожного дерева в Раю ти можеш їсти. Але з дерева знання добра й зла — не їж від нього, бо в день їди твоєї від нього ти напевно помреш!» (Бут. 2:16–17). Цими словами віри скористався змій, перекрутив їх і також промовив до людини словом своєї віри (Бут. 3:1–5). Так почалося життя віри, життя знання на землі: життя віри Богу і життя віри дияволу!

ДВА ДЕРЕВА В ЕДЕМІ

Дерево життя й дерево пізнання добра і зла — початок історії людства та її кінець! Саме в них перебувають два Заповіти: Старий, який не може дати життя, тому що буква закону вбиває (2Кор. 3:6), та Новий, який є життя через прийняття віри в Ісуса Христа, Який і є саме життя (Ів. 14:6). Що б люди не робили, яким би шляхом не ходили — все, саме все, полягає в цих двох деревах: або люди харчуються й живуть від дерева пізнання добра і зла, або люди харчуються й живуть деревом життя! Всім, що мають сьогодні люди (велике знання, до того й захоплення все пізнавати), вони зобов'язані дереву пізнання. Можна звинувачувати Бога (що люди й роблять) за те, що Він помістив посеред раю дерево пізнання добра і зла (Бут. 2:9); «якби Бог не зростив цього дерева в раю, — кажуть люди, — не було б сьогодні зла поміж людьми і всі були б щасливі». Але такі слова взагалі нічого не важать, тому що історію змінити неможливо, вона вже є, вона тече й плине аж до свого визначеного Богом завершення. Тому, сьогодні людині важливіше дізнатися від якого дерева їй харчуватись, бо дерево пізнання несе смерть, а дерево життя — життя! Людині навіть необхідно пізнати таємницю цих двох дерев, тому що в них лежить все життя, вся історія людства на цій землі.

Чому Бог насадив два дерева, що, як наслідок, несуть протилежні виходи для людини? Бог створив людину вільною особистістю, наділив її розумом, що мислить та розмірковує, щоб людина могла вільно обирати, слухати, приймати або відкидати. Інакше вона не була б створена за образом Божим (Бут. 1:26–27), а була б подібна до тварини, яка живе закладеним інстинктом, без волі, без совісті, нездатна обирати. Дуже зрозуміло: якщо б взагалі не існувало ночі, людина не могла б знати, що таке день, і не знала б ціни ані дня, ані ночі. Якщо б не існувало ненависті, людина не змогла б зрозуміти й оцінити любов. Якщо б не існувало брехні, людина не знала б і не цінувала правду. Але через те, що існує протилежне, то саме це й дає їй можливість пізнавати, розміркувати, обирати, цінувати.

Отже, два дерева — дві протилежності, які взаємно виключають одна одну, і так визначив Бог. Бо коли людина скуштувала від дерева пізнання (Бут. 3:6), Бог забрав у неї можливість одночасно харчуватись від дерева життя

(Бут. 3:24). Так і донині: харчуючись від дерева пізнання, людина не може їсти від дерева життя, тобто невіруючий, який живе деревом пізнання добра і зла, не може одночасно жити Ісусом Христом — деревом життя! Так само й віруючий, який живе буквою закону, яка його постійно засуджує та вбиває, не може одночасно жити Ісусом Христом за духом — деревом життя! (Гал. 5:4).

Бог поставив людину в раю перед цими двома деревами та дав можливість вибору самій людині, кого обрати для життя в собі, і попередив Адама з Євою не їсти від дерева пізнання добра і зла: бо смертю помрете, вчините гріх проти Бога, залишитесь поза Богом, своє призначення для Христа не виконаєте (1Кор. 6:13). Але сталося те, що й мало статися: перебуваючи у повній свободі, вони зробили свій вибір. В саду з'явився змій, який підійшов до Єви з брехнею, перекрутив слово Бога «помрете» на слово: «Умерти — не вмрете!.. і станете ви, немов Боги, знаючи добро й зло» (Бут. 3:4–5). Слово змія звабило її, їй захотілося це випробувати. І побачила Єва, яке гарне привабливе дерево, плоди його на вигляд приємні для їжі, до того ж дадуть знання всього (Бут. 3:6) і... порушила слово Боже, відкинула його, прийняла слово змія, повірила йому й згрішила проти Бога. Гріх (невіра Богу) увійшов у цей світ, а з гріхом — смерть, що й стало спадщиною всіх душевних, тілесних людей, народжених за Адамом, за тілом від тіла: «Що вродилося з тіла — є тіло» (Ів. 3:6).

Адам і Єва не послухали Бога, не повірили в те, що помруть. Як же вони вмерли, якщо Адам прожив дев'ятсот тридцять років? (Бут. 2:17, 5:5). Вони вмерли не фізично, але духовно для Бога, вмерла їх совість, куди повинен був оселитися Бог Духом Своїм, щоб вони жили вічно з Богом і в Бозі! Замість

Бога їхнє сумління зайняла брехня диявола — законом гріха і смерті! Таким чином людина залишилась поза Богом, а поза Богом — смерть. В Адамі, говорить слово, всі згрішили й позбавлені Божої слави: «Тому-то, як через одного чоловіка ввійшов до світу гріх, а гріхом смерть, так прийшла й смерть у всіх людей через те, що всі згрішили» (Рим. 3:23, 5:12).

Звідси початок історії душевної людини; і як початком цієї історії була спокуса, зваблення, захоплення, так і дотепер все життя людства стоїть саме на цьому: на звабленнях, захопленнях та знаннях, і нічого нового немає та й не може бути, тому що за рамки дерева пізнання людина вийти не може. І нічого нового за межами пізнання добра і зла вона не змогла й не зможе придумати — це вже зрозуміло через всю історію людства.

Не послухавши Бога й не скуштувавши від дерева життя, людина залишилася без Божественного життя всередині себе, залишилася душевною, тілесною людиною з надією на свій розум, свої сили і здібності. Та, оскільки вона нахилилася до пізнання, то Бог і дав людині закон, постанови: що є добре й що погано, що є добро й що є зло, що Богу до вподоби й що Йому не подобається, і як поклонятися Богові (Вих. 20:1–26; Мт. 22:37–40). Й усе, що людство має на сьогодні, виходить тільки з дерева пізнання добра і зла! Всі великі та малі письменники у своїй творчості виходили завжди з одного: що добре й що погано. Філософи, скільки б не шукали мудрості та істини, завжди виходили тільки з одного: що є добро й що є зло, що краще й що гірше! Також і вчені… Яку б галузь діяльності не взяти з життя людства, все має тільки одне джерело — добро та зло, нічого іншого, що виходить за межі цього, немає! Це вершина пізнання людства без життя Бога в собі. Будь-яка релігія різних вчень та напрямків завжди виходить з одного: що добре й що погано, як краще поклонятися Богові. Так і до цього дня: будь-яка релігія, зокрема християнська, харчується від дерева пізнання добра і зла, що виключає харчування від дерева життя і, відповідно, несе смерть!

Люди настільки захопились знанням, що потрапили під вплив сатани, й таким чином взагалі втратили здатність розуміти добро, але почали зло та його плоди (жорстокість, обман, лицемірство, помста, вбивство, війни) розуміти, як добро. Саме зло почали розділяти на категорії добра та зла (Іс. 5:20). Дерево пізнання добра і зла, як Бог і сказав Адаму, насправді принесло людству смерть! І це очевидно всім, навіть невіруючим, бо вони свідчать: «Немає ніякого життя! Немає радості в людях, немає миру, всі злі, один одного з'їдають, ненавидять, вбивають». Хто оскаржить те, що сьогодні відбувається з людством?!

Бог надав свободу людині, дав їй можливість йти своїм шляхом (Дії 14:16), і людство довело саме собі, що без Бога людина не може побудувати щасливе й правильне життя, що є сила вища за людську, яка й привела всіх до смерті! Всі до одного непридатні, всі під гріхом та у злі — свідчить слово Боже (Рим. 3:9–18; 1Ів. 5:19).

ДЕРЕВО ЖИТТЯ — ХРИСТОС

Життя насправді є лише одне, воно у Бога і воно є Сам Бог. У раю деревом життя і був тоді представлений Христос (саме життя). Чому ж Єва та Адам не звернули жодної уваги на дерево життя? — це відкриває пророк Ісая про Христа:

«...не мав Він принади й не мав пишноти; і ми Його бачили, та краси не було, щоб Його пожадати!» (Іс. 53:2). Так і дерево життя було непоказним, не було в ньому виду, який би спонукав Єву та Адама скуштувати його плодів. Так відбулося й народження Христа в цей світ — знову ані виду, ані величі, народився в хліву для худоби (Лк. 2:6–8). Тільки-но уявити, що Цар над царями, Владика над владиками, Творець усього всесвіту, Який Своїм словом і дотепер тримає весь всесвіт (2Петр. 3:7; Євр. 1:1–3), народився в хліву для худоби і був покладений до ясел! Отож життя, яке було у Отця, знову з'явилося людям, як воно спочатку було явлено Адаму і Єві. Але як і тоді дерево життя не приваблювало, не схиляло до себе, так і Господь Ісус Христос не привертав до Себе ніякої уваги, та особливо від людей на той час освічених, вчених, начальників — не було від них ніякої уваги до сина простого теслі. Дерево ж пізнання вирізнялося своєю розкішністю, привертало увагу до себе, до того ж і змій розхвалив це дерево, спокусив тим, що воно дає знання! (Бут. 3:6).

Від народження Ісуса Христа у цей світ починається все спочатку, починається нова історія. Бо в Своїй любові Бог помилував людину, не залишив її в смерті, але викупив назад із смерті, виправдав і знову привів до дерева життя! «...а життя з'явилось, і ми бачили, і свідчимо, і звіщаємо вам життя вічне, що в Отця перебувало й з'явилося нам...» (1Ів. 1:2) — свідчить Боже слово. Ісус Христос, Син Божий, узяв всю провину людини на Себе і помер замість неї (1Ів. 2:2). Коли Христос був розіп'ятий, у Ньому Бог розіп'яв і весь світ тілесно, за Адамом. Тим самим, через віру, Бог дав людині можливість знову повернутися до початку: скуштувати від дерева життя та прийняти в себе Божественне життя, тобто зробити те, чого не зробив Адам тоді в раю! Таким чином Бог народжує Собі людину від Свого насіння, яке є Христос (1Ів. 5:1; Гал. 3:16). Народившись від Бога (що означає: відкуплення, виправдання від усякого зла й гріха, звільнення від влади сатани), людина харчується від дерева життя — Христа, Який є справжньою їжею та питтям нового творіння, народженого від Бога (Євр. 13:10–13; Ів. 6:51,55). Переживаючи любов Бога до себе, якою Він оселяється у серці людини, неодмінно відкривається любов людини до Бога — у цьому Новий Заповіт!

Отже, як тоді в раю, так само й сьогодні: перед людиною — два дерева. Дерево життя — бо життя з'явилося в цей світ, і людина вільна обрати та прийняти це життя, яке було у Отця й з'явилося нам (1Ів. 1:1–10). Але людина вільна й відхилити це життя і залишатися в тому, аби стати богом, чим і зайняті всі люди на землі. Різниця тільки в тому, що Адамові з Євою тоді потрібно було зробити вибір; сьогодні не стоїть питання обрати те чи інше, тому що людина вже народжується за Адамом у дереві пізнання добра і зла. Тому людині сьогодні доведеться або залишатися у дереві пізнання, або обрати дерево життя і зректися дерева пізнання добра і зла — все це справа вільної особистості людини: як вона хоче, так і вчинить!

ПЕРШИЙ СВІТ

Все життя до гріхопадіння, як тварин, так і людини, було без обману та зла: ніхто один одного не вбивав і не їв; всьому тваринному світові в їжу була дана трава (Бут. 1:30). На землі панував мир та спокій. Після гріхопадіння Бог прокляв землю за непослух Адама волі Бога (Бут. 3:17). Звідси все життя на землі отримало повне перетворення: у життя всього тілесного увійшли обман і зло; життя пішло за принципом: хто сильніший, той панує, може собі підкорювати, поневолювати слабких. Так стало і в тваринному світі: з'явилася нерівність, верховенство, зло — наздоганяти, знищувати та з'їдати; так сталося й серед людей.

Люди залишилися поза Богом, далеко відійшли від Нього, живучи в законі гріха та смерті! Коли Адам і Єва згрішили, повірили хибному слову змія, Бог вигнав їх із райського саду обробляти землю, будувати та творити своє життя поза Богом, як вони того забажали. Таким чином почав складатися цей земний світ людства, керований законом гріха і смерті. І вже перший, народжений Адамом і Євою, син (що звався Каїн) скоїв перше велике зло: через заздрість вбив свого брата Авеля (Бут. 3:23, 4:1–12)!

Каїн був вигнаний від лиця Господа за свій вчинок і пішов на схід, і розмножилися сини та дочки людські (Бут. 4:16–24). Адам з Євою народили Сифа — від нього народилися сини Божі, вони вірили й закликали Ім'я Господнє (Бут. 4:25–26). Люди почали розмножуватися на землі — примножився рід Каїна, що вигнаний був від лиця Господа, примножився й рід синів Божих; зрештою вони зустрілися. Духом Божим почали нехтувати, спокуса й омана дияволом взяли верх над людьми, і розтлилась земля. «І промовив Господь: Не буде Мій Дух перемагатися в людині навіки, бо блудить вона. Вона тіло... І зіпсулась земля перед Божим лицем, і наповнилась земля насильством. І бачив Бог землю, і ось зіпсулась вона, кожне-бо тіло зіпсуло дорогу свою на землі» (Бут. 6:1–12).

Перший світ так швидко й сильно розтлився, що великий Бог знищив його потопом, зберігши лише сім'ю праведного Ноя: «…Ной знайшов милість у Господніх очах» (Бут. 6:1–22). Від нього люди знову розмножилися на землі (Бут. 9:1) і знову в житті за тілом, для тіла й навколо тіла за законом гріха і смерті, так що пітьма невіри Богу заволоділа людством. У першому розділі послання до Римлян докладно описано, що сталося з людьми на землі (Рим. 1:21–32). Але великий Бог не залишав людство в невіданні і постійно нагадував про Себе: «За минулих родів попустив Він усім народам, щоб ходили стежками своїми, але не зоставив Себе Він без свідчення, добро чинячи: подавав нам із неба дощі та врожайні часи, та наповнював їжею й радощами серця наші» (Дії 14:16–17).

ІСТОРІЯ ЄВРЕЙСЬКОГО НАРОДУ

Єврейський народ, як нація, отримав ім'я Ізраїль. Цим ім'ям наречений Яків, син Ісака, що був сином Авраама; воно означало — боровся з Богом! (Бут. 32:29).

Чому Бог обрав Собі один народ на землі і чому вибір припав на євреїв, яких Він назвав власним народом? (Повт. 14:2; Пс. 134 (135):4). Обрання євреїв має основоположне значення на землі серед всіх народів будь-якої національності та раси. З Ізраїлем, народом Божим, пов'язана вся історія людства на землі, починаючи від потопу.

Коли після потопу люди знову розмножилися на землі, вони не змінилися — закон гріха і смерті так і продовжив свою ходу в людях та через людей, про що Господь знову засвідчив, коли поклав у Своїй волі більше не знищувати водами потопу людство, «бо нахил людського серця лихий від віку його молодого» (Бут. 8:21). Господь Бог Своєю волею, владою та великою силою пішов новим шляхом, з новим підходом до людства на землі! Цей новий підхід в своїй дії зберіг та зберігає свою силу і владу до цього дня, і матиме ту ж саму силу і владу до кінця цього світу — це обрання Аврама.

Аврама за його вірність та відданість Бог назвав Авраамом: «І був Аврам віку дев'ятидесяти літ і дев'яти літ, коли явився Господь Авраамові та й промовив до нього: Я Бог Всемогутній! Ходи перед лицем Моїм, і будь непорочний! І дам Я Свого заповіта поміж Мною та поміж тобою, і дуже-дуже розмножу тебе... Я, ось Мій заповіт із тобою, і станеш ти батьком багатьох народів. І не буде вже кликатись ім'я твоє: Аврам, але буде ім'я твоє: Авраам, бо вчинив Я тебе батьком багатьох народів... (до числа цих народів належимо і ми сьогодні: «...що отець усім нам»: Рим. 4:16)» — «А обітниці дані були Авраамові й насінню його. Не говориться: і насінням, як про багатьох, але як про одного: і Насінню твоєму, яке є Христос» (Бут. 17:1–5; Гал. 3:16–17).

Чому Господь Бог розпочав Свої дії обранням Авраама? — «Бо вибрав Я його, щоб він наказав синам своїм і домові своєму по собі. І будуть вони дотримуватися дороги Господньої, щоб чинити справедливість та право, а то для того, щоб Господь здійснив на Авраамові, що сказав був про нього» — «...Благословляться в тобі всі народи! Тому ті, хто від віри, будуть поблагословлені з вірним Авраамом» (Бут. 18:18–19; Гал. 3:7–9). Авраам — один із перших дорогоцінних каменів будівництва Божого дому, який будується з людей. Саме Авраам — родоначальник народу Божого

(Ізраїля), а також і початок Церкви, Тіла Господа, тому що Христос — його насіння. Вже Аврааму Господь Бог відкрив про святе місто Єрусалим у Царстві Бога: «...бо чекав він міста, що має підвалини, що Бог його будівничий та творець. — А дім Його ми, коли тільки відвагу й похвалу надії додержимо певними аж до кінця» (1Петр. 2:4–5; Євр. 11:8–12, 3:6).

Аврам вже мав обітницю, обіцянку Божу, що він буде батьком багатьох народів, але Сара, дружина Аврама, не народжувала, була неплідна. Вони довго чекали, але Сара не народжувала. Тоді Сара каже Авраму: «Прийди ж до моєї невільниці, може від неї одержу я сина» (Бут. 16:1–16). Аґар народила Аврамові сина, якого Аврам назвав Ізмаїлом, від якого бере початок численний народ — араби!

Слово нам говорить: Авраам «проти надії — увірував у надії, що стане батьком багатьох народів... І не знеміг він у вірі, і не вважав свого тіла за вже омертвіле, бувши майже сторічним, ні утроби Сариної за змертвілу, і не мав сумніву в обітницю Божу через недовірство, але зміцнився в вірі, і віддав славу Богові, і був зовсім певний, що Він має силу й виконати те, що обіцяв. Тому й залічено це йому в праведність» (Рим. 4:17–22) — показано, що означає справжня віра. Авраам вірив і як вірив! — залишено нам за приклад!

Сарра зачала і народила обіцяного Богом сина, якого назвали Ісак. Авраам обрізав Ісака восьмого дня, як наказав йому Господь (Бут. 21:1–5).

Обрізання є ознакою заповіту приналежності до Бога, який Авраам отримав від Бога (Бут. 17:1–14). Необрізаний чоловічої статі не міг залишатися в домі Авраама і потім в Ізраїлі — такий буде винищений з народу! Це обрізання

— вічний заповіт, що ніколи не змінювався та й не зміниться до кінця існування цього всесвіту. Обрізання — це приналежність Богові назавжди: для Його народу (Ізраїля за тілом) — обрізання зовні на тілі; справжнє обрізання — нерукотворне за Духом: «Ви в Ньому (у Христі) були й обрізані нерукотворним обрізанням... в Христовім обрізанні. Ви були з Ним поховані у хрещенні (у смерті разом із Христом), у Ньому ви й разом воскресли через віру в силу Бога...» (Кол. 2:11–12). Тобто справжнє обрізання — смерть для цього світу, відрізаний назавжди від світу! Обрізання на тілі було лише тінню від справжнього обрізання, як і весь закон Мойсеїв.

Перед народженням Ісака сказав Бог Авраамові: «Сара, жінка твоя, нехай свого ймення не кличе вже: Сара, бо ім'я їй: Сарра... І поблагословлю Я її, і стануться з неї народи, і царі народів будуть із неї» (Бут. 17:15–16). Як народився Ісак, «побачила Сарра сина Аґари єгиптянки (Ізмаїла)... що він насміхається (над Ісаком). І сказала вона Авраамові: Прожени ту невільницю та сина її, бо не буде наслідувати син тієї невільниці разом із сином моїм, із Ісаком. Але ця справа була дуже не до вподоби Авраамові через сина його. І промовив Господь Авраамові: Нехай не буде не до вподоби тобі це через хлопця та через невільницю твою. Усе, що скаже тобі Сарра, послухай голосу її, бо Ісаком буде покликане тобі потомство. І також сина невільниці тієї учиню його народом, бо він твоє насіння» (Бут. 21:9–13).

«І сталось... Бог випробовував Авраама... піди собі до краю Морія, і принеси там його (Ісака) в цілопалення на одній із тих гір, що про неї скажу тобі» (Бут. 22:1–24). Авраам повністю підкорився Богові, і коли Ісак, уже пов'язаний, лежав на дровах жертовника, і Авраам узяв ніж, щоб заколоти сина, ангел Господній зупинив його і показав на барана в кущах. За таку відданість і слухняність принести Богові в жертву єдиного сина, якого любив — «...то благословляючи, Я поблагословлю тебе, і розмножуючи, розмножу потомство твоє... І всі народи землі будуть потомством твоїм благословляти себе через те, що послухався ти Мого голосу» (Бут. 22:11–18).

Похилий віком Авраам відправив раба на свою батьківщину, звідки свого часу вийшов, аби взяти звідти дружину Ісакові. Раб привів Ревеку, вона стала дружиною Ісака (Бут. 24:1–67). Ревека народила Ісакові двох синів — первістка Ісава та близнюка його Якова (Бут. 25:21–26). Ісав став майстерним звіроловом, людиною поля, а Яків — чоловіком мирним, що жив в наметах. Якось Ісав прийшов із поля втомлений, а Яків в цей час зварив їжу. Ісав попросив Якова: «Нагодуй мене... А Яків сказав: Продай же нині мені своє первородство». Ісав продав з клятвою своє первородство Якову (Бут. 25:27–34). Ісак зостарівся і осліп, захотів благословити первістка Ісава, але Ревека влаштувала все так, що благословення першонародженого отримав не Ісав, а Яків. Ісав надумав вбити Якова. Господь відкрив це для Ревеки, і вона відправила Якова до Харану до брата свого Лавана, щоб той перечекав там якийсь час (Бут. 27:1–46). На шляху Яків зупинився на ночівлю «І снилось йому, ось драбина поставлена на землю, а верх її сягав аж неба. І ось Ангели Божі виходили й сходили по ній. І ото Господь став на ній і промовив: Я Господь, Бог Авраама, батька твого, і Бог Ісака. Земля, на якій ти лежиш, Я дам її тобі та нащадкам твоїм... І ось Я з тобою, і буду тебе пильнувати скрізь, куди підеш, і верну тебе до цієї землі, бо Я не покину тебе, аж поки не вчиню, що Я сказав був тобі» (Бут. 28:1–22).

В домі Лавана Яків одружився, отримав за дружину спочатку Лію — старшу дочку, потім Рахіль, яку кохав, і працював на Лавана за Рахіль чотирнадцять років (Бут. 29:1–35). Також служниці Лії та Рахілі стали дружинами Якову і народили вони (чотири дружини) дванадцять синів та одну дочку Діну. Сини Якова від Лії: первісток — Рувим; другий син — Симеон; третій — Левій; четвертий — Юда. Рахіль не народжувала і дала Якову за дружину свою служницю Білгу, вона народила Якову п'ятого сина на ім'я Дан, і ще народила Якову шостого сина — Нефталима. Лія побачила, що більше не народжує, та дала Якову за дружину свою служницю Зілпу, яка народила Якову сьомого сина — Ґада та восьмого сина — Асира. Лія ще народила Якову дев'ятого сина — Іссахара та десятого сина — Завулона. Потім Лія народила дочку — Діну. І згадав Бог про Рахіль, вона зачала та народила одинадцятого сина — Йосипа. І ще Рахіль народила сина (пологи були надважкими, і вона померла) — Веніямина, дванадцятого сина Якова. Усі сини й утворили дванадцять колін Ізраїлевих. Ім'я Ізраїль Яків отримав, коли боровся з Богом (з ангелом), повертаючись додому в Ханаан (Бут. 32:24–29, 35:9–10).

Яків осів у землі мешкання батька свого, у землі Ханаанській. Тут сталася історія з Йосипом, коли брати продали його до Єгипту (Бут. 37:1–36). Йосипа Бог підняв у Єгипті так, що він став другим після фараона. Потім зустріч з братами; примирення! Переселення Якова зі всією своєю родиною до Єгипту до Йосипа (всього дім Ізраїля складався із сімдесяти душ), де вони дуже сильно розмножилися і таким чином стали численним народом Ізраїлевим (Вих. 1:7).

Далі народження Мойсея, якого Бог обрав великим пророком, вождем Ізраїлевого народу, щоб вивести Ізраїля з Єгипту до землі Ханаанської, що була обіцяна Аврааму, Ісаку та Якову у вічну спадщину. Ісус Навин ввів Ізраїль у землю Ханаанську і розділив її на спадки кожному коліну, крім коліна Левіїна, спадком якого стало служіння Богові при храмі; з цього коліна походять священники, починаючи з дому Аарона (Вих. 28–30 розділи — про священників).

Так великий Господь Бог утворив Собі на землі цілий народ на ім'я Ізраїль, якому подарував землю Ханаанську у вічну спадщину. «…бо ти святий народ для Господа, Бога свого, — тебе вибрав Господь, Бог твій, щоб ти був Йому вибраним народом зо всіх народів, що на поверхні землі» (Повт. 7:6–8; Пс. 134(135)).

Навіщо Господу Богу знадобився Свій власний народ? Що за цим стояло у Бога? По-перше, свідчення про живого істинного Бога, що Він є! Завдяки Ізраїлю знання про Бога поширилося по всій землі, по всіх народах. Господь через Мойсея сказав фараонові: «Але Я для того залишив тебе, щоб показати тобі Мою силу, і щоб оповідали про Ймення Моє по всій землі» (Вих. 9:14–16). По-друге, світло Боже, знання про Бога, поклоніння живому Богові зберігалося та перебувало на землі. А найголовніше, щоб було куди прийти Сину Божому у тілі — до Свого народу.

Ізраїлю з усіма подробицями було сповіщено про пришестя Господа Ісуса Христа в тілі, як Спасителя світу: «Ось Діва в утробі зачне, і Сина породить, і назвеш ім'я Йому: Емма-нуїл» (Іс. 7:14). «Бо Дитя народилося нам, даний нам Син, і влада на раменах Його, і кликнуть ім'я Йому: Дивний Порадник, Бог сильний, Отець вічности, Князь миру» (Іс. 9:5–6). Всі місця Писання про Христа в книзі Ісаї: 2:1–4, 8:13–15, 9:1–6, 11:1–10, 25:6–9, 28:16, 33:5–6, а також розділи 42, 49–50,

52–55, 61, 63. Також у багатьох Псалмах є передбачення про явлення Господа, про Його страждання та діла: Пс. 21 (22), 88 (89)–97 (98), 109 (110). В приповістях Соломона: Пр. 8:24–31. Також майже через усіх пророків (Єремія, Єзекіїль, Даниїл, Йоіл, Захарія, Малахія) великий Бог Духом Святим провіщував про Христа, про Його народження та явлення в цей світ. Саме тому Богу був потрібен Ізраїль. І всі пророцтва про Христа здійснилися до кінця: Син Божий — Слово великого безсмертного Бога стало тілом, і явився Син Божий — Спаситель цього занепалого безбожного світу (Ів. 1:14–18, Лк. 1–2 розділи).

Але сталося: «Воно (Світло, Христос) в світі було, і світ через Нього повстав, але світ не пізнав Його. До свого Воно прибуло, та свої відцуралися Його. А всім, що Його прийняли, їм владу дало дітьми Божими стати, тим, що вірять у Ймення Його, що не з крови, ані з пожадливости тіла, ані з пожадливости мужа, але народились від Бога» (Ів. 1:10–13).

ПРО ЗАКОН

05
РОЗДІЛ

97 Світ до закону

99 Закон для Ізраїлю

108 Благодать від Бога

Закон — прописана буква, що виражає норми та волю суспільства. Постанови закону необхідно вивчати та точно виконувати. Суспільство будь-якої держави розуміє та визнає, що без закону немає правильної поведінки у відносинах між людьми, без закону люди один одного знищуватимуть. Підтвердження цьому — тисячоліття життя на землі: безліч воєн на винищення мільйонів людей — все це є беззаконня. Тому будь-яке суспільство створює закони для облаштування спільного існування. Закон просто необхідний для суспільства, тому що дотримання та виконання закону гарантує добре життя між людьми.

Але звідки беруть початок законоположення у людському суспільстві? Законоположення вийшли і прийшли від Бога. Бог створив перших людей та помістив їх в Едемському саду. Бажаючи, щоб людина була Йому покірна, Бог дав Свою заповідь, яка вже й була законом до обов'язкового виконання! Щоб перевірити та випробувати вірність людини, Бог дав можливість змію підійти до Єви з брехнею, яку змій народив, перекрутивши слово Бога (Бут. 3:1–6).

Повіривши змію, людина почала самостійне життя поза Богом із законом гріха та смерті, який вселився в неї через віру в неправду: «Тому-то, як через одного чоловіка ввійшов до світу гріх, а гріхом смерть, так прийшла й смерть у всіх людей через те, що всі згрішили» (Рим. 5:12). Таке життя неухильно вело до того, що з'явилась потреба в законі, який би відкривав людині, що є неправда і зло та як людині творити добро.

Згідно з Писаннями історія життя людей на землі має **ТРИ ПЕРІОДИ**. Перший період — **ВІК НЕМОВЛЯТИ**, який закінчився потопом через розпусту людей (Бут. 6:7), що було проти правди та любові Бога на землі. Другий період — **ДИТИНСТВО**; це період закону, про який засвідчено словом вчення апостола Павла (Гал. 4:1–5). Третій період — **БЛАГОДАТЬ** від Бога з появою Христа, помилування всього людства через прощення гріхів жертвою Ісуса Христа.

СВІТ ДО ЗАКОНУ

Чому ми говоримо, що перший світ до потопу був у віці немовляти? Писання нам говорить: «Тож кажу я: поки спадкоємець дитина... Так і ми, поки дітьми були, то були поневолені стихіями світу. Як настало ж виповнення часу (тобто світ виріс, дитинство закінчилось)...» (Гал. 4:1–5) — період часу під законом називається дитинством світу. Виходить, що перший світ перебував у віці немовляти, коли ще не було ні закону, ні благодаті, тому що люди були ще просто не в змозі щось із цього зрозуміти, прийняти та понести. Перший світ не був залишений, але Бог Духом Своїм постійно перебував у їхньому середовищі, наставляв, переконував; так само, як зі своїми немовлятами поводяться люди й сьогодні — виховують їх. Що вимагалося тоді від людей? — тільки одне: вірити в Бога. Проте люди не слухалися Духа Божого, вони не розуміли, та й не могли ще розуміти, бо були душевними, із законом гріха і смерті в сумлінні, який оволодів ними, тому й віддавались своїм пожаданням. Не усвідомлюючи гріха, тому що не було закону, швидко розбестились — говорить слово (Бут. 6:5). Залишати так було просто неможливо, адже до чого б це призвело? Тому Бог і здійснив над ними суд за тілом, знищивши перший світ потопом, окрім сімейства Ноя.

Після потопу, коли Ной вийшов із ковчегу, він приніс жертву Богові: «І збудував Ной жертівника Господеві. І взяв він із кожної чистої худоби й з кожного чистого птаства, і приніс на жертівнику цілопалення. І почув Господь пахощі любі, і в серці Своєму промовив: Я вже більше не буду землі проклинати за людину, бо нахил людського серця лихий від віку його молодого. І вже більше не вбиватиму всього живого, як то Я вчинив був. Надалі, по всі дні землі, сівба та жнива, і холоднеча та спека, і літо й зима, і день та ніч не припиняться!» (Бут. 8:20–22).

Як зрозуміти те, що в жертву приносили тварин? Треба згадати, що перші люди, сини Адама і Єви, також приносили дари Господу від плодів землі та від первістків із худоби, хоча не було ще ні закону, ні повеління від Господа, щоб люди приносили Йому в дар жертви для всепалення. Із цього стає зрозумілим, що люди по вірі в Господа і в подяку Господу самі від себе почали це робити. Згодом принесення жертв було Богом внесене до закону Мойсеєвого для обов'язкового виконання на славу і подяку Господу Богу і набуло багатостороннього значення: жертви приносились як вияв любові і вдячності Господу Богу, для прощення гріха та для очищення від провини за безліч злочинів. **ЦІ ЖЕРТВИ ВКАЗУВАЛИ НА ЖЕРТВУ ІСУСА ХРИСТА**. Віруючи в жертви Старого Заповіту, люди, не знаючи того, вірили в жертву Ісуса Христа. Кров телят та козлів не могла знищити гріхи, але **ВІРА** в Бога давала Богові владу і можливість зарахувати людині цю віру та дати їй Свою святість, Своє безсмертя в день, коли Бог забирав цю душу до Себе, в Своє Царство. Бог знає, як Він це робив, факт — Він це робив!

Коли світ розвинувся та підріс, знову помножилися злочини (Гал. 3:19). Щоб люди отримали можливість розмірковувати що є зло та що є добро, стало необхідним ввести закон, викладений великим пророком та вождем народу ізраїльського — Мойсеєм, про що тепер розглянемо докладніше.

ЗАКОН ДЛЯ ІЗРАЇЛЮ

Господь Бог вибрав Мойсея та визначив йому вивести народ Ізраїля з Єгипту, де вони були в рабстві у фараона і служили та підкорялися пануванню над ними єгиптян.

Коли Господь вивів ізраїльський народ із Єгипту, Він довів їх до гори Хориву в пустелі. Там Він оголосив Мойсею, що з Його волі та за Його наказом Мойсей передасть Ізраїлю закон від Бога для праведного життя, щоб благословення Боже перебувало на Ізраїлі. Бог обіцяв їм землю Ханаанську, одну з найкращих земель на землі, у вічний спадок, якщо вони будуть покірні Богу, будуть віддано та неухильно дотримуватись і точно виконувати заповіді та постанови закону. І Господь Бог зразу оголосив, що вони загинуть, загублять усе, якщо будуть ухилятися та порушувати закон. У всьому цьому Ізраїль був обізнаний, все було докладно записано за наказом від Бога до книги закону (Повт. 4:1–2).

Господь Бог біля підніжжя гори Синай звелів Мойсею приготувати увесь народ для зустрічі з Богом, Який об'явив, що зійде на вершину гори, буде голосно говорити Мойсею, так що увесь народ буде чути Бога! Вже в Новому Заповіті для нас написано: «Бо ви (ми сьогодні) не приступили до гори дотикальної та до палаючого огню (Бог зійшов у вогні), і до хмари, і до темряви, та до бурі, і до сурмового звуку, і до голосу слів, що його ті, хто чув, просили, щоб більше не мовилось слово до них... І таке страшне те видіння було, що Мойсей проказав: Я боюся й тремчу!..» (Євр. 12:18–21). Господь Бог покликав Мойсея зійти до Нього на гору, що Мойсей і зробив. Він пробув там, у Бога і з Богом, сорок днів і ночей, води не пив та нічого не їв. І дав йому Господь дві кам'яні таблиці, на яких Самим

Богом перстом було написано десять слів: «І Він оголосив перед вами заповіта Свого, що наказав вам чинити, Десять Заповідей, і написав їх на двох камінних таблицях» (Повт. 4:13).

І як же тепер потрібно виконувати ці десять слів, які складали увесь закон Мойсеїв? Народу це просто неможливо було зрозуміти — що містило кожне слово, написане перстом Божим. Тому: «А мені Господь наказав того часу навчати вас постанов та законів, щоб виконували ви їх у Краю, куди ви переходите володіти ним» (Повт. 4:14). Ці десять слів, яким Мойсей навчав народ та пояснював їх значення, склали п'ять книг Мойсея. Щоб тепер синам Ізраїля навчитися вірно виконувати закон, потрібно було: «Нехай книга цього Закону не відійде від твоїх уст, але будеш роздумувати про неї вдень та вночі, щоб додержувати чинити все, що написано в ній, бо тоді зробиш щасливими дороги свої, і тоді буде щастити тобі — Тільки будь дуже сильний та відважний, щоб додержувати чинити за всім тим Законом, що наказав був тобі Мойсей, Мій раб, — не відхилишся від нього ні праворуч, ні ліворуч, щоб щастило тобі в усьому, де ти будеш ходити» (Іс. Нав. 1:8,7).

Закон від Бога був даний навічно, доки буде життя за тілом і для тіла (Лев. 16:34; Чис. 10:8; Вих. 12:14). Тому, якщо людина тілом Христовим не вмре для закону, вона залишиться під законом до своєї фізичної смерті (Рим. 7:4–6). Зберігаючи та виконуючи Мойсеїв закон: «Ти блаженний, Ізраїлю! Який інший народ, якого спасає Господь, як тебе? Він Щит допомоги твоєї, і Меч Він твоєї величности. І будуть твої вороги при тобі упокорюватись, а ти по висотах їх будеш ступати — Покрова твоя Бог Предвічний і ти в вічних раменах Його… І перебуває Ізраїль безпечно, самотно, він Яковове джерело в Краї збіжжя й вина, а небо його сипле краплями роси» (Повт. 33:29,27–28).

ПРО ЗАКОН

Достатньо прочитати про часи царювання Соломона, щоб зрозуміти, як жив Ізраїль (1Цар. 3–4 розділи).

Але не встояв Ізраїль у виконанні закону, почав його порушувати та переступати. Зрештою Ізраїль був відкинутий Богом, став падати, доки не втратив усе! Про це свідчать писання багатьох пророків у Старому Заповіті. Чого ж не вистачало Ізраїлю? В чому була причина того, що вони постійно ухилялись від виконання закону Господнього та свідчення пророків? — «Від тринадцятого року Йосії, Амонового сина, царя Юдиного, і аж до цього дня, це вже двадцять і три роки, було слово Господнє до мене. І говорив я до вас, говорячи пильно, та не слухали ви. І посилав Господь до вас усіх Своїх рабів пророків, рано та пізно, та не слухали ви, і не нахилили свого уха, щоб послухати. А вони говорили: Верніться кожен зі своєї злої дороги та зо зла ваших учинків, і сидіть на тій землі, яку Господь дав вам та вашим батькам відвіку й аж навіки. І не ходіть за іншими богами, щоб служити їм та щоб вклонятися їм... Та ви не прислухалися до Мене, говорить Господь, щоб не гнівити Мене чином рук своїх, на зло собі» (Єр. 25:3–7).

«Про пророків. Розривається серце моє в моїм нутрі, тріпочуть всі кості мої, я став, як п'яний, як той муж, що по ньому вино перейшло, через Господа й ради святих Його слів... Бо земля перелюбниками стала повна, бо через прокляття потрапила в жалобу земля, повисихали в степах пасовиська, бо стався лихим їхній біг, їхня сила — це кривда... Бо й пророк та священник грішать, — їхнє зло Я знайшов теж у домі Своїм, говорить Господь... Так говорить Господь Саваот: Не слухайте слів цих пророків, що вам пророкують, — вони роблять безглуздими вас, висловлюють привиди серця свого, а не слово з уст Господніх. Вони справді говорять до тих, що Мене ображають: Господь говорив: Мир вам буде! А кожному, хто ходить в упертості серця свого, говорять вони: Зло не прийде на вас!» (Єр. 23:9–17).

Але біда, про яку говорили, попередили та свідчили істинні Божі пророки, прийшла. Достатньо прочитати книги пророка Єремії та плач Єремії, в яких описаний увесь жах і велика біда, яка спіткала Ізраїля за його непослух Господу, за те, що постійно ухилялись від правди Господа Бога живого та істинного. Вони вклонялись і служили поганським божкам, а це найогидніше перед Господом в усі часи; так це є й сьогодні та залишиться допоки існує цей світ! То в чому ж річ? Що ж заважало Ізраїлю залишатись завжди вірним своєму Богу? Вони жили окремо від інших народів у своїй державі, не маючи ніякого впливу ззовні; кордони Ізраїлю пильно охоронялись, ніхто чужий не міг нав'язувати їм щось своє. Хоча про ідолів вони були добре обізнані через закон Мойсея та всіх пророків (Повт. 4:15–19; Пс. 113:12–16 (115:4–8); Іс. 44:9–21; Єр. 10:1–5), та все ж Ізраїль впадав у жахливе ідолопоклонство (Єз. 8,14 розділи).

ЗАКОНОМ ПІЗНАЄТЬСЯ ГРІХ

Стає ясним та зрозумілим те, про що неодноразово йдеться у Новому Заповіті: «А ми знаємо, що скільки говорить Закон, він говорить до тих, хто під Законом, щоб замкнути всякі уста, і щоб став увесь світ винний Богові. Бо жодне тіло ділами Закону не виправдається перед Ним, Законом-бо гріх пізнається» (Рим. 3:19–20). Дивлячись на історію Ізраїля, точно підтверджується слово вчення істини: «Тому-то, як через одного чоловіка ввійшов до світу гріх, а гріхом смерть, так прийшла й смерть у всіх людей через те, що всі згрішили» (Рим. 5:12). Дуже зрозуміло описано апостолом Павлом у сьомому розділі до Римлян про те, що гріх, закон гріха та смерті, що живе в людині, сильніший за розум, волю — всю душу людини, так що вона не має ніякої сили звільнитися від цього закону гріха та смерті: «Бо що я виконую, не розумію; я-бо чиню не те, що хочу, але що ненавиджу, те я роблю» (Рим. 7:15). Так є з кожним сьогодні, хто знаходиться під законом: він грішить, хоча дуже намагається не грішити, але все одно грішить постійно, і рідко який день у нього минає, щоб не згрішити. Хто так переживає у своєму житті, той повинен знати — це релігія, поклоніння Богу за тілом своїм розумом та своєю силою. Така людина знаходиться під законом, тому на ній повністю збувається Писання: «Бо не роблю я доброго, що хочу, але зле, чого не хочу, це чиню... Тож знаходжу закона, коли хочу робити добро, що зло лежить у мені. Бо маю задоволення в Законі Божому за внутрішнім чоловіком (за розумом), та бачу інший закон (закон гріха та смерті в сумлінні моєму: Рим. 8:2) у членах своїх, що воює проти закону мого розуму, і полонить мене законом гріховним, що знаходиться в членах моїх (у сумлінні: Мт. 15:18–20). Нещасна я людина! Хто мене визволить від тіла цієї смерті?» (Рим. 7:19–24).

Тут необхідно пояснити, що апостол Павло у сьомому розділі до Римлян говорить не про себе, як трактують в релігіях, але пояснює положення людини під законом, починаючи від створення людини: «А я колись жив без Закону, але, коли прийшла заповідь, то гріх ожив» (Рим. 7:9). Апостол Павло ніколи не жив без закону — народжений євреєм, вихований за найсуворішим законом Мойсея (Дії 22:3, 26:4–5). Без закону жили від початку тільки Адам з Євою. Та коли прийшла заповідь: «не їж» — тут гріх і ожив, а людина вмерла (Рим. 7:9–10). Про це відкриває вчення Христове у Новому Заповіті: «Що ж скажемо? Чи Закон — то гріх? Зовсім ні! Але я не пізнав гріха, як тільки через Закон, бо я не знав би пожадливости, коли б Закон не наказував: Не пожадай. Але гріх (неправдиве слово), узявши привід від заповіді, зробив у мені всяку пожадливість, бо без Закону гріх мертвий. А я колись жив без Закону, але, коли прийшла заповідь (ясно показано, що те слово, яке заповів Бог, вже було заповіддю закону: «не їж» — це було слово, як закон, який переступати вже не можна було, потрібно було виконувати), то гріх ожив, а я вмер; і сталася мені та заповідь, що для життя, на смерть, бо гріх, узявши причину від заповіді (змій взяв привід від слова Бога), звів мене, і нею вмертвив» (Рим. 7:7–11). Це був початок закону букви від Бога для людини, доброго закону до життя: «Тому-то Закон святий, і заповідь свята, і праведна, і добра. Тож чи добре стало мені смертю? Зовсім ні! Але гріх, щоб стати гріхом, приніс мені смерть добром, щоб гріх став міцно грішний через заповідь» (Рим. 7:12–13).

Увесь сьомий розділ до Римлян пояснює життя людини під законом, а не про апостола Павла, який ніби продовжував грішити та робити те, чого б не хотів. Інакше було б повне протиріччя його слову про себе: «Бо Законом я вмер для Закону, щоб жити для Бога. Я розп'ятий з Христом. І живу вже не я, а Христос проживає в мені. А що я живу в тілі тепер, живу вірою в Божого Сина, що мене полюбив, і видав за мене Самого Себе. Божої благодаті я не відкидаю. Бо коли набувається правда Законом, то надармо Христос був умер!» (Гал. 2:19–21).

ДЛЯ ЧОГО БОГ ДАВ ЗАКОН?

Порівняємо життя першого світу до потопу, без закону, та життя після потопу під законом Мойсея. Життя на землі за часів закону від Бога виявилось таким, як і життя першого світу до потопу. Світ знову прийшов у повну непридатність (закон, ослаблений плоттю, став безсилий: люди втратили страх та стали віддаватись пожадливості тіла, пожадливості очей і гордині життя) і був готовий до повного знищення (Рим. 8:3, 3:10–18; 1Ів. 2:15–17).

І якщо Ізраїль, вибраний народ Божий, якому від Бога був даний закон для благословенного життя на прекрасній землі у власній державі, порушив закон, відпав, загинув і загубив усе, то що сказати про інші народи, які так і жили за тілом? Все закінчилося тим, що сповна відкрилася неспроможність людей, які живуть за тілом і за законом букви, самостійно влаштувати гідне праведне життя, прийнятне Богом.

Через закон відкрилася сутність будь-якої душевної людини: «Учинки тіла явні, то є: перелюб, нечистість, розпуста, ідолослужіння, чари (це коли водяться духом диявола), ворожнечі, сварка, заздрість, гнів, суперечки, незгоди, єресі, завидки, п'янство (куди входить і наркоманія), гулянки й подібне до цього (тобто ще набагато більше). Я про це попереджую вас, як і попереджав був, що хто чинить таке, не вспадкують вони Царства Божого!» (Гал. 5:19–21). Закон зробив свою справу — людство нарешті зрозуміло, що всі є грішниками перед Богом. Таким чином, стало зрозумілим, що люди мають потребу в Спасителі від гріха, як і написано: «Але поки прийшла віра, під Законом стережено нас, замкнених до приходу віри, що мала об'явитись. Тому-то Закон **виховником** був до Христа, щоб нам виправдатися вірою. А як віра прийшла, то вже ми не під виховником» (Гал. 3:23–25).

«Браття, кажу я по-людському: навіть людського затвердженого заповіту ніхто не відкидає та до нього не додає. А обітниці дані були Авраамові й насінню його. Не говориться: і насінням, як про багатьох, але як про одного: і Насінню твоєму, яке є Христос. А я кажу це, що заповіту, від Бога затвердженого, Закон, що прийшов по чотириста тридцяти роках, не відкидає, щоб обітницю він зруйнував. Бо коли від Закону спадщина, то вже не з обітниці; Авраамові ж Бог дарував із обітниці. **ЩО Ж ЗАКОН?** Він був даний з причини **ПЕРЕСТУПІВ**, аж поки прийде Насіння, якому обітниця дана була... Отож, чи ж Закон проти Божих обітниць? Зовсім ні! Якби-бо був даний Закон, щоб він міг оживляти, то праведність справді була б від Закону!» (Гал. 3:15–24). «Попередня-бо заповідь відкладається через неміч її та некорисність. **БО НЕ ВДОСКОНАЛИВ НІЧОГО ЗАКОН...** — бо тож неможливе, щоб кров биків та козлів здіймала гріхи — ...а тепер Він з'явився один раз на схилку віків, щоб власною жертвою знищити гріх» (Євр. 7:18–19, 10:4, 9:26). Ісус Христос, входячи у світ, сказав про Себе: «Ось іду, щоб волю Твою чинити, Боже. Відміняє Він перше (закон), щоб друге поставити. У цій волі ми освячені жертвоприношенням тіла Ісуса Христа один раз... Бо жертвоприношенням одним вдосконалив Він тих, хто освячується» (Євр. 10:9–10,14).

«Що ж скажемо? Що погани, які не шукали праведности, досягли праведности, тієї праведности, що від віри, а Ізраїль, що шукав Закона праведности, не досяг Закону праведности. Чому? Бо шукали не з віри, але якби з учинків Закону; вони бо спіткнулись об камінь спотикання (об Христа, Його слово вчення!), як написано: «Ось Я кладу на Сіоні камінь спотикання та скелю спокуси, і кожен, хто вірує в Нього, не посоромиться!» — Бо я свідчу їм, що вони мають ревність про

Бога, але не за розумом. Вони-бо, не розуміючи праведности Божої (Христос наша праведність від Бога: 1Кор. 1:30), і силкуючись поставити власну праведність, не покорились праведності Божій. Бо **КІНЕЦЬ ЗАКОНУ — ХРИСТОС** на праведність кожному, хто вірує» (Рим. 9:30–33, 10:2–4).

Євреї були повністю віддані закону діл Мойсея, але досягнути праведности, виконуючи його своїми зусиллями, просто неможливо (Рим. 3:20,19). Дуже яскраво про це засвідчив апостол Павло і написав до Церкви, навчаючи їх: «хоч і я міг би мати надію на тіло... обрізаний восьмого дня, з роду Ізраїля, з племени Веніяминового, єврей із євреїв, фарисей за Законом. Через горливість я був переслідував Церкву, бувши невинний, щодо правди в Законі. Але те, що для мене було за надбання, те ради Христа я за втрату вважав. Тож усе я вважаю за втрату ради переважного познання Христа Ісуса, мого Господа, що я ради Нього відмовився всього, і вважаю все за сміття, щоб придбати Христа, щоб знайтися в Нім не з власною праведністю, яка від Закону, але з тією, що з віри в Христа, праведністю від Бога за вірою, щоб пізнати Його й силу Його воскресення, та участь у муках Його, уподоблюючись Його смерті, аби досягнути якось воскресення з мертвих. Не тому, що я вже досягнув, або вже вдосконалився, але прагну, чи не досягну я того, чим і Христос Ісус досягнув був мене. Браття, я себе не вважаю, що я досягнув. Та тільки, забуваючи те, що позаду, і спішачи до того, що попереду, я женусь до мети за нагородою високого поклику Божого в Христі Ісусі» (Фил. 3:4–14).

БЛАГОДАТЬ ВІД БОГА

Великий Святий Бог, Який один має безсмертя, створюючи людину, мав великий намір збудувати святе, вічне місто Єрусалим! Цю таємницю Він відкрив вже Аврааму, і цього міста Авраам чекав (Об. 21:1–27). Бог створив людину вільною особистістю, здатною розуміти добро і зло, навчатись та пізнавати. Воля Бога полягає в тому, щоб людина пізнала Бога, Його любов і правду, та дійсно зрозуміла, що ж таке справжнє життя.

Бог дозволив людині ходити своїми стежками для того, щоб людина зрозуміла і усвідомила свою нікчемність, що своїми силами вона ніколи не зможе зробити себе святою та праведною, і що це може зробити тільки Бог і тільки в тому випадку, якщо людина повірить, довіриться Йому та матиме велику потребу в Ньому, щоб Бог зробив із неї придатну Йому посудину!

Тому Господь Бог через вчення Господа Ісуса Христа відкрив: «І це скажу, браття, що тіло й кров посісти Божого Царства не можуть, ані тління нетління не посяде» (1Кор. 15:50). Щоб здійснити до кінця Свій намір, Бог оголосив помилування всьому людству, простив всі гріхи та зняв всю провину жертвою Ісуса Христа, Який прийняв смерть Свою за всіх, тоді як Сам був чистим, святим та повністю невинним. Таким чином, усім людям є можливість спастись (2Кор. 5:18–21). З цією метою великий Бог послав на землю Господом і Спасителем Сина Свого, Який прийняв кров та тіло, став Людиною, залишаючись і Богом (Євр. 2:14; Фил. 2:5–11; Ів. 1:29, 3:16) — ...настав рік Господнього змилування (Лк. 4:19) — це час благодаті!

ЯВЛЕННЯ ХРИСТА

06
РОЗДІЛ

113   План Бога

117   Проповідь Христа про Небесне Царство

121   Перемога на хресті

126   Вечеря Господня

132   Він назавжди удосконалив тих, хто освячується

134   Кінець закону — Христос

138   Благодать та благодать на благодать

141   У Христі тілесно живе вся повнота Божества

«А **життя з'явилось**, і ми бачили, і свідчимо, і звіщаємо вам життя вічне, що в Отця перебувало й з'явилося нам» (1Ів. 1:2).

З'явилося життя, яке є тільки **ОДНЕ**, тому що те життя, що люди, які Бога не знають, називають життям, не є саме життя, але є смерть! Бо ж справжнє життя не має кінця, воно вічне (неминуще); у самому житті немає смерті.

Коли один чоловік готовий був послідувати за Христом, але при цьому попросив, щоб йому піти й поховати батька свого, Господь йому відповів: «Зостав мертвим ховати мерців своїх. А ти йди та звіщай Царство Боже» (Лк. 9:59–60). Звідси стає цілком зрозуміло: у цьому світі, що поза Богом, немає життя, бо всі люди за Адамом мертві, у їхній совісті перебуває закон гріха і смерті! (Рим. 5:12).

З появою Христа з'явилося саме життя, якого раніше не було на землі. І з'явилося воно, щоб людині прийняти його і жити вічно: «що нас спас і покликав святим покликом, не за наші діла, але з волі Своєї та з благодаті, що нам дана в Христі Ісусі попереду вічних часів. А тепер об'явилась (для нас) через з'явлення Спасителя нашого Христа Ісуса (в нас), що й смерть зруйнував (в нас), і вивів на світло життя та нетління Євангелією (словом правди)» (2Тим. 1:9–10).

Життя, яке було у Отця, явилося нам **СЛОВОМ** (1Ів. 1:1–2). Саме так просто і зрозуміло: таємниця вічного життя явилася Словом! Що ж це за Слово, яке несе в собі велику таємницю — життя Самого Бога? Це Слово і є Сам Бог: «Споконвіку було Слово, а Слово в Бога було, і Бог було Слово. Воно в Бога було споконвіку. Усе через Нього повстало, і ніщо, що повстало, не повстало без Нього… І Слово сталося тілом, і перебувало між нами, повне благодаті та правди» (Ів. 1:1–3,14).

Бог **ЯВИВ** Себе у Христі та Христом! Він не міг Сам з'явитися у плоті, бо вся земля не змогла б Його вмістити — Він занадто великий! (Іс. 66:1). Адже Він наповнює Собою все! Він усюди є, скрізь все бачить, чує і знає: «Бо ваші думки — не Мої це думки, а дороги Мої — то не ваші дороги, говорить Господь. Бо наскільки небо вище за землю, настільки вищі дороги Мої за ваші дороги, а думки Мої — за ваші думки» (Іс. 55:8–9). Тому великий, вічний Бог, якого неможливо дослідити, і народив Слово, яке й послав на землю Своїм Однородженим Сином — Слово стало тілом і явило Самого Бога — безмірного, великого, незбагненного (Ів. 1:1–5,14–18). «Він був сяєвом слави та образом (справжнім) істоти Його…» (Євр. 1:3). «Він є образ невидимого Бога, роджений перш усякого творива. Бо то Ним створено все на небі й на землі, видиме й невидиме, чи то престоли, чи то господства, чи то влади, чи то начальства, усе через Нього й для Нього створено! А Він є перший від усього, і все Ним стоїть» (Кол. 1:15–17).

ПЛАН БОГА

Господь явився у цей світ для того, щоб відкрити таємницю домобудівництва Божого, і відкрив її святим Його, в першу чергу апостолам: «та висвітлити, що то є зарядження таємниці, яка від віків захована в Бозі, Який створив усе, щоб тепер через Церкву була оголошена початкам та владам на небі найрізніша мудрість Божа» (Еф. 3:9–10).

У Бога народилося бажання створити Небесний Єрусалим! У Ньому, у лоні Його, у глибині Його серця все дозріло, набуло своєї ясності — явився повний план Бога від початку і до кінця. Бог Сам у Собі побачив, як все це здійсниться, зрозумів, захотів і вирішив все так і зробити. Тому, як і написано: Ісус Христос (доки Його ще не було) знаходився у **ЛОНІ ОТЦЯ**, тобто у плані, у рішенні, всередині серця Бога (Ів. 1:18). Тоді великий Бог виносить Слово Свого бажання та Своєї волі — народилося і явилося із Бога Слово, як і написано: «Споконвіку було Слово... Воно в Бога було споконвіку» (Ів. 1:1–2), вже не у лоні, не у глибині Бога, але вже воно **ВИЙШЛО** від Нього (Ів. 16:27–28) — народилося Слово премудрості, сили, могутності, влади, світла. Бог народив Його, щоб цим Словом усе створити, втілити на ділі так, як воно народилося у лоні, всередині Бога: «Усе через Нього повстало, і ніщо, що повстало, не повстало без Нього» (Ів. 1:3).

Через весь Старий Заповіт проходить Слово Самого Бога як мудрість, як сила, як світло й життя, але ніде жодного разу Слово у Старому Заповіті не названо Сином — Його ще просто не було. Хоча Господь Ісус Христос про Себе говорить: «А вони запитали Його: Хто Ти такий? Ісус відказав їм: Той, Хто спочатку, як і говорю Я до вас» (Ів. 8:25). Як написано: «Чи ж мудрість не кличе?.. До вас, мужі, я кличу, а мій голос до людських синів... Послухайте... відкриття моїх губ — то простота. Бо правду говорять уста мої, а лукавство — гидота для губ моїх... Народжена я... Господь мене мав на початку Своєї дороги... Народжена я... коли ще землі не вчинив Він, ні піль, ні початкового пороху всесвіту» (Пр. 8:1–8,24,22,25–31). Хто ж народився?

«Він є образ невидимого Бога, роджений перш усякого творива» (Кол. 1:15). І далі: «Бо то Ним створено все на небі й на землі, видиме й невидиме... А Він є перший від усього, і все Ним стоїть» (Кол. 1:16–17).

І тепер: «Споконвіку було Слово... Бог було Слово. Усе через Нього повстало... що повстало» — стає зрозуміло, що народилося Слово від Бога, яке було перш всякого творіння,

ЯВЛЕННЯ ХРИСТА

коли ще не існувало ні землі, ні перших порошинок всесвіту, яке і було Христос. Це Слово й створило все, як про це дуже докладно і зрозуміло сказано у Писанні: «…небо було напочатку, а земля із води та водою складена словом Божим» — «Бо сказав Він — і сталось, наказав — і з'явилось» (2Петр. 3:5; Пс. 32 (33):6,9).

Коли ж виповнився час — «І Слово сталося тілом, і перебувало між нами, повне благодаті та правди, і ми бачили славу Його, славу як Однородженого від Отця» (Ів. 1:14).

Як апостоли побачили і зрозуміли, що Він Однороджений від Отця? Адже Слово (Дух премудрості) ніхто не міг побачити, могли бачити тільки справи, плоди премудрості, але ж ніяк не Однородженого Сина — ось тут відкривається **НАРОДЖЕННЯ СИНА БОЖОГО ЯК ЛЮДИНИ**, про що не один раз звіщено пророками Старого Завіту (Іс. 9:5–6, 7:14–15).

Отже, початком Сина Божого було Слово премудрості й розуму. Сином же Христос став, коли народився людиною: «Сина породиш… і Сином Всевишнього званий… через те то й Святе, що народиться, буде Син Божий!» — «Ось Діва в утробі зачне, і Сина породить» (Лк. 1:30–35; Іс. 7:14, 9:5–6). Він буде рости і зростати, як усі люди: «А Дитина росла та зміцнялася духом, набираючись мудрости. І благодать Божа на Ній пробувала… І коли мав Він дванадцять років, вони за звичаєм на свято пішли… — і загубили Його — відшукали у храмі Його, як сидів серед учителів (Він проявляв дивовижні знання!)… І пішов Він із ними… і був їм слухняний… А Ісус зростав мудрістю, і віком та благодаттю, у Бога й людей» (Лк. 2:40–52).

Коли Йому виповнилося тридцять років, Він розпочав відкрито говорити людям слово вчення Свого. Христос явив, розкрив і пояснив Бога, Його нетлінне, вічне, незмінне єство!

Бог був у тілі людини за плоттю і довів це Своїми справами і діями: сказав вітру й морю, і вони заспокоїлися, настала велика тиша (Мт. 8:24–26); Лазар уже чотири дні був мертвим, тіло його вже смерділо — Христос покликав його, він вийшов живим та здоровим (Ів. 11:39–44); йшов по воді, як по стежині на землі (Мт. 14:25); небагатьма хлібами та рибками нагодував тисячі людей (залишок хлібів у багато разів перевищив те, що було спочатку) (Мт. 15:32–38); не було такої хвороби, яку б не зцілив Господь (Лк. 4:33–41; Мт. 9:35); і багатьма іншими чудесами й знаменами довів Своє Божество: «Він, бувши в Божій подобі, не вважав за захват бути Богові рівним» — **ВІН БУВ БОГ** (Фил. 2:6; 1Ів. 5:20).

А що люди? — лише три з половиною роки потерпіли Його, відкинули, не повірили Йому, словам Його вчення (Ів. 8:41–47), визнали обманником (Мт. 27:63), віддали на смерть і руками беззаконних здійснили над Ним люту страту (Дії 2:23–24, 3:14–15, 4:11–12).

Будучи Сином не тільки Божим, але й Людським, Йому довелося прожити й пережити все людське, душевне, пройти та стерпіти найважчі випробування стражданнями, коли Він сильним покликом до Бога благав врятувати Його від смерті і був почутим за Свою побожність (Євр. 5:7–10). Пройшовши випробування у повній мірі, встояв, переміг, не впав — Бог помазав Його: «І спочине на Нім Дух Господній, дух мудрости й розуму, дух поради й лицарства, дух пізнання та страху Господнього. Його уподобання — в страху Господньому, і Він не на погляд очей своїх буде судити, і не на послух ушей Своїх буде рішати (саме як людина), але буде судити убогих за правдою... І станеться поясом клубів Його справедливість, вірність же — поясом стегон

Його!» (Іс. 11:1–9). «Ти полюбив праведність, а беззаконня зненавидів (це як людина); через це намастив Тебе, Боже, Твій Бог оливою радости більше, ніж друзів Твоїх — і від Бога був названий Первосвящеником за чином Мелхиседековим» (Євр. 1:9, 5:8–10; Лк. 4:18) і «Його настановив за Наслідника всього» (Євр. 1:2).

Отже, Слово стало Людиною Ісусом Христом, Який відкрив Себе словом, вченням Ісуса Христа. Читаючи та приймаючи це слово вірою, людина приймає життя, яке було у Бога. Інакше кажучи, приймаючи слово Його вчення, людина приймає Христа, Який ясно засвідчив про Себе: «Я — дорога, і правда, і життя. До Отця не приходить ніхто, якщо не через Мене» (Ів. 14:6).

ПРОПОВІДЬ ХРИСТА ПРО НЕБЕСНЕ ЦАРСТВО

«І сказав Він до них: Ви — від долу, Я — звисока, і ви зі світу цього, **Я НЕ З ЦЬОГО СВІТУ**. Тому Я сказав вам, що помрете в своїх гріхах. Бо коли не ввіруєте, що то Я, то помрете в своїх гріхах» (Ів. 8:23–24). «Моє Царство не із світу цього... Та тепер Моє Царство не звідси... Я на те народився, і на те прийшов у світ, щоб засвідчити правду. І кожен, хто з правди, той чує Мій голос» (Ів. 18:36–38). Своєю появою у цей світ Ісус Христос відкрив велику таємницю, що існує інший духовний світ, який зовсім нічого спільного не має із цим земним світом. Тут, у земному світі, все тлінне, тимчасове, все минає: «Не любіть світу, ані того, що в світі. Коли любить хто світ, у тім немає любови Отцівської, бо все, що в світі: пожадливість тілесна, і пожадливість очам, і пиха життєва, це не від Отця (Небесного), а від світу. Минається і світ, і його пожадливість, а хто Божу волю виконує, той повік пробуває! Діти — остання година!..» (1Ів. 2:15–18).

Небесне Царство — це духовний світ, недосяжне світло, де живе Бог (1Тим. 6:16), де плоть та кров не можуть жити. Небесне Царство невидиме, ніхто не може туди поїхати чи прилетіти, щоб побачити Його, роздивитися, повернутися і розповісти. Про нього проповідували Христос і апостоли Його: «...прийшов Ісус до Галілеї, і проповідував Божу Євангелію...» (Мр. 1:14).

Євангелія або добра звістка — це є проповідь, що наблизилося Царство Боже. Христос не навчав ні про що інше, як тільки про Небесне Царство, яке воно є (Господь показав це у всіх Своїх притчах), що його можна отримати і стати громадянами цього Царства (Еф. 2:19). Коли в одному місті хотіли, щоб Господь не йшов від них та зостався ще з ними, Він сказав: «І іншим містам Я повинен звіщати Добру Новину про Боже Царство, бо на те Мене послано» (Лк. 4:42–44). Христос тут показав, для чого Він прийшов у цей світ: «І сталось, що Він після того проходив містами та селами, проповідуючи та звіщаючи Добру Новину про Боже Царство. Із Ним Дванадцять були» (Лк. 8:1).

Відтак Господь посилає дванадцять апостолів проповідувати про головну ціль Євангелії — про Царство Боже (Лк. 9:1–2). Потім Він обирає сімдесят інших учнів, яких відсилає по двоє перед Себе проповідувати Царство Небесне: «...А як... вас не приймуть, то вийдіть на вулиці його та й кажіть: Ми обтрушуємо вам навіть порох, що прилип до нас із вашого міста. Та знайте оце, що наблизилося Царство Боже! Кажу вам: того дня легше буде содомлянам, аніж місту тому!» (Лк. 10:1,8–12).

Після воскресіння Господь сорок днів являвся учням, і в ці дні Він говорив з учнями про Царство Боже (Дії 1:3). Та після вознесіння Ісуса Христа головною темою всіх послань апостолів завжди була та залишалася тема про Царство Боже, про образ цього світу, який минає, про те, як увійти в Небесне Царство.

І що ж це за світ, цей інший світ, інше Царство? Слово правди відкриває нам, що цей інший світ, Боже Царство, є **ДУХОВНИЙ СВІТ**: «Бог є Дух, і ті, що Йому вклоняються, повинні в дусі та в правді вклонятись» (Ів. 4:24). Зрозуміло, якщо Бог є Дух, то і Його Царство також духовне, тому «тіло й кров посісти Божого Царства не можуть, ані тління нетління не посяде» (1Кор. 15:50), тобто жити там може тільки духовне: «сієгься тіло звичайне, встає тіло духовне. Є тіло звичайне, є й тіло духовне... Перша людина Адам став душею живою... з землі, земна, друга Людина — із неба Господь. Який земний, такі й земні, і Який небесний, такі й небесні. І, як носили ми образ земного, так і образ небесного будемо носити» (1Кор. 15:44–49). Тож, хто у своєму житті не досягне та не прийме духовного життя — той просто пройде повз мету! Такий простий і зрозумілий висновок випливає з усього сказаного по слову Божому. Також знаємо з Писань, що там перебуватиме тільки правда (2Петр. 3:13), ніщо нечисте та ніхто, відданий мерзоті та неправді, туди не може увійти (Об. 21:27,8).

Небесний світ має свою силу, свій смак (Євр. 6:5), своє вираження: «Бо Царство Боже не пожива й питво, але праведність, і мир, і радість у Дусі Святім» (Рим. 14:17). Праведність, мир, радість та спокій у серці — то є сукупність блаженства, яке є Сам Бог у людині, єство Якого переживається людиною вже сьогодні, як про це і говорять Писання: «Бо Божеє Царство **ВСЕРЕДИНІ ВАС!**» (Лк. 17:21).

Що ж очікує тих, хто сподобився досягти того віку? (Лк. 20:35) — «Чого око не бачило й вухо не чуло, і що на серце людині не впало, те Бог приготував був тим, хто любить Його!» (1Кор. 2:9). Якщо Бог створив такий прекрасний всесвіт, знаючи наперед, що все згорить вогнем, то яке ж духовне, нетлінне, вічне Царство Його?! — «На спадщину нетлінну й непорочну та нев'янучу, заховану в небі для вас, що ви бережені силою Божою через віру на спасіння, яке готове з'явитися останнього часу. Тіштеся з того...» (1Петр. 1:3–9). «А нам Бог відкрив це Своїм Духом, усе-бо досліджує Дух, навіть Божі глибини» (1Кор. 2:10).

Що ж відкрив нам Бог? — Вічне блаженство! Блаженний вічний світ! Блаженний вічний спокій! Блаженну радість, яка ніколи не зникне — велику та преславну! Це буде назавжди, нескінченно, та й ще ж так, що людина ніколи не стомиться, ніколи не виснажиться, ніколи ніякої скорботи, ані печалі, ані муки — завжди радість, чиста вічна любов у всій своїй повноті у спілкуванні з мільярдами Святих Духів: ангелами, архангелами, серафимами.

Усе вчення Ісуса Христа навчає, як наслідувати вічне життя у Божому Царстві. Нетлінне, духовне Царство Бога зовсім інше і не має нічого спільного із земним тлінним царством, у якому ми живемо фізично; тому перейти в Царство Бога і прийняти його можна **ТІЛЬКИ ВІРОЮ** в чисте слово Христа, вірою у здійснене на Голгофі.

ПЕРЕМОГА НА ХРЕСТІ

«Але Христос, Первосвященник майбутнього доброго, прийшов із більшою й досконалішою скинією, нерукотворною, цебто не цього втворення, і не з кров'ю козлів та телят, але з Власною Кров'ю увійшов до святині один раз, та й набув вічне відкуплення» (Євр. 9:11–12).

«Бо Закон, мавши тільки тінь майбутнього добра, а не самий образ речей, тими самими жертвами, що завжди щороку приносяться, не може ніколи вдосконалити тих, хто приступає... Але в них спомин про гріхи буває щороку, бо тож неможливо, щоб кров биків та козлів здіймала гріхи!» (Євр. 10:1–4) — яке яскраве свідоцтво тому, що під законом немає (та й не було можливим) знищення гріха та свободи від нього! За гріх постійно приносилися жертви, але цими жертвами людина ніколи не звільнялася від гріха, вона залишалася грішною.

«Тому-то, входячи в світ, Він говорить: Жертви й приношення Ти не схотів, але тіло Мені приготував» (Євр. 10:5). Для чого Бог приготував тіло Ісусу Христу? «Усякий-бо первосвященник настановляється, щоб приносити дари та жертви, а тому було треба, щоб і Цей щось мав, що принести» (Євр. 8:3). Бог приготував земне людське тіло Ісусу Христу для того, щоб Ісус Христос приніс Своє тіло у жертву Богу. Виникає запитання: для чого необхідна така жертва? Відповідь знаходимо у вірші: «Він з'явився один раз на схилку віків, щоб власною жертвою **знищити гріх**» (Євр. 9:26). Тобто Син Божий прийшов у цей світ у людському тілі, щоб зробити те, що не міг зробити закон заповідей зі всіма своїми жертвоприношеннями: Він зруйнував діла диявола (1Ів. 3:8) та знищив гріх! (Євр. 9:26).

Диявол добре знав, для чого з'явився Христос у тілі: щоб перемогти його, забрати у нього владу над людством, бо показано, як кричали біси: «І ось, вони стали кричати, говорячи: Що Тобі, Сину Божий, до нас? Прийшов Ти сюди передчасно нас мучити?» — «І зараз у їхній синагозі знайшовся один чоловік, що мав духа нечистого, і він закричав, і сказав: Що Тобі до нас, Ісусе Назарянине? Ти прийшов погубити нас. Я знаю Тебе, хто Ти, — Божий Святий. Ісус же йому заказав: Замовчи, і вийди з нього! І затряс дух нечистий того, і, скрикнувши голосом гучним, вийшов із нього» (Мт. 8:29; Мр. 1:23–27).

І був Ісус Духом поведений у пустиню, щоб диявол Його спокушав (Мт. 4:1), щоб отримати над дияволом повну остаточну перемогу! Після дотримання посту, який тривав сорок днів, коли тіло зовсім ослабло, написано, що вкінці Він дуже зголоднів (Мт. 4:1–4; Лк. 4:1–4). Тоді диявол одразу ж спокушає: скажи, і камінь стане хлібом. Диявол знав, що Христос може камінь перетворити на хліб, Христос також це знав. Дияволу потрібно було домогтися послуху, але він не зміг знайти місця у Христі (Ів. 14:30), був відкинутим всюди і в усьому!

Потім диявол збуджував натовп проти Нього, намовляючи: Він всього лиш людина, син тесляра, а видає Себе за Бога! А за законом людині, що посягнула на святість (назвавши Себе Богом), призначалася смерть: «А Ісус відповів їм: Отець Мій працює аж досі, — працюю і Я. І тому-то юдеї ще більш намагалися вбити Його, що не тільки суботу порушував Він, але й Бога Отцем Своїм звав, тим роблячись Богові рівним. — Знов каміння схопили юдеї, щоб укаменувати Його. Відповів їм Ісус: Від Отця показав Я вам добрих учинків багато, — за котрий же з тих учинків хочете Мене каменувати? Юдеї Йому відказали: Не за добрий учинок хочемо Тебе вкаменувати, а за богозневагу, бо Ти, бувши людиною, за Бога Себе видаєш» (Ів. 5:16–18, 10:31–33).

«А Він був ранений за наші гріхи, за наші провини Він мучений був, — кара на Ньому була за наш мир, Його ж ранами нас уздоровлено!.. Він гноблений був та понижуваний, але уст Своїх не відкривав... хоч провини Він не учинив, і не було в Його устах омани... Та зволив Господь, щоб побити Його, щоб муки завдано Йому... Він через муки Своєї душі буде бачити плід, та й насититься. Справедливий, Мій Отрок, оправдає пізнанням Своїм багатьох, і їхні гріхи понесе» (Іс. 53:5–11).

Отже, Христос — істинний Бог і життя вічне (1Ів. 5:20) — Він Сам взяв на Себе злочини усього людства і приніс Себе в жертву, Своє фізичне тіло, яке приготував Йому Бог. «Бо й Христос один раз постраждав був за наші гріхи, щоб привести нас до Бога, Праведний за неправедних, хоч умертвлений тілом, але Духом оживлений...» (1Петр. 3:18). «Та Бог воскресив Його, пута смерти усунувши, вона-бо тримати Його не могла» (Дії 2:24) — смерть взяла Його й хотіла утримати, але Бог розірвав кайдани смерти. Чому? Перенісши усі можливі спокуси, Христос не вчинив ніякого гріха, Він не відпав і не впав, як це сталося з Адамом і Євою; і тому Він є останній Адам, другий чоловік — з неба, що здобув остаточну перемогу, пройшовши увесь шлях від народження до смерті. Він встояв проти диявола. Він був Святим і Праведним, тим і переміг.

ЩО РОЗП'ЯВ ГОСПОДЬ НА ХРЕСТІ?

Ще дещо про те, що саме розп'яв Господь на хресті. «Він тілом Своїм Сам підніс **ГРІХИ НАШІ** на дерево, щоб ми вмерли для гріхів та для праведности жили; Його ранами ви вздоровилися»

(1Петр. 2:24). Коли і як ми звільнилися від закону гріха і смерті? «Він з'явився один раз на схилку віків, щоб власною жертвою знищити гріх» (Євр. 9:26). Цілком зрозуміло — від закону гріха і смерті ми звільнилися Духом Ісуса Христа: «бо закон духа життя в Христі Ісусі визволив мене від закону гріха й смерти» (Рим. 8:1–2). Це здійснилося після перемоги Господа, коли Він воскрес: Своєю жертвою, смертю і воскресінням, Він здобув повну перемогу над законом гріха і смерті. Тому, коли сказано: «на Нього Господь поклав гріх усіх нас!» (Іс. 53:6; Рим. 3:22–25), то говориться про повну перемогу Господа над дияволом: Христос прийняв на Себе покарання — смерть за гріхи всього світу і після Свого воскресіння отримав усю владу знищувати гріх у людині.

Виникає запитання: що таке гріх? — це **НЕПРАВИЛЬНА ВІРА**; неправильна віра в людині є дух неправди диявола, то чи можливо було б дух неправди розп'ясти так, щоб вмерла неправда? — авжеж, ні. Дух неможливо розп'ясти, умертвити, його можливо тільки прогнати, що й зробив Господь для людини, коли переміг Своїм воскресінням диявола, позбавивши його влади й відібравши ключі від смерті й від аду (Об. 1:18). Воскреснувши із мертвих, «смерть над Ним не панує вже більше!» (Рим. 6:9), Христос став духом оживляючим, що дає життя (1Кор. 15:45). Коли людина повірить у здійснене Господом, тоді Христос і здійснює перемогу в самій людині: руйнуючи в ній смерть та являючи Собою життя і нетління! (2Тим. 1:9–10).

На хресті було розп'яте фізичне душевне тіло — це була відплата за гріх (Рим. 6:23). Великий Бог вклав у це розп'яте тіло всіх людей за Адамом, як давнє творіння: «А щодо мене, то нехай нічим не хвалюся, хіба тільки хрестом Господа нашого

Ісуса Христа, що ним розп'ятий світ для мене, а я для світу» — «Знаючи те, що наш давній чоловік розп'ятий із Ним, щоб знищилось тіло гріховне (яке взяло свій початок від Адама в саду Едемському та перейшло у всіх людей, бо всі згрішили (в Адамі): Рим. 5:12), щоб не бути нам більше рабами гріха (щоб людей знову повернути до чистоти створеного тіла без гріха), бо хто вмер (разом із Христом вірою на хресті), той звільнивсь від гріха!» (1Кор. 15:44–48; Гал. 6:14; Рим. 6:6–7). Таким чином у Ньому був розп'ятий давній чоловік за Адамом, який і повинен був померти за свої гріхи — злочини.

«А тепер, звільнившись від гріха й ставши рабами Богові, маєте плід ваш на освячення, а кінець — життя вічне», — говорить нам слово правди (Рим. 6:22). Чому ж увесь релігійний християнський світ продовжує вчити і вірити протилежному: залишаються грішними й постійно грішать? Очевидно, що у релігійному світі жертвою Ісуса Христа закон гріха і смерті не переможений та продовжує жити і діяти у всіх релігійних людях, тоді як слово вчення Ісуса Христа неодноразово багатьма місцями Писання говорить про знищення гріха жертвою Ісуса Христа (Євр. 9:26), про свободу від гріха (Рим. 6:6–7,18,22). Вони вірять у розп'яття і смерть Господа, як у історію, що так і було, але у свободу від закону гріха та смерті не вірять, тому що не повірили у свою смерть і у своє воскресіння із Христом. Вони не розуміють і не мають **ВІРИ У ПЕРЕМОГУ ГОСПОДА**, яка здійснилася з воскресінням Христа. Повна перемога Христа — у смерті та воскресінні; без цієї повноти немає дорогоцінної віри в правді Бога нашого!

ВЕЧЕРЯ ГОСПОДНЯ

«Так-бо Бог полюбив світ, що дав Сина Свого Однородженого, щоб кожен, хто вірує в Нього, не згинув, але мав життя вічне. Бо Бог не послав Свого Сина на світ, щоб Він світ засудив, але щоб через Нього світ спасся. Хто вірує в Нього, не буде засуджений; хто ж не вірує, той вже засуджений, що не повірив в Ім'я Однородженого Сина Божого» (Ів. 3:16–18) — у це слід просто повірити «з віри в віру, як написано: А праведний житиме вірою» (Рим. 1:17).

Христос, Який був у Отця у великій славі, любові, мирі, радості, заради викуплення людей від смерті, повинен був по волі великого Бога прийняти плоть та кров, стати людиною і віддати Себе на смерть на хресті, жорстоку страту від людей грішних, божевільних, одержимих дияволом. Вже одне те — зійти на землю, залишивши славу Небесного Царства, у середовище грішних людей, що знаходяться у темряві — незбагненно для людського розуму! А яку страту Господь зазнав від грішників! «Тож подумайте про Того, Хто перетерпів такий перекір проти Себе від грішних, щоб ви не знеможглись, і не впали на душах своїх» (Євр. 12:3).

Перед стратою на хресті Господь зібрав дванадцять апостолів відсвяткувати пасху за Старим Завітом, яку євреї святкували один раз на рік, згадуючи, яким чином Господь Бог вивів їх із Єгипту. Пасхою на той час було ягня, кров'ю якого євреї по повелінню від Господа помастили одвірки та поперечини дверей у домівках; саме ж ягня запекли на вогні та з'їли, нічого не залишаючи від нього. Тієї ж ночі ангел від Бога пройшов Єгиптом і всіх первістків від людей до скота умертвляв, але не заходив у домівки, де поперечини та одвірки дверей були у крові, минаючи їх... Народ Божий вийшов із землі Єгипетської, Ізраїль був врятований із рабського полону, він отримав повну свободу, звільнення від рабства (Вих. 12 розділ). Пасха, звершена євреями у Єгипті, є яскравим образом, що вказує на Христа: Господь взяв синів Ізраїля і вивів їх із рабства у Єгипті, так і нас Господь взяв і вивів із рабства гріха цього світу: «Оце Агнець Божий, що на Себе гріх світу бере!» (Ів. 1:29).

«І учні зробили, як звелів їм Ісус, і зачали пасху готувати. А коли настав вечір, Він із дванадцятьма учнями сів за стіл... Як вони ж споживали, Ісус узяв хліб, і поблагословив, поламав, і давав Своїм учням, і сказав: Прийміть, споживайте, це — Тіло Моє. А взявши чашу, і подяку вчинивши, Він подав їм і сказав: Пийте з неї всі, бо це — Кров Моя Нового Заповіту, що за багатьох проливається на відпущення гріхів!» (Мт. 26:19–20,26–30; Лк. 22:15–20) — Сам Господь залишив заповідь про вечерю.

І тому ми з повним усвідомленням та вірою згадуємо те, що Ісус Христос, Син Божий, Який був рівним Богу, прийняв плоть і кров, народився у цей світ людиною (і переживав усе як людина), тобто Бог явився у тілі, здійснив Собою відкуплення, оправдання, прощення наших гріхів, віддавши Своє тіло у жертву, помер, і воскрес, і сів праворуч на престолі у Отця на висоті! Щоб це не забувалося, і, більш того, не зникло, Господь і дав таку заповідь спомину («Це робіть на спомин про Мене!»: 1Кор. 11:24), допоки Він знову прийде; це ми й робимо і будемо робити по заповіданому нам!

Свого часу про вечерю виникали суперечки, що призвело до розділення між Мартіном Лютером і одним з його однодумців, який був відданим справі реформації, як і сам Лютер.

Лютер стверджував: під час вечері Господньої хліб є Тіло Господа, а його супутник став стверджувати, що то тільки символ, ніяк не Тіло, а хліб. Між ними виникла гостра суперечка про те, як це варто розуміти. Так і не прийшли до єдності, кожен залишився зі своєю думкою.

Наша віра й переконання: хліб є хлібом, допоки не принесли перед Господом і не благословили як Тіло Його за нас ламане — із цього моменту ламаний нами хліб став для нас Тілом Господа по Слову Самого Господа: «Кажу, як розумним; судіть самі, що кажу я. Чаша благословення, яку благословляємо, чи не спільнота то Крови Христової? Хліб (який благословляємо, як і чашу), який ломимо, чи не спільнота він Тіла Христового? Тому що один хліб, тіло одне — нас багато, бо ми всі спільники хліба одного» (1Кор. 10:15–17). Господь сказав слово — ми повірили й не сумніваємося у ньому; бо ж усе вчення Господа, Новий Завіт є вченням віри і душевним розумом його не можна пояснити, як написано: «Догодити ж (Богу) без віри не можна» (Євр. 11:6). Отже, за вірою: коли приносимо хліб перед Господом, ми його благословляємо тим, що признаємо й дякуємо за Тіло Господа, яке було ламане, що ми й творимо — ламаємо; також благословляємо й вино. Необхідно брати саме фізичні хліб з вином, і коли в ім'я Його благословляємо їх, ми приймаємо Його Тіло та п'ємо Його Кров.

Вечеря Господня проводиться в Його ім'я, у спомин Його жахливого страждання! Адже Бог з'явився в тілі до людей, створених Ним, відкрити їм правду про життя, яка є тільки **ОДНА** — немає ніякого життя, окрім життя, яке є Сам Бог! Щоб явити людям справжнє вічне життя, Ісус Христос прийняв на Себе за нас наше покарання, заплатив за всіх **ВЕЛИКУ ЦІНУ** — віддав Себе на розп'яття, на найболіснішу та найстрашнішу смерть на хресті, тобто заплатив за нас ціну викупу повністю! Тому, коли проводимо вечерю Господню, «смерть Господню звіщаєте, аж доки Він прийде» (1Кор. 11:26); саме тим, що їмо хліб — Тіло Христа, п'ємо вино — Кров Христа, саме цим сповіщаємо Богу у Христі, що повірили й віримо, що жертва Христа була здійснена за нас, і вона діє через нашу віру у нашому житті, бо ми вмерли із Христом для життя цього світу, плоть з пристрастями та пожадливістю насправді розп'ята, тепер живемо в тілі, але за Духом Господа і Бога нашого! Це й означає — гідно приймати вечерю Господню.

Що ж відбувається у християнських течіях, коли вони проводять вечерю Господню? Вони роздумують про свою гідність брати участь, приймати вечерю, тобто роздумують про своє тіло. Для цього каються, примиряються між собою (хоч це потрібно робити завжди, а не тільки перед вечерею), таким чином роблять себе гідними за плоттю, потім з постом та молитвою приступають до ламання хліба і до чаші з вином, але частіше з виноградним соком, хоча Господь зрозуміло сказав: «Поправді кажу вам, що віднині не питиму Я від плоду виноградного до того дня, як новим буду пити його (вино) в Царстві Божім!» (Мр. 14:25; Мт. 26:29). Але роздумуючи про власну гідність, а не про жертву Ісуса Христа і Його пролиту Кров, приймають вечерю у свій осуд: «Нехай же людина випробовує себе, і так нехай хліб їсть і з чаші хай п'є. Бо хто їсть і п'є негідно, не розважаючи про Тіло, той суд собі їсть і п'є!» (1Кор. 11:28–29). Хіба ж може людина зробити себе гідною? — ніяк не може. Приймаючи вечерю Господню, людина має розмірковувати про Тіло Господа: що змусило Його прийняти плоть і кров? чому з'явився Він на землю у людському тілі (людиною)? для чого приніс це тіло у жертву? які страждання переніс?

Немає ні слова про те, щоб роздумувати людині про своє тіло: гідна вона чи ні?! Тому вечеря Господня, що здійснюється в релігії, є повним переступом вчення Христа і є положенням, коли людина не має Бога (2Ів. 9 вірш).

Також варто згадати, що у деяких релігійних християнських течіях обов'язково здійснюється обмивання ніг — беруть приклад з того, як вчинив Господь під час вечері: обмив ноги учням. Із цього прикладу зробили шаблон, не розуміючи, що у вченні Нового Завіту немає закону: «І Він нас зробив бути здатними служителями Нового Заповіту, не букви, а духа, бо буква вбиває, а дух оживляє» (2Кор. 3:6–9).

Ось невеличкий приклад такого служіння обмивання ніг, як це відбувається за буквою закону! Йшли три брати у село, знаючи, що завтра буде вечеря. Йшли стежиною кілька кілометрів. Пройшов дощ, стежина була брудна, тоді брати зняли взуття і прийшли босоніж у село, прямо у подвір'я пресвітера. Запитали його: «Де нам ноги помити?». Пресвітер відповів: «Зайдіть за хату, там у кориті і вимийте». Вони зайшли за хату, у кориті помили ноги. Наступного дня — вечеря. Як завжди пресвітер підперезав себе рушником і, взявши посудину з водою, підійшов до першого, який був ближче від усіх; ним виявився один із тих, що вчора прийшли, пройшовши брудною стежкою. Пресвітер, як то заведено, говорить йому: «Брате, по заповіді хочу помити тобі ноги». Той брат йому відповів: «Брате, я вчора у коритці обмив свої ноги, тепер вони чисті», тобто сильно присоромив перед усіма пастиря. Коли вони з брудними ногами прийшли у двір до пастиря, то, якщо по любові, пастир мав обмити їм ноги і заповідь обмивання ніг мала б значення! Але це й показало, що пастир просто служив за законом — так потрібно.

А як по істині? З лагідністю, без усякої зверхності, обмивши ноги учням, Господь показав приклад того, що у любові Божій зовсім немає ніякої гордості, ні звеличення одного над іншим, всі абсолютно рівні (1Петр. 2:9), щоб і учні Його у цьому житті являли любов один до одного й у повній рівності здійснювали свій шлях у Небесне Царство!

Хто ж має право проводити вечерю Господню? У Старому Заповіті тільки рід Аарона був вибраним Богом священнодіяти; для цього він був відокремлений від спільноти: вони не повинні були торкатися нечистого, носили тільки особливий одяг священників, їли тільки певну їжу, яку не мали права їсти інші... — це було служіння Богу за плоттю. Сьогодні ми всі — рід Божий у Христі Ісусі, царське священство (1Петр. 2:9), де немає розділень на священство і мирян, як було у Старому Завіті. На якій підставі сьогодні може проводити вечерю певна особа? Хіба десь знаходимо за Писаннями, що тільки особливі люди — пресвітер, диякон, учитель, благовісник, євангеліст, єпископ — мають право брати у руки чашу та ламати хліб? У Новому Завіті немає служіння за тілом, всі члени Церкви мають однакове право послужити у Церкві: благословити, розламати хліб і рознести, також і чашу з вином! Якщо сьогодні народжені від Бога знаходяться десь по двоє, троє чи четверо, вони мають любов, віру і бажання здійснити згадування страждань Господніх, то що може їм перешкодити згідно Писань? Тільки одне важливо: не судити про своє тіло, наскільки воно гідне чи не гідне, але судити про Тіло Господнє, про те, що принесла нам жертва Господа.

Отже, вечеря Господня — це спомин того, що Ісус Христос справді був Богом та Людиною; вийшов від Бога, прийшов у світ Людиною, відкрив дорогу в Небесне Царство, був страчений на хресті, переніс жахливі страждання та смерть — ціна за гріхи людства — та дарував спасіння!

ВІН НАЗАВЖДИ УДОСКОНАЛИВ ТИХ, ХТО ОСВЯЧУЄТЬСЯ

«Бо коли кров козлів та телят та попіл із ялівок, як покропить нечистих, освячує їх на очищення тіла, скільки ж більш Кров Христа, що Себе непорочного Богу приніс Святим Духом, очистить наше сумління від мертвих учинків, щоб служити нам Богові Живому!» (Євр. 9:11–14).

За законом очищалося тіло, щоб чистим було тіло. Жертва Господа, пролита Кров очищає совість (сумління), яка є таємницею духовного стану людини.

Через увесь Старий Завіт взагалі не згадується про совість — наче її зовсім і не було! Але ж вона була, і була зайнята законом гріха та смерті, тобто була мертвою для Бога.

Ізраїльські вчителі, книжники, фарисеї, священники згідно закону старанно очищали своє тіло — свою зовнішню людину; звідси вони й перетворилися у пофарбовані гроби, які здавалися ззовні людям гарними, всередині ж були наповнені кісток мертвих та всяких нечистот: «Так і ви, — назовні здаєтеся людям за праведних, а всередині повні лицемірства та беззаконня!» (Мт. 23:27–28). Господь говорить їм: «Фарисею сліпий, очисти перше середину кухля, щоб чистий він був і назовні!» (Мт. 23:26). Але як очистити внутрішнє (совість) фарисею та законовчителю, коли за законом очищалося тільки тіло? Це стало можливим тільки одним шляхом: послідувати за

Господом, прийняти Його вчення, перебувати в слові вчення та «пізнаєте правду, а правда вас вільними зробить!» (Ів. 8:31–36). Тільки вірою у чисте вчення Господа серце очищається від лукавої совісті (Євр. 10:22). Що ж таке лукава совість? Лукава або нечиста совість (Тит. 1:15) — це совість, у якій живе закон гріха та смерті, дух неправди, сам диявол.

«Бо жертвоприношенням одним вдосконалив Він тих, хто освячується» (Євр. 10:14). Виникає запитання: де в людині відбувається досконалість святості? Чи-то іншими словами, якщо людина стала досконалою, повіривши у жертву Ісуса Христа, то де в людині відбулося те, що вона стала досконалою? На це запитання у всій Біблії лише одне місце дає відповідь, і так непомітно, що ніяка релігія не реагує на неї, просто її не помічають, не надають їй ніякого значення. Між тим відповідь ця є основоположною у духовному житті будь-якої людини, а саме: досконалість досягається у совісті людини через її віру у вчення Нового Завіту; через віру в жертву Ісуса Христа знищується закон гріха та смерті у совісті людини. Звідти виганяється диявол, тому що совістю людини стає Ісус Христос, поселяючись Духом Святим. Це і є — людина народилася від Бога!

«Вона образ для часу теперішнього, за якого приносяться дари та жертви, що того не можуть вдосконалити, щодо сумління того, хто служить» (Євр. 9:9). Це місце Писання пояснює, що саме у совісті (сумлінні) людина не може стати досконалою з усіма жертвоприношеннями за Старим Заповітом, і тому це здійснив тільки Господь наш Ісус Христос Своєю жертвою (Євр. 10:14). Де людина стає досконалою? — у совісті!

КІНЕЦЬ ЗАКОНУ — ХРИСТОС

«Учителю, котра заповідь найбільша в Законі? Він же промовив йому: Люби Господа Бога свого всім серцем своїм, і всією душею своєю, і всією своєю думкою. Це найбільша й найперша заповідь. А друга однакова з нею: Люби свого ближнього, як самого себе. На двох оцих заповідях увесь Закон і Пророки стоять» (Мт. 22:35–40). «Закон і Пророки були до Івана (Христителя); відтоді Царство Боже благовіститься, і кожен силкується втиснутись в нього» (Лк. 16:16).

Чому закон і пророки тільки до Івана Христителя, а від Івана Христителя початок Нового Завіту Господа нашого Ісуса Христа у Його Крові? (Мт. 26:28). Відповідь: «Попередня-бо заповідь відкладається через неміч її та некорисність. Бо не вдосконалив нічого Закон. Запроваджена ж краща надія, що нею ми наближуємось до Бога. ...то постільки Ісус став запорукою кращого Заповіту!» (Євр. 7:18–22). «І в усім, у чому ви не могли виправдатись Законом Мойсеєвим, через Нього виправдується кожен віруючий» (Дії 13:39). «Бо кінець Закону — Христос на праведність кожному, хто вірує» (Рим. 10:4). Закон скасований через його неміч та марність, він нічого не довів до досконалості; він не міг звільнити від закону гріха і смерті, але, навпаки, виявився силою гріха (1Кор. 15:56). І тому на місце Старого Завіту поставлений і викладений Новий Завіт, Посередником якого є Ісус Христос (Євр. 9:15). Він також є Первосвящеником та Священнослужителем святилища та скинії істинної (Церкви), яку побудував Господь, а не людина (Євр. 8:1–2).

Виникає вкрай важливе питання: закон Мойсея, Старий Завіт, який Христос назвав «Закон і Пророки», увесь скасований та замінений на Новий Завіт, чи лише частково, так, що деякі заповіді закону перенесені у Новий Завіт і мають однакову силу із заповідями Нового Завіту? Відповідь на це питання цілком зрозуміла у місцях Писання, приведених на початку. Але у підтвердження вже приведеного є ще основоположні місця Писання: закон вимагав святості («Будьте святі, бо святий Я»: Лев. 11:44), яку людина сама, власними силами, за буквою, повинна була досягати. Але ж стати святим, виконуючи закон, виявилося неможливим, «Законом-бо гріх пізнається» (Рим. 3:20). Ісус Христос узяв на Себе гріхи всього світу, помер за всіх людей, воскрес із мертвих і від Бога став нашою святістю й праведністю, чого й вимагав закон від людини (1Кор. 1:30; Рим. 8:1–2). Таким чином, оправдання закону виповнилося в нас, що живуть не за тілом, а за духом (Рим. 8:4). Христос вмер для закону, тож і ми назавжди звільнилися від нього, померши тілом Христовим для закону: «Так, мої браття, і ви вмерли для Закону через тіло Христове, щоб належати вам іншому, Воскреслому з мертвих... А тепер ми звільнились від Закону, умерши для того, чим були зв'язані, щоб служити нам обновленням духа, а не старістю букви» (Рим. 7:1,4–6).

Отже, коли людина приймає вірою Ісуса Христа — Христос стає її святістю і праведністю (1Кор. 1:30; Гал. 3:26–28; Об. 19:8). Якщо закон вимагав справ від людини, то Новий Завіт пропонує вірою надати себе Богові, і Сам Бог, живучи в людині, буде управляти нею по Своїй волі, використовуючи на Свої Божі справи (Рим. 6:13,19–22, 12:1–8, 8:14, 15:17–19).

У Новому Завіті для людини Христос є її світло, розум, любов, радість, мир, надія, віра, лагідність, смирення, їжа, питво, шлях — тобто все у всьому! За законом букви людина намагається все це мати і дуже того бажає, щоб для неї

Христос також став все та в усьому, вона вірить та прагне перемогти гріх, бо розуміє і бачить себе весь час грішною! І людина розуміє: як тільки звільнюся від гріха, то тоді Христос вселиться в мене і стане «все у всьому»!

Велика біда людей сьогодні у тому, що вони не пізнали Новий Завіт! Коли мова йде про закон букви, вони розуміють під ним Старий Завіт. Він пов'язується у них з дотриманням суботи, з тим, що можна їсти і що не можна, та інше. Вони розуміють це як скасоване, що не потрібно сьогодні цього дотримуватися, але ж багато чого перенесли із Старого Завіту у служіння Нового Завіту, перемішали все і таким чином Новий Завіт перетворили у букву закону і тільки своїми силами, розумом та волею виконують його, у тому бачать свою святість. Ці люди не розлучилися зі старим Адамом, борються з ним, стараються його перевиховати, зробити святим і праведним, але це їм ніяк не вдається. А того, хто вірою не залишив старого Адама, як наслідок, завжди буде тягнути під закон рабства, тому що за Адамом людина — грішник, не може не грішити. Своїм же розумом людині доступно розуміти тільки закон букви, який одне забороняє, а інше дозволяє. Усвідомлюючи розумом, що розплата за гріх — смерть, людина всіма своїми силами бореться проти гріха, але ж... завжди залишається переможеною та продовжує грішити! Чому? — не повірила як слід у Голгофу!

Вони просять у Господа сил, бо Господь не є їх силою. Для них Він Сам Собі, і вони самі собі, як і було в Старому Завіті. Вони просять весь час благословіння, бо у них самих Христа немає, і вони не можуть бачити себе вже назавжди благословенними. Вони просять, інколи навіть сильно просять, але нічого на ділі їм не посилається. І хоча вони знають, що це так, але не хочуть цьому вірити. Обманюючи себе, приписують Богу якісь власні успіхи та справи, як благословення від Бога, тоді як і невіруючі мають ще більший успіх у тому ж. В глибині залишаються незадоволені, розуміють, що Слово на них і в них не збувається, але самі собі у тому не зізнаються до кінця, боячись повністю відпасти від віри. Спостерігають за іншими, бачать, що і з тими приблизно так само, тим і втішаються та заспокоюються. Такі люди зовсім не розуміють ні що таке закон букви, ні що таке Новий Завіт і закон Духа, як вийти із закону букви і як увійти в закон Духа!

Тілом Христовим ми вмерли для закону букви, тобто для закону Мойсея (Старого Завіту), який вбивав та осуджував, спастися ним було неможливо. Написано: «Бо кінець Закону — Христос на праведність кожному, хто вірує» (Рим. 10:4). Коли хто не зрозумів, що означає «кінець Закону», той ніколи не зможе мати праведності — закон цього не допустить!

На основі приведеного вище стає цілком зрозумілим, що Старий Завіт закінчив свою дію Іваном Христителем; закон зробив свою справу: він показав, що людина своїми силами не може звільнитися від усвідомлення гріха. Таким чином, стало зрозумілим, що люди вкрай потребують Спасителя від гріха. Прийшов час благодаті Нового Завіту. Старий Завіт скасований **ПОВНІСТЮ**, тож спасіння Боже є тільки Новий Завіт у Христі та Христом.

БЛАГОДАТЬ ТА БЛАГОДАТЬ НА БЛАГОДАТЬ

«І Слово сталося тілом, і перебувало між нами, повне благодаті та правди… А з Його повноти ми одержали всі, — а то благодать на благодать. Закон-бо через Мойсея був даний, а благодать та правда з'явилися через Ісуса Христа» (Ів. 1:14–17).

Великий Бог полюбив та помилував людство, яке поринуло у темряву: «Бог же, багатий на милосердя, через Свою превелику любов, що нею Він нас полюбив, і нас, що мертві були через прогріхи, оживив разом із Христом, спасені ви благодаттю…» (Еф. 2:4–5). «Бо Бог у Христі примирив світ із Собою Самим, не зважавши на їхні провини…» (2Кор. 5:19). «Він тілом Своїм Сам підніс гріхи наші на дерево, щоб ми вмерли для гріхів та для праведності жили; Його ранами ви вздоровилися» (1Петр. 2:24–25). Це і є благодать від Бога: Христос примирив усе людство з Богом, прийняв на Себе належну смерть за законом, викупив усіх людей від вічної загибелі та подарував їм повне прощення гріхів.

Таке сильне свідоцтво про благодать і показано нам на прикладі розбійника, розіп'ятого поруч з Ісусом. Варто було розбійнику тільки признати Христа: «Але ми справедливо засуджені, і належну заплату за вчинки свої беремо, — Цей же жодного зла не вчинив. І сказав до Ісуса: Спогадай мене, Господи, коли прийдеш у Царство Своє! І промовив до нього Ісус: Поправді кажу тобі: ти будеш зо Мною сьогодні в раю!» (Лк. 23:41–43). Що ж врятувало розбійника? — просте та щире усвідомлення себе, ким він був і що жахливе робив, визнаючи Господа Ісуса Христа Спасителем! Постає запитання: чи зробив щось таке розбійник, щоб заслужити такі милості та отримати спасіння? Він крав, вбивав людей… Що ж врятувало його від вічної смерті? — «Бо з'явилася Божа благодать, що спасає всіх людей» (Тит. 2:11). «Ось тепер час приємний, ось тепер (сьогодні) день спасіння!» (2Кор. 6:2). Цей день, день «сьогодні», почався з вигуку Ісуса на хресті: «Звершилось!». Допоки день «сьогодні» продовжується, всім людям оголошено повне прощення гріхів — тільки повір.

Що ми зробили для того, щоб звільнитися від гріха і щоб він нас не звинувачував? — нічого! Господь наш Ісус Христос здобув нам вічне викуплення, а ми просто повірили та прийняли здійснене на хресті. І тому є велика причина радіти, славити й славити Бога, дякувати Йому за час приємний, за день «сьогодні», що є ще така можливість чути Його голос на спасіння. «Камінь, що його будівничі відкинули, той наріжним став каменем, від Господа сталося це, і дивне воно в очах наших! Це день, що його створив Господь, радіймо та тішмося в нім!» (Пс. 117 (118):22–24). Коли Ісус Христос прийде вдруге, цей день «сьогодні» закінчиться, і вже не буде можливості спастися.

«Бог же, багатий на милосердя, через Свою превелику любов, що нею Він нас полюбив, і нас, що мертві були через прогріхи, оживив разом із Христом, спасені ви благодаттю, і разом із Ним воскресив, і разом із Ним посадив на небесних місцях у Христі Ісусі… Бо спасені ви благодаттю через віру, а це не від вас, то дар Божий, не від діл, щоб ніхто не хвалився» (Еф. 2:4–9).

Отже, Новий Завіт приніс людям спасіння **НЕЗАЛЕЖНО ВІД ДІЛ**: «А де збільшився гріх, там заряснила благодать» (Рим. 5:20) — яким би великим не був гріх, благодать від Бога завжди більша на спасіння будь-якого грішника. Немає такого глибокого падіння, якого б не викупила жертва Ісуса Христа. Ця любов перевищує людське розуміння (Еф. 3:19; Фил. 4:7).

Однак, отримавши за вірою прощення всіх своїх гріхів, людина не стала безсмертною, у ній ще не відкрилися праведність та святість, вона ще залишається душевною, тілесною людиною. Для того щоб стати праведною та святою, людині необхідно вірою прийняти «благодать на благодать». «А з Його повноти ми одержали всі, — а то благодать на благодать» (Ів. 1:16). «Таємницю, заховану від віків і поколінь, а тепер виявлену Його святим, що їм Бог захотів показати, яке багатство слави цієї таємниці… а вона — Христос у вас» (Кол. 1:26–27).

Що таке благодать на благодать? — це є більше, ніж благодать! Це означає прийняти у себе Господа Ісуса Христа, що воскрес із мертвих і став Духом оживляючим. Цей Дух приходить і вселяється в людину за вірою, звільняючи її від закону гріха та смерті, який наповнював совість людини. Христос — Дух оживляючий. Людина також має дух — то її совість (сумління). Христос Своїм Духом приходить у дух людини, зливається з ним в одне і стає совістю людини (1Кор. 6:17). Людина тепер стала святою й праведною. Слово істини справджується: «А ви не в тілі, але в дусі, бо Дух Божий живе в вас. А коли хто не має Христового Духа, той не Його» (Рим. 8:9,14).

Виходить, що прийнявши вірою прощення гріхів — ще не є повнота спасіння, не є народженням від Бога. Прийняти вірою свою смерть із Христом на хресті, коли давнє творіння вмирає, а нове з Христом воскресає — саме це і є народження (Рим. 6:6–7). Людина перейшла із смерті у життя, тобто вийшла з цього світу життя за тілом та ввійшла у Христі і з Христом у небесний Божий світ, який і приніс на землю Господь Ісус Христос.

Таким чином, Христос не тільки простив нам всі гріхи, але й дав нам Себе, щоб жити **В НАС І ЗА НАС**. Наше життя стало святим і праведним: «А з Нього ви в Христі Ісусі, що став нам мудрістю від Бога, праведністю ж, і освяченням, і відкупленням» (1Кор. 1:30).

Пізнайте благодать на благодать, яка не має ціни у порівнянні з найдорогоціннішим у цьому світі, як про те Дух премудрості свідчив багато тисяч років тому: «Бо ліпше надбання її від надбання срібла, і від щирого золота ліпший прибуток її, дорожча за перли вона, і всіляке жадання твоє не зрівняється з нею. Довгість днів — у правиці її, багатство та слава — в лівиці її. Дороги її — то дороги приємности, всі стежки її — мир. Вона дерево життя...» (Пр. 3:14–18).

У ХРИСТІ ТІЛЕСНО ЖИВЕ ВСЯ ПОВНОТА БОЖЕСТВА

Син Божий, що явився у тілі, витримав страшну війну проти диявола та переміг: «Він за днів тіла Свого з голосінням великим та слізьми приніс був благання й молитви до Того, Хто від смерти Його міг спасти, і був вислуханий за побожність Свою. І хоч Сином Він був, проте навчився послуху з того, що вистраждав був. А вдосконалившися, Він для всіх, хто слухняний Йому, спричинився для вічного спасіння, і від Бога був названий Первосвящеником за чином Мелхиседековим» (Євр. 5:7–10). «А Богові дяка, що Він Господом нашим Ісусом Христом перемогу нам дав» (1Кор. 15:57). Він, Господь наш, «є перший від усього, і все Ним стоїть. І Він — Голова тіла,

Церкви. Він початок, первороджений з мертвих, щоб у всьому Він мав першенство. Бо вгодно було, щоб у Нім перебувала вся повнота... — бо в Ньому тілесно живе вся повнота Божества. І ви маєте в Нім повноту, а Він — Голова всякої влади й начальства» (Кол. 1:17–19, 2:9–10).

Чим виражається повнота Бога у Ньому? Що входить у цю повноту?

Він — Син Божий:	Мт. 16:16; Ів. 6:69; Рим. 1:3–4
Син Людський:	Мр. 2:10; Мт. 12:8; 1Тим. 2:5
Образ невидимого Бога:	Кол. 1:15; Євр. 1:3
Сущий Бог:	Рим. 9:5; 1Ів. 5:20
Той, Хто спочатку:	Ів. 8:25
Дивний Порадник:	Іс. 9:5
Отець вічности:	Іс. 9:5
Цар вічний:	Лк. 1:32–33
Господь:	1Кор. 8:6; Дії 2:36
Слово:	Ів. 1:1,14
Дух Святий:	2Кор. 3:17; Євр. 9:14; Ів. 4:24
Творець всього:	Кол. 1:16; Євр. 1:2,10–12
Він — раніше всього:	Кол. 1:17

ЯВЛЕННЯ ХРИСТА

Все Ним стоїть:	Кол. 1:17; 1Кор. 8:6
Любов:	1Ів. 4:16
Премудрість, праведність, освячення, викуплення:	1Кор. 1:30; 2Кор. 5:21; Євр. 2:11; 1Петр. 1:18–19
Він — наш розум:	1Кор. 2:16
Свобода:	2Кор. 3:17
Шлях, Істина, Життя:	Ів. 14:6; 1Ів. 1:1–3
Воскресення:	Ів. 11:25
Надія наша:	1Тим. 1:1
Палючий огонь:	Євр. 12:29
Наріжний камінь:	1Петр. 2:6; Еф. 2:20–22
Початок і кінець:	Об. 1:8
Перший та Останній:	Об. 1:17, 2:8, 22:13; Іс. 44:6, 48:12
Мир наш, Князь миру:	Еф. 2:14; Іс. 9:5
Ягня Боже:	Ів. 1:29
Первосвященник:	Євр. 5:1–6, 7:23–28
Посередник Нового Заповіту:	Євр. 9:13–15
Став запорукою кращого Заповіту:	Євр. 7:22
Світло світу:	Ів. 8:12, 12:46
Спаситель світу:	Дії 4:12; 1Ів. 4:14

Двері:	Ів. 10:7,9
Обрізання наше:	Кол. 2:11; Рим. 2:28–29
Добрий Пастир:	Ів. 10:11,14; Євр. 13:20
Голова Церкви:	Кол. 1:18; Еф. 1:22–23
Правдива Виноградина:	Ів. 15:1
Хліб життя:	Ів. 6:35–51
Справжня їжа та пиття:	Ів. 6:53–55
Первенець з мертвих:	Кол. 1:18; Об. 1:5
Наслідник всього:	Євр. 1:2; Рим. 8:17
Друга Людина:	1Кор. 15:47
Свідок вірний:	Об. 1:5, 3:14
Корінь та нащадок Давида:	Об. 22:16
Світла та ранкова зоря:	2Петр. 1:19; Об. 22:16
Храм нового Єрусалиму:	Об. 21:22
Учора, і сьогодні, і навіки Той Самий:	Євр. 13:8
Він — повнота Божества тілесно:	Кол. 2:9
Суддя всього світу:	Дії 10:42, 17:31
Він має ключі аду та смерті:	Об. 1:18

Велика таємниця благочестя: Бог з'явився в тілі людям на землю, взяв на Себе провину всього людства, заплатив

Собою ціну покарання за гріх — смерть, звільнив від покарання смертю все людство. Хто ж повірить і прийме милість та благодать спасіння свого, перейде із цього світу на сторону Христа, прийме свою смерть із Христом на хресті для життя за тілом, для закону, для закону гріха та смерті, для цього світу, що наповнений пітьмою гріховною, і воскресне із Христом у небесному світі, той матиме в собі безсмертя — життя вічне! (1Тим. 3:16; Ів. 1:29, 3:16–21; Рим. 6–8 розділи; 2Тим. 1:9–10; Євр. 9:26–28; 2Кор. 5:14–21).

При цьому дуже важливо розуміти, що тільки чисте вчення Господа нашого несе в собі безсмертя Бога. Якщо людина має твердий намір досягнути того майбутнього віку і воскресіння з мертвих (Лк. 20:35–36), то їй ніяким чином не можна допустити переступ чистого вчення Христового, відхилитися від нього, вносити щось своє, людське: додавати або віднімати; якщо людина так зробить або ж допустить і повірить — залишиться без Бога! «Кожен, хто робить переступ та не пробуває в науці Христовій, **ТОЙ БОГА НЕ МАЄ**. А хто пробуває в науці Його, той **МАЄ** і Отця, і Сина» (2Ів. 9 вірш). «Май же за взір здорових слів ті, які від мене почув ти у вірі й любові, що в Христі Ісусі вона» — «Бо ми не такі, як багато хто, що Боже Слово фальшують, але ми провіщаємо, як із щирости, як від Бога, перед Богом, у Христі!» (2Тим. 1:13; 2Кор. 2:17).

Вічна слава великому Богу у Христі Ісусі, вся честь і поклоніння Йому Єдиному назавжди незмінно! Слава! Слава! Амінь.

ПЕРША ЦЕРКВА

07
РОЗДІЛ

148   Вибрання апостолів

153   Перша Церква і її падіння

158   Відхилення від істини

161   Хто по праву може назвати себе домом Божим?

Перша Церква була заснована апостолами на чистій основі вчення Ісуса Христа, Який є начальником цієї дорогоцінної віри. Ісус Христос приніс нову віру, яку Він раз і назавжди передав святим (Юд. 3 вірш). І ті, хто в Нього повірив, вперше стали називатись християнами (Дії 11:26). Вони були повністю єдині у своїй вірі та пізнанні, у них не було розбіжностей в жодному з питань, вони постійно, як одна душа, перебували у вченні апостолів: «А люди, що ввірували, мали серце одне й одну душу… І апостоли з великою силою свідчили про воскресення Ісуса Господа, і благодать велика на всіх них була!» (Дії 4:32–33).

ВИБРАННЯ АПОСТОЛІВ

«А коли настав день, покликав Він (Христос) учнів Своїх, і обрав із них Дванадцятьох, яких і апостолами Він назвав: Симона, якого й Петром Він назвав, і Андрія, брата його, Якова й Івана, Пилипа й Варфоломія, Матвія й Хому, Якова Алфієвого й Симона, званого Зилотом, Юду Якового, й Юду Іскаріотського, що й зрадником став» (Лк. 6:13–16). Їх вибрав Господь: «…і Моїми ви свідками будете в Єрусалимі, і в усій Юдеї та в Самарії, та аж до останнього краю землі» (Дії 1:8). Господь послав їх навчати народи (Мт. 28:19–20), благословивши їх на служіння поширення доброї звістки на землі.

Згідно Писань Нового Заповіту, апостоли були першими душами, які стали новими створіннями: «…А всім, що Його прийняли, їм владу дало дітьми Божими стати, тим, що вірять у Ймення Його, що не з крови, ані з пожадливости тіла, ані з пожадливости мужа, але народились від Бога — Що вродилося з тіла — є тіло, що ж уродилося з Духа — є дух — ...Поправді, поправді кажу Я тобі: Коли хто не народиться згори, то не може побачити Божого Царства» (Ів. 1:10–13, 3:6,3). Народження згори від Духа істини (Як. 1:18) — це поява нового створіння: «Тому-то, коли хто в Христі, той створіння нове, стародавнє минуло, ото сталось нове!» (2Кор. 5:17), «Бо сили немає ані обрізання, ані необрізання, а створіння нове» (Гал. 6:14–16).

Як і коли відбулося з апостолами народження від Бога, а потім і хрещення Духом Святим? Вони перебували з Господом всюди та завжди: «Ви ж оті, що перетривали зо Мною в спокусах Моїх, і Я вам заповітую Царство, як Отець Мій Мені заповів...» (Лк. 22:28–29). Вони скрізь слідували за Господом, і Він сказав їм: «І вблагаю Отця Я, і Втішителя іншого дасть вам, щоб із вами повік перебував, Духа правди, що Його світ прийняти не може, бо не бачить Його та не знає Його. Його знаєте ви, бо при вас перебуває, і в вас буде Він. Я не кину вас сиротами, Я прибуду до вас!» (Ів. 14:16–18). «...бо при вас перебуває, і в вас буде Він» — дуже зрозуміло: з ними перебував Господь, вони Його знали. І Він вселився в них, тож виповнилося слово: «Я не кину вас сиротами» — коли ж це сталося?

Коли Господь був на землі у тілі, учні ходили з Ним; Він посилав їх творити Його справи, даючи їм силу та владу. Але вони ще не були народжені від Бога. Тому, коли Господа заарештували в саду — вони розбіглись, а Петро навіть тричі відрікся від Нього. «І, набік відвівши Його, Петро став Йому докоряти й казати: Змилуйся, Господи, — такого Тобі хай не буде! А Він обернувся й промовив Петрові: Відступися від Мене, сатано, — ти спокуса Мені, бо думаєш не про Боже, а про людське!» (Мт. 16:21–23); Петро сказав Господу: «Господи, я з Тобою готовий іти до в'язниці й на смерть!

Він же прорік: Говорю тобі, Петре, — півень не заспіває сьогодні, як ти тричі зречешся, що не знаєш Мене...» (Лк. 22:33–34). Це все відбувалося з ними, коли вони були тільки очищені словом: «Через Слово, що Я вам говорив, ви вже чисті» (Ів. 15:3), але Христос ще не став їхнім життям, тобто народження не відбулося, тому що Господь ще не вмер і не воскрес, не став Духом животворним, щоб вселитись в них, щоб народження від Бога завершилося у повноті! (Ів. 3:5).

Коли ж здійснилось їх народження у повноті? — «Того ж дня — дня першого в тижні, — коли вечір настав, — з'явився Ісус, і став посередині, та й промовляє до них: Мир вам!.. Тоді знову сказав їм Ісус: Мир вам! Як Отець послав Мене, і Я вас посилаю! Сказавши оце, Він дихнув, і говорить до них: Прийміть Духа Святого! Кому гріхи простите, — простяться їм, а кому затримаєте, — то затримаються!» (Ів. 20:19–23) — саме тут цієї миті відбулося народження апостолів у повноті: Господь Ісус Христос вдихнув Себе в них! В цю мить Господь увійшов у них і став їх сумлінням (совістю) та розумом, відбулася їхня смерть із Христом на хресті, перехід із смерті в життя, із цього земного, душевного світу у світ Божий, духовний, вічний, нетлінний! Від цього часу апостоли та всі, хто був з ними, явились справжніми дітьми Божими, запечатаними Духом Святим — звершилося народження від Бога! (Еф. 4:30; Рим. 8:9,14,16–17).

Але сила на апостольське служіння в них ще не з'явилась, тому що Христос ще був із ними деякий час після воскресення з мертвих. Після вознесення Христа, в день п'ятидесятниці, на них пролився Дух Святий — сила на служіння: «...Він звелів, щоб вони не відходили з Єрусалиму, а чекали обітниці Отчої... ви ж охрещені будете Духом Святим через кілька тих днів!.. Та ви приймете силу, як Дух Святий злине на вас, і Моїми ви свідками будете в Єрусалимі, і в усій Юдеї та в Самарії, та аж до останнього краю землі» (Дії 1:4–5,8). «І нагло зчинився шум із неба… І з'явилися їм язики поділені, немов би огненні… Усі ж вони сповнились Духом Святим» (Дії 2:2–4). Таким чином завершилося їхнє становлення на служіння.

Чому з апостолами відбувалося по-особливому? — тому що їм належало стати проти страшної машини земної влади, яка свого часу, коли явилась сила та мудрість слова життя, боячись втратити свою владу та становище, розіп'яла Ісуса Христа: «Тоді первосвященники та фарисеї скликали раду й казали: Що маємо робити, бо Цей Чоловік пребагато чуд чинить? Якщо так позоставимо Його, то всі в Нього ввірують, — і прийдуть римляни, та й візьмуть нам і Край, і народ! А один із них, Кайяфа, що був первосвящеником року того, промовив до них: Ви нічого не знаєте, і не поміркуєте, що краще для вас, щоб один чоловік прийняв смерть за людей, аніж щоб увесь народ мав загинути!.. Отож, від того дня вони змовилися, щоб убити Його» (Ів. 11:47–53).

Яку ж силу та владу повинні були мати апостоли, щоб їм можна було встати і виступити, не торкаючись взагалі земної влади (ні за, ні проти), але цілком вільно явити Царство Бога на землі в обраних Богом людях, розуміючи всю ворожу силу, яка повстане проти, щоб знищити те нове, що знову стає загрозою їхнього становища: втратити владу над людьми.

Господь говорив своїм учням: «Поправді, поправді кажу вам, що ви будете плакати та голосити, а світ буде радіти. Сумувати ви будете, але сум ваш обернеться в радість!» (Ів. 16:20). Розіп'явши Христа, влада була рада тому, що звільнилася від Того, Хто мучив її Своїм вченням і ділами. Але раптом з'явилися люди з великою силою та владою, що привели в рух цілі народи з різних країн, які на той час опинилися в Єрусалимі: «І нагло зчинився шум із неба, ніби буря раптова зірвалася, і переповнила ввесь той дім, де сиділи вони… Усі ж вони сповнились Духом Святим, і почали говорити іншими мовами, як їм Дух промовляти давав. Перебували ж в Єрусалимі юдеї, люди побожні, від усякого народу під небом. А коли оцей гомін зчинився, зібралася безліч народу, та й диву далися, бо кожен із них тут почув, що вони розмовляли їхньою власною мовою!.. Усі ж побентежилися та дивувалися, та й казали один до одного: …усі чуємо ми, що говорять вони про великі діла Божі мовами нашими!» (Дії 2:1–13).

Ось для цієї події Господь Бог підготував своїх апостолів — події неповторної, виключної, для свідчення відразу багатьом людям із різних країн. До такого явища необхідно було народити, виховати, підготувати апостолів, щоб вони змогли явити абсолютно новий початок Царства Божого на землі.

Для того щоб апостоли насправді стали апостолами, щоб змогли понести, винести та покласти в цьому світі добру основу дому Божому, Церкві Божій, їм довелося у такий спосіб проходити підготовку, бо у них не було Писань Нового Заповіту, як у їхніх послідовників. Вони стали провідниками, через яких були явлені всьому людству на всі часи Писання Нового Заповіту Господа нашого Ісуса Христа.

ПЕРША ЦЕРКВА І ЇЇ ПАДІННЯ

«Прийшовши ж Ісус до землі Кесарії Пилипової, питав Своїх учнів і казав: За кого народ уважає Мене, Сина Людського? Вони ж відповіли: Одні за Івана Христителя, одні за Іллю, інші ж за Єремію або за одного з пророків. Він каже до них: А ви за кого Мене маєте? А Симон Петро відповів і сказав: Ти — Христос, Син Бога Живого! А Ісус відповів і до нього промовив: Блаженний ти, Симоне, сину Йонин, бо не тіло і кров тобі оце виявили, але Мій Небесний Отець. І кажу Я тобі, що ти скеля, і на скелі оцій побудую Я Церкву Свою, — і сили адові не переможуть її. І ключі тобі дам від Царства Небесного, і що на землі ти зв'яжеш, те зв'язане буде на небі, а що на землі ти розв'яжеш, те розв'язане буде на небі!» (Мт. 16:13–19).

Після Свого воскресення з мертвих «...Ісус промовляє до Симона Петра: Симоне, сину Йонин, чи ти любиш Мене більше цих? Той каже Йому: Так, Господи, відаєш Ти, що кохаю Тебе! Промовляє йому: Паси ягнята Мої! І говорить йому Він удруге: Симоне, сину Йонин, чи ти любиш Мене? Той каже Йому: Так, Господи, відаєш Ти, що кохаю Тебе! Промовляє йому: Паси вівці Мої! Утретє Він каже йому: Симоне, сину Йонин, чи кохаєш Мене? Засмутився Петро, що спитав його втретє: Чи кохаєш Мене? І він каже Йому: Ти все відаєш, Господи, відаєш Ти, що кохаю Тебе! Промовляє до нього Ісус: Паси вівці Мої!» (Ів. 21:15–17). Апостоли і учні зрозуміли, що Господь призвав та поставив Петра над ними й над усіма, дав йому ключі Царства Небесного та владу зв'язувати і розв'язувати, що апостол Петро дуже послідовно у своєму служінні і явив!

Після хрещення апостолів Духом Святим з'явилося знамення: апостоли раптом заговорили рідною мовою народів, які зібрались в Єрусалимі з багатьох країн. Тоді Петро і виявив своє провідне положення серед апостолів: він встав з одинадцятьма апостолами й промовив першу свою проповідь, звертаючись до цього величезного натовпу, про що детально описано в книзі Дії апостолів, другий розділ. Саме в цей день в Єрусалимі відбулося народження першої спільноти християн.

Ця спільнота в Єрусалимі дуже швидко примножувалася: вже тільки в цей перший день прийняли водне хрещення близько трьох тисяч душ (Дії 2:41); іншого разу приклалося душ близько п'яти тисяч! (Дії 4:4). Усі віруючі мали одне серце у своїй вірі та знанні, і ні один не називав своїм щось з того, що йому належало, але все у них було спільне. Було одне вчення, одна спільнота, не було між ними ніякого розділення: «А люди, що ввірували, мали серце одне й одну душу... — І вони перебували в науці апостольській, та в спільноті братерській, і в ламанні хліба, та в молитвах... — І апостоли з великою силою свідчили про воскресення Ісуса Господа, і благодать велика на всіх них була!» (Дії 4:32, 2:42, 4:33).

Але відразу ж розпочалася сильна боротьба — євреї повстали за закон! Вони повірили в Ісуса Христа, але наполягали дотримуватися й закону Мойсеєвого: обрізання на тілі крайньої плоті, дотримання чистоти, що стосується їжі та свят, і особливо суботи, дня відпочинку, коли за законом не можна було працювати, не можна робити жодної справи, навіть запалювати вогонь! Відбувалися запеклі суперечки, які описані в книзі Дії апостолів (п'ятнадцятий розділ). Ще докладніше про це написав апостол Павло у своєму посланні до Галатів, які спокусилися й прийняли заповіді закону Мойсеєвого, який закінчив своє служіння, і, таким чином, залишились без

Христа, відпали від благодаті (Гал. 5:1–9). Для більшої ясності добре прочитати усе послання до Галатів.

Уся Біблія від початку говорить про те, щоб не ухилятися, не додавати, не віднімати, але точно виконувати заповіді Божі (Повт. 4:2, 16:19–20; Іс. Нав. 1:6–9; Об. 22:18–19). Так, у книзі Ісуса Навина написано: «І служив Ізраїль Господеві по всі дні Ісуса та по всі дні старших, що продовжили дні свої по Ісусі...» (Іс. Нав. 24:31). Але, коли народилося наступне покоління, а за ним ще одне, Ізраїль почав ухилятися від закону Божого, самі собі встановлювали такі закони, які їм більше підходили; про це дуже докладно описано у книзі Суддів Ізраїлевих. Те ж саме сталося після того, як пішли з життя апостоли та ті, що знали їх і жили при них. Ще за життя апостола Павла почалось відхилення від чистоти вчення Господа Ісуса Христа та Його апостолів; про це говорять наступні місця Писання: «Такі-бо фальшиві апостоли, лукаві робітники, що підроблюються на Христових апостолів. І не дивно, бо сам сатана прикидається ангелом світла! Отож, не велика це річ, якщо й слуги його прикидаються слугами правди. Буде їхній кінець згідно з учинками їхніми!» — «Будьте до мене подібні, браття, і дивіться на тих, хто поводиться так, як маєте ви за взір нас. Багато-бо хто, що про них я вам часто казав, а тепер говорю навіть плачучи, поводяться, як вороги хреста Христового. Їхній кінець — то загибіль, шлунок — їхній бог, а слава — в їхньому сороми... Вони думають тільки про земне!» (2Кор. 11:12–15; Фил. 3:17–19). Бог через апостола Петра попередив: «А між людом були й неправдиві пророки, як і будуть між вас учителі неправдиві, що впровадять згубні єресі... І багато хто підуть за пожадливістю їхньою, а через них дорога правдива зневажиться»

(2Петр. 2:1–3). Апостол Юда писав про це: «Бо крадькома повходили деякі люди... безбожні, що благодать нашого Бога обертають у розпусту...» — «Вони, немов звірина нерозумна, зроджена природою... Їхні очі наповнені перелюбом та гріхом безупинним; вони зваблюють душі незміцнені (немовлят у вірі)... Бо, висловлюючи марне базікання, вони зваблюють пожадливістю тіла й розпустою тих, хто ледве втік від тих, хто живе в розпусті. Вони волю обіцюють їм, самі бувши рабами тління. Бо хто ким переможений, той тому й раб» (Юд. 1:3–4; 2Петр. 2:12–19). І апостол Іван також попереджав: «Діти — остання година! А що чули були, що антихрист іде, а тепер з'явилось багато антихристів, з цього ми пізнаємо, що остання година настала! Із нас вони вийшли, та до нас не належали. Коли б були належали до нас, то залишилися б з нами; але вийшли, щоб відкрилось, що не всі вони наші» (1Ів. 2:18–19).

Таким чином, поступово відступали від чистого вчення Господа нашого Ісуса Христа: «І станеться їм слово Господа: заповідь на заповідь, заповідь на заповідь, правило на правило, правило на правило, трохи тут, трохи там, щоб пішли та попадали навзнак, і щоб були зламані й впали до пастки й зловилися!..» — духом диявола! (Іс. 28:13). Так що апостол Павло писав: «Дивуюся я, що ви так скоро відхилюєтесь від того, хто покликав Христовою благодаттю вас, на іншу Євангелію, що не інша вона, але деякі є, що вас непокоять, і хочуть перевернути Христову Євангелію. Але якби й ми або Ангол із неба зачав благовістити вам не те, що ми вам благовістили, нехай буде проклятий!» (Гал. 1:6–9).

Апостол Павло попередив Тимофія: «Настане-бо час, коли здорової науки не будуть триматись, але за своїми пожадливостями виберуть собі вчителів, щоб вони їхні вуха влещували. Вони слух свій від правди відвернуть та до байок нахиляться. Але ти будь пильний у всьому...» — «Дивіться, щоб хто не зостався без Божої благодаті, щоб не виріс який гіркий корінь і не наробив непокою, і щоб багато-хто не опоганились тим» (2Тим. 4:1–5; Євр. 12:15). Так почалося розділення в середовищі християн. А це є гріх проти Тіла Господа! Зрозуміло, що все це відбувалося не від Духа Святого, а від людського (тілесного) розуму, керованого духом диявола! А тілесний розум ніяк не може сприймати те, що від Духа Божого. Для тілесного розуму ближче та зрозумілішe те, що за законом букви — тут він вносить своє за тілом, а це означає — за законом добра, за буквою закону Мойсеєвого, як апостол Павло написав: «А людина тілесна не приймає речей, що від Божого Духа, бо їй це глупота, і вона зрозуміти їх не може, бо вони розуміються тільки духовно. Духовна ж людина (не тілесна) судить усе, а її судити не може ніхто... А ми маємо розум Христів!» (1Кор. 2:14–16). Вийшло так, що вчення Господа нашого Ісуса Христа поступово перетворили знову на закон мертвої букви, що вбиває, а не спасає! Картина сьогоднішнього християнства така — розділення за розділенням, так що вже важко порахувати, скільки утворилося течій під ім'ям «християни»! І служіння будь-якої християнської течії дуже віддалене від чистої віри у благодать спасіння, яка є Христос — наша святість, наша праведність, наша любов, наше вічне життя (1Кор. 1:30; Кол. 3:1–4; 1Ів. 5:19–20).

ВІДХИЛЕННЯ ВІД ІСТИНИ

«Бо пильную про вас пильністю Божою, заручив-бо я вас одному чоловікові, щоб Христові привести вас чистою дівою. Та боюсь я, як змій звів був Єву лукавством своїм, щоб так не попсувалися ваші думки, і ви не вхилилися від простоти й чистости, що в Христі» (2Кор. 11:2–3).

Господь наш придбав Кров'ю Своєю (Дії 20:28) Церкву, яка є Тіло Його (Еф. 1:22–23), і знову прийде саме за цією **ЦЕРКВОЮ**, в якій немає ніякого **РОЗДІЛЕННЯ**, де всі єдині у пізнанні, мирі та любові! За часів апостолів творилися великі чудеса та знамення. Коли ж апостолів не стало, не минуло й ста років (можливо більше чи менше), як істинна Церква перетворилася на земну релігійну організацію, в якій не стало істини. Чому? Що відбулося? — саме тому, що дияволу вдалося розхитати, в першу чергу, її повну єдність; допустили відхилення від простоти у Христі, так що розум їх зіпсувався і почали бачити інакше; пішло розділення за розділенням!

Всі апостоли говорили й передбачали, що будуть відхилення від істини та її перекручування: «Бо ми не такі, як багато хто, що Боже Слово фальшують, але ми провіщаємо, як із щирости, як від Бога, перед Богом, у Христі!» (2Кор. 2:17). Апостол Павло попереджав та передбачив: «...бо я не вхилявсь об'являти вам усю волю Божу! Пильнуйте себе та всієї отари, в якій Святий Дух вас поставив єпископами, щоб пасти Церкву Божу, яку Власною Кров'ю набув Він. Бо я знаю, що як я відійду, то ввійдуть між вас вовки люті, що отари щадити не будуть... Із вас самих навіть мужі постануть, що будуть казати перекручене, аби тільки учнів тягнути за собою — Тому дня сьогоднішнього вам свідкую, що я чистий від крови всіх» (Дії 20:27–30,26).

Апостол Петро написав, з чого саме почнеться перекручування та відхилення від вчення Христового: неправдиві вчителі введуть згубні єресі! Ці згубні єресі з'являться у вченнях. «...відречуться від Владики, що викупив їх...» (2Петр. 2:1) — у цьому явищі початок будь-якого перекручування та переступу вчення Господа, і воно робить хибною основу християнських течій, яких розплодилося дуже багато!

Почнемо від католицтва, яке повністю злилося з язичниками за часів римського імператора Костянтина. Сталося розділення католиків: відокремилися східні, які зробили реформу та стали православними. Католики — те ж саме, що й православні. Але після реформи між ними з'явилася різниця у правилах служіння: наприклад, у католицьких костелах (так називають їх церкви) всі сидять, у православних церквах — не можна. Католики накладають хресне знамення зліва направо; православні, навпаки, справа наліво; у тих і інших з'явились свої ікони, свої святі і т. ін. З часом Мартін Лютер, будучи католицьким ченцем, побачив і зрозумів, що надто перегинають палицю відносно вчення, надто далеко відійшли від вчення Біблії. Він повстав проти цього, і відбулась велика реформа, а сам Лютер, за людським визнанням, став великим реформатором. Від вчення Лютера (він переклав Біблію з латини на німецьку мову) відбувся великий рух у Німеччині, який отримав назву — протестантський. Так він називається й сьогодні. Саме в цей час постав ще один реформатор — Кальвін. Від нього пішов рух під назвою кальвінізм — дуже сувора, до абсурду, релігія. З Лютером вони не зійшлися з деяких питань віри.

Так почались реформи за реформами. Що робили ці реформи? Хтось дуже розумний, читаючи Біблію, знаходив дещо краще, ніж було в тому вченні, в якому стояли на той час; він це своє «краще» виносив серед віруючих, знаходилися послідовники, відокремлювалися. Так з'являлась нова течія; але завжди все залишалося і залишається у рамках релігії, тобто поклоніння за тілом.

Спочатку реформи вели до суворості у служінні — чим суворіше, тим краще. Але зрештою від цієї суворості люди дуже втомилися та почали відпадати від віри. Знайшлися ті, що зрозуміли: так далі не можна, занадто великі йдуть втрати. Тому розвернулися в бік послаблення та почали «розкручувати гайки». Так, в результаті реформи у п'ятидесятників, коли пішло послаблення, утворилася нова течія, яка отримала назву харизмати. Вони — ті ж самі п'ятидесятники, але під іншою назвою. Служіння їх таке, що ще трішки й вони повністю зіллються з цим світом, який активно служить дияволу. Вони доводять себе до душевного екстазу, стрибаючи, танцюючи, крутячись під музику — майже не відрізнити від дискотек — таким чином залучається молодь. Дуже й дуже сумна картина, і це вважається служінням Богу!

Але є, звичайно, й ті, що зберігають суворі правила служіння за минулим образом, та все це — душевне поклоніння за тілом. Не може релігія зрозуміти та повірити, що не реформи потрібні, а потрібна **СМЕРТЬ ДЛЯ ЦЬОГО СВІТУ**.

Сучасні християни, вірніше ті, що привласнили собі це ім'я, вчення Господа відкидають в його основі, бо корінь чи ядро вчення Нового Заповіту у Христі Ісусі є жертва Господа на хресті. Згідно з їхніми вченнями, жертва Христа не має сили звільнити від гріха, гріх не знищується в людині — це і є згубні єресі, вірячи яким, люди відрікаються від Господа, що їх викупив. Адже, як вже й було викладено вище, для того

Христос і прийняв кров та тіло людське, щоб жертвою Своєю отримати перемогу над дияволом (Євр. 2:14) та знищити гріх в людині через віру в Нього (Євр. 9:25–28), звільнити людину від закону гріха та смерті (Рим. 8:1–2), явити в ній життя й нетління (2Тим. 1:9–10). Тоді людина стає **новим створінням** у Христі Ісусі, святою і праведною, старе (за Адамом) вмерло із Христом на хресті, його більше немає (2Кор. 5:17; Рим. 6:1–11, 5:17).

ХТО ПО ПРАВУ МОЖЕ НАЗВАТИ СЕБЕ ДОМОМ БОЖИМ?

«Отож, святі брати, учасники небесного покликання, уважайте на Апостола й Первосвященника нашого ісповідання, Ісуса, що вірний Тому, Хто настановив Його, як був і Мойсей у всім домі Його… Христос же, як Син, у Його домі. А дім Його ми…» (Євр. 3:1–6). Хто вони, ці «ми», що справедливо можуть називати себе: «А дім Його ми»? Інакше кажучи: хто, яке зібрання (спільнота) людей, об'єднаних **одним розумінням, однією вірою**, має перед Богом право стверджувати: ми — дім Божий, чи ми — Церква, Тіло Господа Ісуса Христа?

На сьогоднішній день Біблію переклали на сотні різних мов, всі читають одну Біблію, і на її основі виникли сотні тлумачень, часом дуже далеких одне одному. Чому так? На це питання дав дуже вичерпну і зрозумілу відповідь Сам Господь: «Чому мови Моєї ви не розумієте? Бо не можете чути ви слова Мого. Ваш батько — диявол, і пожадливості батька свого ви виконувати хочете. Він був душогуб споконвіку, і в правді не встояв, бо правди нема в нім. Як говорить неправду, то говорить зі свого, бо він неправдомовець і батько неправди» (Ів. 8:43–44). Сила неправди (перекрученого слова Бога) ясно розкриває себе тим, що все це діє в людях. Ця сила насправді є й діє, і це очевидний факт.

Біблія так просто і ясно говорить: «Кожен, хто робить переступ та не пробуває в науці Христовій, той **БОГА НЕ МАЄ**. А хто пробуває в науці Його, той має і Отця, і Сина» (2Ів. 9 вірш). Чи можна сказати більш дохідливо про небезпеку залишитися без Бога і опинитися у темряві вічної погибелі, ніж про це сказав апостол Іван цими словами? Відступити від вчення Ісуса Христа — означає залишитися без Бога, загинути в темряві. Хіба недостатньо цього розуміння, щоб прикласти всі зусилля та докопатися, розібратися, про що ж говорить вчення Ісуса Христа, щоб спастись і наслідувати життя вічне?

Але дияволу вдалося так заплутати людство хибними тлумаченнями Біблії, що йде повне відхилення від слова Божого та віри в Бога. Повною мірою справджуються слова Господа: «Увіходьте тісними ворітьми, бо просторі ворота й широка дорога, що веде до погибелі, — і нею багато хто ходять. Бо тісні ті ворота, і вузька та дорога, що веде до життя, — і мало таких, що знаходять її!» (Мт. 7:13–14).

Скільки таких людей, котрі стверджують, що ходять у світлі, мають спілкування з Богом, насправді ж повністю обдурені, ходять в темряві, зовсім не усвідомлюючи цього. Вони настільки засліплені, що коли їм говорять про істинне світло, вони дуже впевнено стверджують, що саме це і є темрява! Маючи таку здатність розуму, вони дуже наполегливо та емоційно зваблюють людей вченнями, які є темрява, а стверджують, що це світло від Бога. І збувається слово, сказане від давнини Духом Святим: «Горе тим, що зло називають добром, а добро — злом, що ставлять темноту за світло, а світло — за темряву... Горе мудрим у власних очах та розумним перед собою самим!.. — А Він проказав: Іди, і скажеш народові цьому: Ви будете чути постійно, та не зрозумієте, і будете бачити завжди, але не пізнаєте. Учини затужавілим серце народу цього, і тяжкими зроби його уші, а очі йому позаклеюй, щоб не бачив очима своїми, й ушима своїми не чув, і щоб не зрозумів своїм серцем, і не навернувся, і не був уздоровлений він!» (Іс. 5:20–21, 6:9–11; Мт. 13:13–17).

На сьогоднішній день так зване християнство розділене на безліч течій. В кожній течії Христос має свій **ОСОБЛИВИЙ ОБРАЗ**, який не підходить іншим. Саме в цьому суть розділення. Виражається воно у правилах і постановах, тісно пов'язаних з народними традиціями, тобто розділення базується на людських вченнях. Для одних — це суворі правила і закони, про які можна сказати одним словом: «не можна», дуже багато не можна; а для інших — це можна, але не можна те, що для тих можна — вічні суперечки між ними. Таким чином Христа перетворили на **ІДЕАЛ**, під який усі намагаються підлаштуватися, докладаючи багато зусиль, щоб стати такими, як їх ідеал. Але це нікому ніколи не вдається, бо ідеал без гріха, а вони з гріхом і звільнитися від нього ніколи не зможуть.

Але є й спільне в усіх християнських течіях: **ВСІ ЗГРІШАЮТЬ!** Тут розділення немає ніякого — усі грішать та згрішають, усі від одного кореня ростуть та підіймаються, і ніхто ніколи не може сказати: я святий, вільний від гріха, не грішу та не згрішаю. Саме цей корінь поєднує їх в одне ціле. Це вже зрозуміли, тому утворилось таке об'єднання під назвою Екуменічний рух (організаційно сформувався в

1948 році, коли було створено Всесвітню раду церков). При цьому стверджується, що безліч різних тлумачень і так званих церков — це добре та приємне Богу, збагачує своєю різноманітністю. Але біда в тому, що немає згоди: яка церква чи член якої церкви повинен стояти на чолі (православні ніколи не поступляться першістю католикам, адвентисти — баптистам...) — надто глибокі розбіжності у розумінні віровчення серед них; але грішать всі однаково — єдність все ж таки є.

Важливо зауважити, що релігія затверджує свою віру на чудесах, які є в будь-якій релігії. Якщо їх немає, то їх обов'язково вигадають, «до байок нахиляться» (2Тим. 4:4), щоб підтвердити та підкріпити істинність своєї віри.

ТАЄМНИЦЯ БЕЗСМЕРТЯ — У ЧИСТОМУ СЛОВІ БОГА

Але не чудеса і не знамення є критерієм правильної віри, а лише слово істини: «Не кожен, хто каже до Мене: Господи, Господи! увійде в Царство Небесне, але той, хто виконує волю Мого Отця, що на небі. Багато хто скажуть Мені того дня: Господи, Господи, хіба ми не Ім'ям Твоїм пророкували, хіба не Ім'ям Твоїм демонів ми виганяли, або не Ім'ям Твоїм чуда великі творили? І їм оголошу Я тоді: Я ніколи не знав вас... Відійдіть від Мене, хто чинить беззаконня!» (Мт. 7:21–23). Таємниця безсмертя, таємниця вічного життя полягає лише в чистім слові Бога, яке є Бог та було Бог від початку (Ів. 1:1–5). «Небо й земля проминуться, але не минуться слова Мої!», — сказав Господь Ісус Христос (Лк. 21:33). «А хто пробуває в науці Його, той має і Отця, і Сина» (2Ів. 9 вірш).

Саме **ПРО ЧИСТОТУ ТА НЕЗМІННІСТЬ СЛОВА ІСТИНИ** говорить уся Біблія від давнини: слово Бога чисте (Пс. 11 (12):7, 17 (18):31, 118 (119):138,140,142; Пр. 30:5–6), не додавай та не віднімай нічого від заповіді Господа (Повт. 4:2, 5:32–33, 13:1, 16:19–20), не звертай ні праворуч, ні ліворуч! (Іс.Нав. 1:6–9).

Новий Заповіт, вчення Господа нашого Ісуса Христа, проповідане святими Його апостолами, говорить: не перекручувати слова Божого, тому що перекручене слово не є вже слово життя від Бога (2Кор. 2:17, 4:1–3), не додавати та не віднімати від слів вчення Ісуса Христа (Об. 22:18–19). «Ісус Христос учора, і сьогодні, і навіки Той Самий!» (Євр. 13:8). У Бога нема переміни чи тіні відміни (Як. 1:17), слово Бога незмінне! (Тит. 1:1–3). «Та однако стоїть міцна Божа основа та має печатку оцю: «Господь знає тих, хто Його», та: «Нехай від неправди відступиться всякий, хто Господнє Ім'я називає!» (2Тим. 2:19), «додержуючи слово життя» (Фил. 2:16) — Слово, про яке говориться в 1Ів. 1:1–2.

Від самого початку в Едемському саду диявол перекрутив слово Бога; Адам і Єва повірили та прийняли неправду диявола — це і є гріх; сам гріх — це невіра чистому слову Бога. Так є до цього дня: гріх — це невірство чистому вченню Господа Ісуса Христа. Слово вчення Господа нашого перекручене безліч разів, відхилення від істини дуже велике, це і є вічна смерть в пітьмі, в озері вогненному, разом із дияволом та ангелами його! (Мт. 25:41,46).

ЄДНІСТЬ В ДОМІ БОЖОМУ

Все вчення апостолів дуже ясно говорить про єдність: «Одне тіло, один дух, як і були ви покликані в одній надії вашого покликання. Один Господь, одна віра, одне хрещення, один Бог і Отець усіх, що Він над усіма, і через усіх, і в усіх — …щоб більш не були ми малолітками, що хитаються й захоплюються від усякого вітру науки за людською оманою та за лукавством до хитрого блуду, щоб були ми правдомовні в любові, і в усьому зростали в Нього, а Він — Голова, Христос. А з Нього все тіло (підтверджується, що тіло одне, немає другого, третього, п'ятого, десятого тіла, як стало зараз багато тіл!), складене й зв'язане всяким допомічним суглобом, у міру чинности кожного окремого члена, чинить зріст тіла на будування самого себе любов'ю — ...аж поки ми всі не досягнемо **З'ЄДНАННЯ ВІРИ** й пізнання Сина Божого, Мужа досконалого, у міру зросту Христової повноти» — «Нехай вас не зводить ніхто удаваною покорою та службою Ангелам, вдаючися до того, чого не бачив, нерозважно надимаючись своїм тілесним розумом, а не тримаючись Голови, від Якої все тіло, суглобами й зв'язями з'єднане й зміцнене, росте зростом Божим» (Еф. 4:4–6,14–16,13; Кол. 2:18–19).

Апостол Павло переконував: «Тож благаю вас, браття, Ім'ям Господа нашого Ісуса Христа, щоб ви всі говорили те саме, і щоб не було поміж вами поділення, але щоб були ви поєднані в однім розумінні та в думці одній!.. — Чи ж Христос поділився?» — «А Бог терпеливости й потіхи нехай дасть вам бути **ОДНОДУМНИМИ** між собою за Христом Ісусом, щоб ви однодушно, одними устами славили Бога й Отця Господа нашого Ісуса Христа» — «Тільки живіть згідно з Христовою Євангелією... що ви стоїте **В ОДНІМ ДУСІ**, борючись однодушно за віру євангельську... — додержуючи слово життя... щоб думали ви одне й те, щоб мали ту саму любов (любов Христову, яка об'єднує тих, хто думає і вірить по істині: 2Кор. 5:14–15), одну згоду й один розум!» (1Кор. 1:10,13; Рим. 15:5–6; Фил. 1:27, 2:16,2). Із цих місць Писань випливає, що спільнота Христова — Церква (Тіло Самого Господа) є лише одна на цій землі, єдина за вченням істини Євангелії, про що ревно молився Господь наш Ісус

Христос перед Своїми стражданнями: «Не від світу вони, як і Я не від світу. Освяти Ти їх правдою! Твоє слово — то правда... Та не тільки за них Я благаю, а й за тих, що ради їхнього слова ввірують у Мене, щоб були всі одно: як Ти, Отче, в Мені, а Я — у Тобі, щоб одно були в Нас і вони, — щоб увірував світ, що Мене Ти послав. А ту славу, що дав Ти Мені, Я їм передав, **ЩОБ ЄДИНЕ БУЛИ**, як єдине і Ми. Я — у них, а Ти — у Мені, щоб були досконалі в одно, і щоб пізнав світ, що послав Мене Ти, і що їх полюбив Ти, як Мене полюбив» (Ів. 17:16–23). Вчення Господа нашого дуже ясно відкриває, що Господь один, вчення одне, віра одна, немає й не може бути ніякого розділення.

Отже, хто ж вони, яка спільнота віруючих може справедливо від Бога стверджувати: «дім Його — ми»? Питання не пусте, але дуже серйозне, серйозніше не буває. Бо якщо вони самі себе введуть в оману, стверджуючи, що вони дім Божий, а насправді це не так, то що на них чекає?

Отже, в Божому домі немає й не може бути розділення, бо Христос не розділився. Слово вчення чітко і ясно говорить про те, щоб усі були як одна душа і мали одні думки! Дім Божий є Церква (Тіло Господа), придбана Кров'ю Його (Дії 20:28), стовп та основа правди (1Тим. 3:15), де неприпустиме жодне викривлення правди. Чисте слово вчення є хліб та пиття віруючої людини, що пізнала правду (Ів. 6:48,51; 7:37).

Ми прийняли дорогоцінну віру по правді Бога нашого і Спасителя Ісуса Христа. Ця віра силою слова правди звільнила нас від закону гріха та смерті, зробила нас вільними від гріха, і ми стали святі та праведні у Христі та Христом (2Петр. 1:1–4; Рим. 8:1–2; Ів. 8:31–36). В нашому середовищі немає розділення, усі перебувають в правді, не перекручуючи слово. По праву від Бога **МИ — ДІМ БОЖИЙ**.

ЦЕЙ СВІТ І РЕЛІГІЯ

08
РОЗДІЛ

171 Що таке цей світ?

174 Релігія

182 Що очікує на цей світ?

«Ми знаємо, що ми від Бога, і що **ВВЕСЬ СВІТ ЛЕЖИТЬ У ЗЛІ** — Не любіть світу, ані того, що в світі. Коли любить хто світ, у тім немає любови Отцівської, бо все, що в світі: пожадливість тілесна, і пожадливість очам, і пиха життєва, це не від Отця, а від світу. Минається і світ, і його пожадливість, а хто Божу волю виконує, той повік пробуває!» (1Ів. 5:19, 2:15–17).

Віруючій людині дуже важливо та життєво необхідно знати, що таке цей світ! Як можна його любити чи не любити, якщо не розумієш, що таке цей світ, з чого він складається, як він себе проявляє? Як віруючому зрозуміти, вийшов він із цього світу чи все ще знаходиться в ньому? Велика темрява необізнаності з цього питання серед віруючих! Ніхто з них не визнає себе тим, хто знаходиться в цьому світі, бо всі вважають і вірують, що вийшли з нього, але насправді вони й складають цей світ та повністю живуть його життям! Хто ґрунтовно займається тим, щоб зрозуміти, що таке цей світ? Це питання є основоположним, від розуміння якого залежить життя та смерть людини, «бо минає стан світу цього» (1Кор. 7:31). Бути світові приятелем означає стати ворогом Божим (Як. 4:4). Коли любить хто світ, той не має любові Отцівської! А це означає, що минає стан цього світу, а разом із ним мине й людина, яка має один напрямок в житті — задовольняти смертне, тлінне тіло. Така людина не має майбутнього і опиниться в погибелі навіки, звідки нема вороття!

ЩО ТАКЕ ЦЕЙ СВІТ?

Багато віруючих розуміють цей світ так: якщо людина п'є алкоголь, палить, краде, веде розпусне життя, то це і є цей світ. Але якщо людина припинила все це робити і вірить в Бога, то вона вийшла з цього світу. Але чи так це насправді? Безперечно, перераховане, куди ще можна додати багато злих справ, властиве цьому світові. Але чи тільки ось такі вочевидь погані справи характеризують цей світ? Якби ж то було так, то було б просто і зрозуміло: робить злі діла — цей світ, робить добрі — не цей світ. Загалом так і розуміють, далі не заглиблюються, тому не можуть осягнути, що цей світ складається з **ДОБРА І ЗЛА!** Саме добро і зло — є прояв цього світу.

Починаючи від гріхопадіння Адама та Єви, цей світ почав формуватися поза Богом. Люди розмножувались; у різних народів стали з'являтися різні боги, і жоден народ не залишився без поклоніння своєму богові, без своєї релігії. Донині віра, поклоніння будь-чому є основою духовного життя цього світу. Без віри люди ніколи не жили. Починаючи з раннього дитинства, людина не може без поклоніння та віри, бо людина так створена, що шукає свою досконалість, наповненість, потребує завжди допомоги та підтримки; люди обов'язково вклоняються своєму богові, який є ідол. Богом, наприклад, може бути їхній автомобіль, домашня тварина, відомий артист, багатство, одяг або власне тіло, або... або... або... — цьому присвячує себе людина, цим зайняте її серце, в цьому сенс її життя!

Всі люди цього світу живуть вірою! Питання лише в тому: у що вірять?

По-перше, вірять в науку. Якщо вчені не можуть щось довести фізичними дослідами та підтвердити науковими дослідженнями, то ніколи цьому не повірять. Дуже багато таємниць природних явищ було дано розкрити людям, і цим вони повністю спокусились: немає ніякого Бога, все створилося само собою, природою. Це повне безумство!

Прагнення до знання породило страшенну марноту: людині потрібно все досліджувати, знати, досягати. Людству здається: ось ще цього досягнемо і тоді... але, досягнувши чергового «цього», всім стає зрозуміло, що потрібно й надалі досягати... починається гонитва, і чим далі, тим більше потрібно чогось нового. Життя людей на землі стало абсолютно неможливим без знання. Так захопились, створили та влаштували собі таку марноту, що взагалі нікому немає ні спокою, ні миру, ні радості в житті! Повністю виповнилося слово Писання: «...знікчемніли своїми думками, і запаморочилось нерозумне їхнє серце. Називаючи себе мудрими, вони потуманіли» (Рим. 1:21–22). «Світ мудрістю не зрозумів Бога в мудрості Божій... Цьогосвітня-бо мудрість у Бога глупота...» (1Кор. 1:21, 3:19). Тому віра цього світу — є безумство!

По-друге, вірять у політику, яка не від Бога, а від світу цього, навколо якої і діями якої керується та спрямовується людське суспільство у всіх державах. І в кожної держави своя політика, що виражається законами, які, здебільшого, порушуються. Зазвичай, політика проявляється брехнею, хитрістю, лукавством, спокусою, вигодою на свою користь, так що часом доходить до війни один проти одного. Сама ж влада від Бога встановлена (Рим. 13:1) для керування країною завжди на добро своєму народові, якщо дотримується Конституції — основного закону будь-якої держави.

По-третє, релігійна віра в Бога, яка діє незалежно від законів держави, відділена від держави, самостійно керує собою, суспільством. Християнська релігія має за основу віру в Біблію. Релігія тому називається релігією, що люди поклоняються Богу за тілом, душевно. До пришестя Христа, для правильного поклоніння, був даний від Бога Старий Заповіт — закон букви, на той час єдина правильна релігія від Бога у Ізраїля. Новий Заповіт даний для життя вже не за мертвою буквою, але за Духом Воскреслого з мертвих Ісуса Христа, Який став Духом, що оживляє все й оселяється у совісті людини (Кол. 1:26–28). Релігія не пізнала таємницю явлення Христа в цей світ, своїм плотським, душевним розумом перетворила і Новий Заповіт у закон мертвої букви: «Вони-бо, не розуміючи праведности Божої, і силкуючись поставити власну праведність, не покорились праведності Божій» (Рим. 10:3–4). Вчення християнської релігії таке: Бог — поза людиною, і людині самій потрібно справлятися з гріхом, боротися з ним і перемогти його. Бог же на небі, дивиться на людину; людина ж повинна старанно молитись і просити сили, просити допомоги, просити терпіння й лагідності, просити любові, і Бог людині дає.

Істина ж така: Бог не має нічого спільного з цим світом, Його немає в цьому світі, тому що весь світ лежить у злі, як Господь і сказав Своїм учням: «Коли вас світ ненавидить, знайте, що Мене він зненавидів перше, як вас… Як Мене переслідували, то й вас переслідувати будуть… Коли б Я серед них не вчинив був тих діл, яких не чинив ніхто інший, то не мали б гріха. Та тепер вони бачили, і зненавиділи і Мене, і Мого Отця» (Ів. 15:18–24). Хто зненавидів Христа й видав Його на розп'яття? — це зробила релігія! Вона відкинула

Христа, не прийняла Його й викинула зі свого середовища, видавши на розп'яття.

На цих трьох стовпах: наука, політика, релігія, стоїть і утверджується цей земний фізичний світ, тобто будь-яке вчення, будь-яка віра, яка не стоїть на чистому слові вчення Господа, складає цей світ.

РЕЛІГІЯ

«...Оці люди устами шанують Мене, серце ж їхнє далеко від Мене... Та однак надаремне шанують Мене, бо навчають наук — людських заповідей. Занехаявши заповідь Божу, передань людських ви тримаєтесь...» (Мк. 7:6–8).

В людському розумінні релігія пов'язана з Богом. Вона формує образ Бога, образ служіння та поклоніння Йому. Людина намагається бути побожною, своїми силами виконуючи те, що вимагає релігія. Але насправді люди в релігії обдурені: людина бажає доброго, але совість її залишається недоторканою, якщо Бог знаходиться поза людиною, а не в ній, то Він не може стати її життям та святістю. А коли людина знаходиться поза Христом, якою б хорошою вона не була — вона знаходиться у темряві! Таке поклоніння Богу своїми ділами і є релігійне поклоніння. Отже, перш ніж розмірковувати далі, роздивимось глибше, у чому суть релігії.

Будь-яка релігія містить у собі систему добра і зла, за допомогою якої функціонує все земне життя! Без релігії життя на землі було б просто неможливим, і саме це відкриває й доводить реальність діючого зла в людині. Ніхто з людей не хоче бути злим, але зло його захоплює, керує всупереч бажанню і хотінню людини — оскаржити цього ніхто не може. Життя людей доводить та показує: вчинивши злочин, людина, отямившись, не може зрозуміти, чому так зробила, глибоко шкодує, усвідомлює, що зробила зло, хоча й не хотіла: «Навіщо я так вчинила, навіщо таке зробила? Я не хотіла цього робити, я хотіла би бути іншою!» Цю свідомість дає людині релігія, закон, в якому так чи інакше вона була вихована, тому що в будь-яку людину, починаючи з дитинства, батьки вкладають розуміння, що «добре» і що «погано».

Цю систему пізнання добра і зла принесла у світ релігія. І хоча релігій у світі дуже багато (зокрема таких дуже великих релігій, як магометанство, буддизм, християнство), всі вони побудовані на одній основі: любити ближнього свого й ненавидіти ворога свого. В цьому дух релігії: вважати ворогами всіх не своєї віри! На релігійній основі, на славу своїх богів, йшли постійні війни між народами та племенами; коли одне плем'я або народ перемагав інший, тоді силою змушували приймати свою релігію під страхом смерті. У наш час «ненавидіти ворога свого» старанно затушовують, особливо християнська релігія, тому що Христос вчив: «люби й ворога свого», але це на практиці погано вдається, вірніше, зовсім не вдається, а тільки прикривається словами про любов, в дійсності це тільки лицемірство. В основі своїй між релігіями завжди є ворожнеча, хоча зовні це може бути майстерно приховано. «Ворог твій» — це завжди інша релігія, тому «ближній» — завжди люди однієї релігії.

Тут потрібно підкреслити й звернути увагу на цікавий факт, що вчення будь-якої релігії завжди стоїть на тому ж самому слові: «люби ближнього свого». Виходить, в цій релігії проповідують «люби ближнього», і в іншій — «люби ближнього», але зустрілись двоє з цих релігій, і вони вже «далекі» один одному, тобто вороги. І хоча ці двоє можуть сидіти десь поряд, але вони далекі один одному, розділені між собою, тому що вони з різних релігій. Саме це положення і стан відкривають і доводять духовний світ людей: фізично сидять поряд, їдять за одним столом, але духовно між ними безодня, вони дуже далеко один від одного. Але якщо один з них прийме релігію іншого, то вони стануть ближніми та будуть любити один одного, хоча фізично можуть знаходитись далеко один від одного, навіть в різних державах, але вони ближні, їх ніщо не розділяє. На одному сходовому майданчику живуть сусіди; якщо вони з однієї релігії — між ними згода, але якщо вони з різних релігій — вони вже далекі, чужі, розділені між собою. Виходить, що в них ніби різні духи, але це не різні духи, а той самий релігійний дух цього світу; сутність його така, що він складається з гордості, марнославства, шукання свого, лицемірства, ненависті й розділення. Ці властивості є природою цього духа. Цей дух живе в людині, і людина незмінно несе плоди цього духа, а це є розділення, ворожнеча, сварки, що й робить людей далекими, чужими одні одним. Сутність будь-якої релігії завжди одна й та ж: гордитися, знати більше, захопити владу, панувати, шукати собі вигоду та користь. Навіть в одній релігії, де люди ніби й одне, проте плоди ці незмінно являються, як би їх не приховували й не замазували.

Отже, в тій самій людині живе і зло, й добро, це і є одне ціле — закон земного життя, який визначило дерево пізнання добра і зла.

ОСНОВИ РЕЛІГІЇ

Релігія, з одного боку, інструмент стримування, з іншого — інструмент насильства, тому що забороняє робити те, що хотілося б людині. Релігія — закон, що твердо диктує, що можна і чого не можна. Порушуючи закон та правила своєї релігії, щиро віруюча релігійна людина розуміє, що порушує волю Бога, робить те, що не до вподоби Богові, і це усвідомлення викликає в людині таку муку, таке страждання, що ніяке релігійне керівництво так не може покарати, як це робить диявол за допомогою закону цієї релігії! Таким чином виконується слово Писання: «Жало ж смерти — то гріх, а сила гріха — то Закон» (1Кор. 15:56; Рим. 7:15–25).

Будь-яка християнська релігія окрім закону має ще й заповіді, які витікають із закону та не так твердо вимагають виконання, але чим краще ці заповіді виконуєш, тим це більше «до вподоби» Богу. Ці заповіді визначають ревність та старання членів спільноти. Закон є обов'язковим до виконання всіма, а заповіді закону ніби розмиті, мають простір, в якому можна бути кращим, вони дають можливість виділитися, опинитися серед особливо шанованих. Заповіді завжди пов'язані з традиціями. Традиції — та сама невід'ємна частина релігії. Традиції складаються на основі закону, виходячи з поведінки, стосунків між людьми, проведення служінь. Стає традицією: коли треба заспівати саме цей псалом, як починати й вести зібрання, як його закінчити. Стає традицією, коли і який слід носити одяг і, якщо трапиться, що хтось виявиться не в традиційному одязі на святі, на весіллі, на похованні, то хоч би це й не твердий закон, проте не заохочується. Такі традиції (коли та яку страву готувати, коли слід їсти це, а коли інше, виділення днів і так далі) і стають заповідями даної релігії.

Релігія завжди наказує вчиняти чесно у шлюбі, на роботі, в суспільстві — цим стримує людей від зла, яке в них живе та діє, люди ніби оточують себе парканом, який не дає йти туди, куди хотілося б! Прикладом, для ясності, може послужити огорожа навколо городу від худоби, яка хоче зайти на город та поласувати там. Якби огорожі не було, то худоба цим обов'язково скористалась би, але огорожа не пускає. Так і закон для людини — в людині діють бажання та хотіння, які тягнуть, штовхають до задоволення, наприклад, мати те, що мають інші (якщо не може придбати чесно, тоді шляхом нечесним), але... закон стоїть на варті, не пускає. Отож закон чинить гнів: бажаєш, але не можна! (Рим. 4:15). Худоба стоїть біля огорожі й бачить те, що вона хоче з'їсти, але не може зрозуміти, чому стоїть перешкода. Те, що зростає на городі, вабить, але огорожа не пускає. Потяг стає ще сильнішим, огорожа ще більше заважає! Нарешті, худоба починає шукати, як здолати перешкоду, і якщо рогами можна знести огорожу, то вона це обов'язково зробить або, якщо можна перелізти, перелізе.

Саме за таким принципом діє закон на людину, а почуття, бажання та хотіння людини за тим же принципом — проти закону. У міру загострення бажань людина обов'язково починає шукати, як і де можна обійти закон та, знайшовши можливість, обійде його! Таким чином закон стає безсилим (Рим. 8:3). Нарешті людина більше не витримує, бажання переборюють страх, людина відмовляється від стримуючого вчення й починає вільно виконувати свої бажання та хотіння.

РЕЛІГІЯ ОЗЛОБЛЮЄ ПРОТИ БОГА

Вважається, що людина, яка залишає релігійну спільноту, йде від Бога, перестає вірити в Бога. Для людей цієї спільноти так воно і є, тому що вони релігію пов'язують з Богом. Оголошуючи, що Бога немає, людина йде з релігії, яка саме до цього її й привела, тому що насправді в ній немає Бога! Істина в тому, що релігійні люди не пізнали Бога й не могли пізнати — цьому цілком завадила релігія, а спрямовував та вів цей процес диявол — ворог всякої правди! Люди в релігії були обмануті, думаючи, що вірять і моляться Богу, насправді ж не вірили в Бога, але вірили в образ Бога, створений релігією, думаючи, що це до вподоби Богові.

Спочатку диявол нав'язав людям релігійне поклоніння Богу, створюючи видимість віри й того, як догодити Богові: старанно виконуючи закони, людина бачить в тому велику любов до Бога. А з іншого боку, за допомогою закону всередині людини збільшуються пристрасті, хотіння й бажання: чим більше не можна, тим більше хочеться. Диявол таким чином вів та веде людей до все більшого спротиву Богові; людина стає озлобленою та пориває з релігією повністю, щоб одержати бажану свободу, але насправді підпадає під повну владу диявола.

Намагаючись скинути із себе ярмо релігії, ясно вимальовується, якою бажаною для людини є свобода! Вона прагне й хоче свободи, вона створена для неї, вона шукає й тягнеться до неї, але де вона і що таке свобода, людина не знає. І коли вона чує, що Бог дає істинну свободу («Де Дух Господній, там воля»: 2Кор. 3:17), то реагує на це мало не з жахом, тому що все пов'язане з Богом вона відносить до релігії, в якій вона дуже постраждала. Чуючи про Бога, людина думає, що треба повернутися назад в релігію, але цього вона не хоче! Це показує, наскільки людина отруєна й затемнена брехнею диявола, що вона й чути про Бога нічого не бажає.

Але насправді, навіть покинувши християнську релігійну спільноту, людина обов'язково залишається релігійною, тому що інакше з нею не може бути — вона потребує повноти, вона завжди шукає її, звідси її обов'язкова релігійність: вклонятися ідеалу й намагатися стати подібною до нього. Це і є земний душевний світ!

РЕЛІГІЯ — ЗЕМНЕ ВЧЕННЯ

Сама релігія у своїй суті є земне вчення, якому вірять та вклоняються. Коли людина віддає себе на те, щоб стати вірною цьому вченню, то на цій вірі вибудовується її життя та свідомість.

Наприклад, вчення про комунізм. Творці та послідовники цього вчення взагалі відкинули віру в Бога, стверджуючи, що Бога немає. Це потрібно було нечистому духу, щоб ті, хто вірить у комунізм, повністю та неподільно належали тільки йому, щоб поклонялись тільки цьому вченню й вірили тільки в нього. Саме вчення й віра в нього вже говорять про поклоніння. Питання — кому поклонятися? В кого вірити? Будь-яке вчення складається з правил та законів; і це доводить, що вчення про комунізм є такою ж релігією, вождів та творців якої шанували як богів. Хто пережив період розквіту релігії комунізму, той знає, як шанували ім'я і портрети Сталіна — вище та більше, ніж ікони у православній церкві; про нього співали, називаючи своїм сонцем, батьком та наймудрішим вождем. Коли ж викрили та оголосили його жахливу жорстокість, підступність, брехню та насильство, тоді зняли всюди його портрети й перестали йому поклонятися. Пізніше викрили й Леніна, який виявився не менш підступним, жорстоким та брехливим, ніж Сталін. Таким чином ця релігія розпалась, але не до кінця, залишились шанувальники, які продовжують їй вірити! Будь-яка партія, яка сьогодні існує, є релігією зі своїми правилами та законами, зі своїм вченням, в яке вірять, шанують та поклоняються творцям та вождям цієї партії, які і є її богами.

Але є люди, що не належать до жодної партії чи до релігії — то як їх розуміти? Так, таке буває, це означає, що знайшли свого особистого бога! Людина обов'язково потребує джерела, з якого б вона набиралася сили для свого буття, і це говорить про духовну сторону життя.

РЕЛІГІЯ — СИСТЕМА ДОБРА І ЗЛА

Читаючи історію людства з усіма її подіями, жахливими та добрими, дивлячись на цей світ сьогодні, неминуче постає питання: для чого Бог створив людину, або для чого людина взагалі існує? Невже тільки для того, щоб великою працею безлічі людей побудувати гарні будинки, цілі міста, потім одним махом, через війни, все знищити, щоб почати все спочатку? Знову все побудували, знову війна, знову все знищили, знову починають спочатку — адже це абсурдно! Але з покоління в покоління, від віку до віку все це повторюється знову й знову, і немає нічого нового, щоб було якось по-іншому, тільки способи знищення змінюються та все більше на користь найшвидшого знищення. Причиною всього є саме релігія!

Релігія несе в собі систему, за допомогою якої цей світ тільки й може існувати, але вона ж несе й систему ворожнечі: протягом століть ішли війни на релігійній основі в ім'я панування своєї віри. Скільки жорстокості, брехні та лицемірства проявили всі релігії. Добро і зло залишаються незмінними. Люди завжди проти зла, створюється видимість, що дуже хотіли б знищити всяке зло, але це неможливо! Зло і добро — одне ціле, релігія світу цього, одне без іншого не може бути й не буває. Зло необхідне для того, щоб могло проявлятись добро, інакше як би могло проявлятися добро? Так само необхідне добро, щоб могло проявлятися зло; саме за допомогою зла пізнається цінність добра. Вони одне ціле — дерево пізнання добра і зла! Це дерево від Бога, але воно виключає Бога та веде людину до того, що вона сама і є бог. І тільки явлення Ісуса Христа відкрило можливість перейти в Божественний світ через народження від слова істини та смерть із Христом на Голгофі; вихід з релігії, як із системи, із загону — це перехід з однієї сфери в іншу, зі смерті в життя.

ЩО ОЧІКУЄ НА ЦЕЙ СВІТ?

«А теперішні небо й земля… зберігаються для огню на день суду й загибелі безбожних людей» (2Петр. 3:7). «Не бариться Господь із обітницею, як деякі вважають це барінням, але вам довготерпить… День же Господній прибуде, як злодій вночі, коли з гуркотом небо мине, а стихії, розпечені, рунуть, а земля та діла, що на ній, погорять…» (2Петр. 3:9–14).

Тільки подумати, що чекає і що має статися з цим світом?! Слово Бога про це говорить: прийде день Господній раптово, коли менш за все будуть очікувати. «А про день той і годину не знає ніхто: ані Анголи небесні, ані Син, — лише Сам Отець» (Мт. 24:35–39). Отже, написано, що буде передувати цьому: «…і тривога людей на землі, і збентеження… коли люди будуть мертвіти від страху й чекання того, що йде на ввесь світ…» (Лк. 21:25–26). Хіба сьогодні вже все не так, як передбачив Господь та апостол Петро? Люди на землі постійно перебувають у страху від терористів: то тут, то там жахливі картини того, що відбувається... А катастрофи? — постійні катастрофи! Люди не мають надії.

«...з гуркотом небо мине, а стихії, розпечені, рунуть, а земля та діла, що на ній, погорять...» — «Небо й земля проминеться, але не минуться слова Мої!» (2Петр. 3:10; Мт. 24:35).

Однак сьогодні ще час благодаті, коли усім дана можливість вийти з цього світу, що гине, й отримати вічне життя. День спасіння ще триває, саме тому й стоїть ще цей світ, доки не ввійде повне число язичників. Отже, «примиріться з Богом!» (2Кор. 5:20) — заклик йде й сьогодні, доки час сприятливий: «Бо каже: Приємного часу почув Я тебе, і поміг Я тобі в день спасіння! Ось тепер час приємний, ось тепер день спасіння!» (2Кор. 6:1–2). Що ж потрібно робити людині, щоб примиритися з Богом? Це розкриває наступний розділ.

КРОКИ ВІРИ

09
РОЗДІЛ

- 187 Вибрання
- 189 Віра
- 193 Що таке гріх?
- 196 Покаяння
- 199 Народження згори (від Бога)
- 204 Обрізання в серці
- 205 Водне хрещення
- 207 Триматися віри
- 209 Немовля у Христі
- 214 Переможець наслідує все
- 220 Про пильнування
- 225 Молитва
- 230 Хрещення Духом Святим
- 233 Міра зросту Христової повноти

Шляхів у цьому світі є багато, якими ходять люди, але у нас є тільки один істинний шлях — Ісус Христос. Є багато так званих істин в цьому світі, яким вірять люди і довіряють, та в нас є тільки одна істина — Ісус Христос, Який виразив Себе словом Свого вчення. Є також багато різних вчень, які визначають, що таке життя, але в нас одне життя — Ісус Христос, яке також виражене в Його Слові. Слово Його вчення є Словом Бога, яке було у Бога від початку і було Бог, в якому схована таємниця безсмертя. До цього Слова Божого нема що додати та нема що відняти, воно чисте, воно і є Дух Святий. Якщо щось додати до нього — вже неправда, щось відняти — теж неправда. Бог є світло (правда) і немає в Ньому ніякої темряви (неправди) (Ів. 6:63; 1Ів. 1:5).

Господь наш Ісус Христос є дорога, і Він чітко і зрозуміло засвідчив, що прийти до Бога можливо тільки через Нього: «Я — дорога, і правда, і життя. До Отця не приходить ніхто, якщо не через Мене» (Ів. 14:6).

Істинна віра є тільки одна, Святе Писання так про це пише: «Один Господь, одна віра, одне хрещення» (Еф. 4:4–6). Щоб стати на цей єдиний вірний шлях, необхідно зробити правильні кроки: пізнати віру, звершити істинне покаяння, вмерти із Христом на Голгофі для цього світу, для себе, для всякої неправди і воскреснути із Христом в Небесному світі; народившись від Бога — почати жити тільки Христом, зростаючи в благодаті й пізнанні Господа.

ВИБРАННЯ

«Благословенний Бог і Отець Господа нашого Ісуса Христа, що нас у Христі поблагословив усяким благословенням духовним у небесах, так як вибрав у Ньому Він нас перше заложення світу, щоб були перед Ним ми святі й непорочні, у любові, призначивши наперед, щоб нас усиновити для Себе Ісусом Христом, за вподобанням волі Своєї» (Еф. 1:3–5).

Як зрозуміти, що Бог вибрав нас перше створення світу?

Ще ні земля не була створена, ані люди, взагалі нічого фізичного не існувало, проте у Бога Отця вже все було готове: нове небо, нова земля, святе місто Єрусалим і спасенні, які в ньому царюють із Христом! Як це можливо? Перш ніж створити землю та людину, Бог склав детальний план, все продумав, передбачив. Погляньмо на земний приклад: потрібно побудувати новий район міста. Спочатку архітектори все продумують, передбачають до найменших подробиць, створюють детальний проєкт, і тільки тоді розпочинається будівництво. Точно так і Бог: до того, як Бог розпочав творити, Він знав, скільки людей потрібно буде для будівництва Небесного Єрусалиму. Вже тоді Бог знав і бачив людські серця, як вони житимуть і чи захочуть знати про Бога, тому що Бог створив людину вільною особистістю, тому людина абсолютно вільна в своєму виборі, вільна сама вибирати свій шлях. Бог від початку знав, хто «будуть достойні того віку й воскресіння з мертвих» (Лк. 20:35). Шлях кожної людини був відомий Богові, про це так пише Давид: «...бо ще слова нема на моїм язиці, а вже, Господи, знаєш те все!.. Бо ти вчинив нирки мої, Ти виткав мене в утробі матері моєї... Мого зародка бачили очі Твої, і до книги Твоєї записані всі мої члени та дні, що в них були вчинені, коли жодного з них не було...» (Пс. 138 (139):4,13,16).

Детально продуманий план Бог почав втілювати: «...діла Його були вчинені від закладин світу» (Євр. 4:3). Бог «хоче, щоб усі люди спаслися, і прийшли до пізнання правди» (1Тим. 2:4), і зі Своєї сторони Бог зробив усе: в цей світ явився Христос і вмер за всіх людей для того, щоб спасти людство; Слово Євангелії проповідано по всій землі. Тепер вибір за людиною: зрозуміти, що є Бог, і шукати Його, і, якщо людина щиро зацікавилася, починає шукати — тоді Бог виходить назустріч і направляє до істини (Ів. 6:44). Людина починає серйозно досліджувати Писання, зустрічається з віруючими, відвідує їх зібрання; людині потрібно розмірковувати, вивчати — так заповів Господь (Лк. 11:9–10), прикласти зусилля, щоб зрозуміти віру, молитися і просити Бога, щоб відкрив правду — і Бог відкриється людині! Таким чином людина приходить до правильного покаяння і увірування, як написано: «Догодити ж без віри не можна. І той, хто до Бога приходить, мусить вірувати, що Він є, а тим, хто шукає Його, Він дає нагороду» (Євр. 11:6).

Але що відбувається з багатьма людьми? — слово істини не є їхнім фундаментом, і вони потрапляють в обман релігійних течій. Дехто побачив для себе вигоду перебувати в релігії і заради влаштування земного життя прийняв її; інші щиро трудяться в релігії і дуже сильно бажають спасіння, проте самі сліпі і йдуть за сліпим, а якщо сліпий веде сліпого — обоє до ями впадуть (Мт. 15:14). Коли таким людям говорять істину, вони не бажають слухати, заперечують, відкидають, тому що своїм плотським розумом створили собі образ святості й благочестя, який зовсім не схожий на істину. В кому ж живе

Христос, того не впізнають, так як ця людина не підходить під вигадані ними мірки зовнішнього благочестя.

Проте дорога до життя нікому не закрита. Всім людям однаково проповідано, кожен вільний навернутися до Бога, тому нікому з людей не буде виправдання — так говорить Слово Боже (Рим. 1:17–20). Нехай кожен щиро бажає пізнати Бога, і вірний Господь Своєму слову: «І Я вам кажу: просіть, — і буде вам дано, шукайте — і знайдете, стукайте — і відчинять вам!» (Лк. 11:9–10).

ВІРА

Слово Боже нам відкриває: «Тож віра від слухання, а слухання через Слово Христове» (Рим. 10:17) — «...А як увірують у Того, що про Нього не чули? А як почують без проповідника? І як будуть проповідувати, коли не будуть послані?» (Рим. 10:14–15). Слово істини проповідується по милості і по волі великого Бога до цього дня. Бог торкається серця людини, відкриває їй слух та розум, і людина замислюється й шукає Бога.

Розуміння духовного життя, яке не можна побачити і до якого не можна торкнутися, але яке все ж реальне, приходить від слухання слова Бога. Приходить усвідомлення того, що є інший світ — духовний, Божий, нетлінний, вічний, де царює мир, любов та правда. Шлях туди відкритий, і є можливість людині спастися від загибелі із цим світом і перейти в духовний світ Бога.

«Я — дорога, і правда, і життя. До Отця не приходить ніхто, якщо не через Мене» (Ів. 14:6). В словах «до Отця не приходить ніхто» показана необхідність йти: щоб прийти до Отця, необхідно пройти шлях. Існує тільки одна вже прокладена дорога, і вона одна веде до Бога. Про неї сказано так: «Увіходьте тісними ворітьми, бо просторі ворота й широка дорога, що веде до погибелі, — і нею багато хто ходять. Бо тісні ті ворота, і вузька та дорога, що веде до життя, — і мало таких, що знаходять її!» (Мт. 7:13–14; Лк. 13:23–24).

Ця дорога — Ісус Христос (Ів. 14:6). Чому вона так називається — зрозуміло, але як йти нею? Яка протяжність цієї дороги? Чим вона вимірюється: кілометрами, милями, чи…? Слід добре дослідити і зрозуміти цю дорогу, бо якщо цього не зробити, можна піти дорогою, яка веде повз Небесне Царство, або у зворотний бік; це досить часто трапляється в земному житті: запитали — відповіли невірно і показали дорогу зовсім не туди, куди потрібно. Пройшовши багато кілометрів цим шляхом, людина опинилася зовсім не там; потрібно повертатися, але втомлена і зовсім немає сили… Ось тому дуже й дуже важливо добре розібратися в правильності шляху, а це означає перебувати в науці Господній, і тоді «пізнаєте правду» (Ів. 8:31–32).

Дізнавшись про цю дорогу, людина розібралася, зрозуміла і вирішила нею йти. В земному розумінні — вирушила в дорогу ногами, крок за кроком. Але як рухатися дорогою, яка називається Ісус Христос — теж ногами? Якщо міркувати по-земному, то стає зрозуміло, що дорога, яка називається Ісус Христос, не кілометрами вимірюється. Ця дорога — не земна, вона — духовна; це означає, що нею потрібно йти крок за кроком духовно, точно не фізичними ногами. Але чи є «духовні ноги»? І якщо є, то якого вони розміру? Вони для всіх однакового розміру, і називаються вони **ВІРА**. Кожна людина на землі обов'язково через все своє життя крокує вірою: або широкою дорогою в смерть, про це сказав Господь, або вузькою дорогою в життя вічне і теж тільки вірою. Для людства є лише ці два шляхи: або шлях гріха та смерті у вічну темряву до загибелі, або шлях, який є Ісус Христос, через тісні ворота на вузький шлях, який веде в Царство вічного Бога, в безсмертя, «ногами» віри. Інших шляхів для людства не існує.

Життя кожної людини будується на вірі: вона вірить — інакше не може. Людина, яка втрачає сенс вірити, закінчує своє земне душевне життя самогубством, і це є остання її віра — вона вірить обману диявола, що це кінець її мукам, і тоді настане спокій. Причин для самогубства безліч: обдурена коханою людиною, не досягла своєї мети, гордість, яка робить людину абсолютно сліпою і не дозволяє їй далі жити, чи якесь горе в житті, великий борг, який нічим покрити, втрата сім'ї, роботи, тобто людина повністю втрачає віру, щоб жити далі. Для неї залишився останній крок її віри — померти.

Тому — завжди віра. Без віри немає руху, немає діла, немає життя. Що ж таке є сама віра? Про це Святе Писання так свідчить: «Тож віра від слухання, а слухання через Слово Христове» (Рим. 10:17). Немає слова — немає віри. Ось тому сама віра завжди є слово вчення. Віри немає без слова. Є слово Боже, але є й слово диявола та його вчення. Що людина приймає — в те слово, в те вчення вона вірить, це її віра. Це дуже ясно і зрозуміло можна побачити на прикладі Адама і Єви й того, що з ними сталося в Едемському саду: не було слова — не було віри; було суто душевне життя («і стала людина живою душею» — Бут. 2:7; 1Кор. 15:45), як і у тваринному світі (харчуватися, грати, спати), в ньому відсутня віра. Але коли Бог сказав слово — дав заповідь, зародилася віра. Слово Боже так навчає: «А я колись жив без Закону, але, коли прийшла заповідь, то гріх ожив... Але гріх, узявши привід від заповіді...» (Рим. 7:9,8). Ці слова вчення є початком духовних кроків людини, початком віри.

Звідки було взятися вірі в Євангелію про Небесне Царство, якщо б Господь, прийшовши в цей світ, Сам не розповів про інший, духовний світ? Але Христос приніс слово віри, як написано: «дорогоцінну віру...» (2Петр. 1:1). Про що говорять ці слова? — вчення Ісуса Христа і є тією дорогоцінною вірою в правді Бога нашого. Тільки дорогоцінна віра несе в собі таємницю спасіння, таємницю безсмертя Божого: мир, радість, праведність, святість, а в сукупності — любов і вічне блаженство.

Прийняти це слово віри і стати віруючою людиною — це здатність душі зробити такий крок. Але маси людей не повірили, тобто не прийняли слово віри, залишилися в невірстві Богу, вони вірять іншому слову, слову неправди.

Віра людини залежить від вчення, яке вона прийняла. Бог створив людину здатною відмовитися від однієї віри і прийняти іншу, яка стає її розумінням та мисленням. Прийнявши істинну віру, в людині змінюється погляд і розуміння, бажання та ціль — все змінюється.

«Догодити ж без віри не можна. І той, хто до Бога приходить, мусить вірувати, що Він є, а тим, хто шукає Його, Він дає нагороду» (Євр. 11:6).

ЩО ТАКЕ ГРІХ?

Дуже важливе питання, в якому насамперед потрібно ретельно розібратися — це питання гріха. В будь-якій релігії саме значення гріха, його суть, завжди прихована під різними розуміннями, які взагалі не гріх. Наприклад, в деяких релігіях заборонено дивитися телевізор, вживати вино і тому подібне, тому що це називають гріхом. Ось цим «не можна» релігійні християни борються проти особистих бажань, які не є гріхом і ніяк з ним не пов'язані. Справжній гріх, який є жалом смерті і який несе смерть, не бачать і не знають, а там, де немає гріха, то цілковито стверджують, що це гріх. Результат цьому такий: коли дійсно потрібно каятися, усвідомити гріх — ніколи не каються, а коли не потрібно каятися — дуже навіть каються, журяться і плачуть. На питання «що таке гріх» — відразу відкривають послання до Галатів і в п'ятому розділі читають: «Учинки тіла явні...». Якщо скажеш їм, що вони помиляються, що це не є гріхом — вони вкрай здивуються: «як не гріх?» й відразу вважатимуть, що ти заблукав і знаходишся в пітьмі. Але насправді вчинки тіла, які перераховані в п'ятому розділі до Галатів (Гал. 5:19–21), не є сам гріх, але є наслідок, результат гріха, його плоди. Сам гріх — в іншому.

Щоб в цьому розібратися, потрібно повернутись до самого початку, до Адама і Єви. Що саме стало гріхом проти Бога в Едемському саду? — невір'я (сумнів) слову, яке сказав Бог першим людям, віра брехні змія, який перекрутив, спотворив слова Божі і запропонував своє слово неправди. Через цю віру в перекручене, спотворене слово Бога, смерть отримала доступ до людини (Рим. 5:12) і стала її духовною суттю; і так продовжується до цього дня.

ЯК І ЧИМ ВИРАЖАЄ СЕБЕ ГРІХ?

Про те, що таке гріх, сказав сам Ісус Христос в Новому Заповіті: «про гріх, — що не вірують у Мене» (Ів. 16:9). Можна заперечувати: «Але ж всі течії християнства вірять в Нього. Половина населення землі, можливо й більше, носить ім'я — християнин; лише католиків більше мільярда — всі носять ім'я християни. Як це розуміти?» На це запитання відповідь така: всі течії християнства вірять в Ісуса Христа, в свій ідеал, який кожна релігійна течія собі створила, тобто створили свого Христа, та в істинного Христа, Який є Словом істини, не вірять. На сьогодні є: Христос — баптист, Христос — п'ятидесятник, Христос — суботник, Христос — харизмат, Христос — православний, Христос — католик і так далі. Але справжній Христос, Який є дорога, правда та життя, Він — один, тому віра теж тільки одна (Еф. 4:5).

Справжній гріх, про який сказав Ісус в Новому Заповіті, це коли людина вірить не слову Бога (Ів. 16:9). І звідси дуже зрозумілий висновок: якщо вірять не Христу, значить вірять дияволу, тобто неправді. Іншими словами, на сьогоднішній час диявол створив найрізноманітніші вчення і тлумачення, які всі хибні, тому що в них стверджують, що звільнитися від гріха — неможливо, що доки ти знаходишся у фізичному тілі — неможливо не грішити. В цьому є основоположне відхилення від чистого вчення Євангелії Ісуса Христа, тому що воно говорить про знищення гріха у совісті (сумлінні) (Євр. 9:26).

Якщо людина вірить неправильному вченню, не по Христу — віра така неістинна, хибна. Всяка неправильна віра є невір'ям Господу, Його Слову; всяка неправильна віра є перекручування слова істини, переступ вчення Ісуса Христа.

Така людина може залишитися без Бога, якщо порушує або переступає слово Христове, про це дуже зрозуміло пише апостол Іван у своєму другому посланні (2Ів. 9 вірш). Стає зрозуміло, що неправильна, хибна віра — це і є сам гріх. Неправильна віра — стан постійної гріховності в людині, звідси діла і плоди гріха, з якими вічна боротьба людини.

Звернемось до послання Галатам. В першому розділі мова йде про перекручену Євангелію: «Дивуюся я, що ви так скоро відхиляєтесь від того, хто покликав Христовою благодаттю вас, на іншу Євангелію, що не інша вона, але деякі є, що вас непокоять, і хочуть перевернути Христову Євангелію... — Бігли ви добре. Хто заборонив вам коритися правді? Таке переконання не від Того, Хто вас покликав. Трохи розчини квасить усе тісто!» (Гал. 1:6–7; 5:7–9). Галати прийняли інше переконання, і саме воно принесло свої плоди, які описані в Гал. 5:19–21. Що потрібно було Галатам зробити? Намагатися не робити діла плоті чи виправити віру і переконання? — звичайно, потрібно було очиститися від хибного вчення, навернутися до істинної віри, тоді діла і плоди явилися б інші.

Чим же сьогодні зайнятий весь релігійний світ? Очищення від хибної віри ніхто не шукає, але всі ведуть боротьбу з плодами і ділами гріха. Таким чином дияволу вдається сховатися під неправильною вірою людини і робити свою справу, йому це навіть дуже вигідно. Не розуміючи цього, люди думають, що мають правильну віру, тим не менше, немає кінця боротьбі із гріхами, з муками душі. До того ж, в усіх релігіях однаково: ніхто не може назвати себе святим, праведним, непогрішним, і це дійсно так. Гріх залишається всередині, плоди ж ззовні. Сьогодні ці плоди зрізали, викинули, а завтра знову — ось вони. І так нескінченно.

Що ж потрібно робити? — не з плодами і ділами боротися, а правильно, по істині увірувати в чисте, неспотворене вчення Христа. І перший крок, який потрібно зробити — правильне покаяння.

ПОКАЯННЯ

«...Прийшов Ісус до Галілеї, і проповідував Божу Євангелію, і говорив: Збулися часи, і Боже Царство наблизилось. Покайтеся, і віруйте в Євангелію!» (Мр. 1:14–15).

Головна або основна ціль приходу Ісуса Христа в цей світ — це проповідь Царства Божого. Лише сам Його прихід в цей світ вже відкриває нам про існування іншого, духовного світу, Небесного Царства, яке з цим фізичним, тимчасовим світом нічого спільного не має. В Небесному Царстві немає ніяких правил, законів, ніяких традицій — воно інше. В ньому діє закон Духа життя у Христі Ісусі (Рим. 8:2), який не має нічого спільного із земним законом, який наказує, що можна робити, а чого не можна. Водитися Духом Святим — ось що в Небесному Царстві має силу та владу: «Бо всі, хто водиться Духом Божим, вони сини Божі» (Рим. 8:14). І для цього потрібне народження від Бога, його творить Бог: «Захотівши, Він нас породив словом правди...» (Як. 1:18).

Щоб відбулося справжнє, істинне народження від Бога, необхідно правильно зробити перший крок. Якщо цей перший крок буде зроблено невірно, неправильно, то наступні кроки теж будуть невірними, напрямок буде викривлений.

Покаяння — дуже відповідальний перший крок, його потрібно зробити щиро, з повною вірою, повністю усвідомлюючи серйозність цього кроку. Покаяння має бути правильне, нерелігійне: курив, пив, блудив і так далі — каюсь, більше не буду. Це дуже поверхневе покаяння, воно не торкається самого кореня гріха — невір'я слову істини.

Як зрозуміти, чи правильно відбулося покаяння в людини? «Тож віра від слухання, а слухання через Слово Христове» (Рим. 10:17). Що ж людина чує? Вона починає чути про цей світ, про його стан і положення, і що він призначений вогню на смерть всіх грішників. Потім чує про Христа, Його явлення в цей світ для того, щоб спасти людей від загибелі. Буває, що людина, маючи вуха, не чує; Господь сказав: «Хто має вуха, щоб слухати, нехай слухає!» (Мт. 13:9). Якщо людина почула — це означає, що живе слово Бога потрапило в розум і серце. Заглиблюючись в Писання, вона починає розуміти і усвідомлювати про загибель, яка чекає на неї разом із цим світом. Вона повірила, не хоче загинути з цим світом, але хоче спастися — ось тут відбувається покаяння! Людина повністю відвертається від світу, натомість повністю навертається до Бога; вона розуміє: «Коли хоче хто йти вслід за Мною, хай зречеться самого себе, і хай візьме свого хреста, та й іде вслід за Мною. Бо хто хоче спасти свою душу, той погубить її, хто ж за Мене свою душу погубить, той знайде її» — «Ішло ж з Ним багато людей. І, звернувшись, сказав Він до них: Коли хто приходить до Мене, і не зненавидить свого батька та матері, і дружини й дітей, і братів і сестер, а до того й своєї душі, — той не може буть учнем Моїм! І хто свого хреста не несе, і не йде вслід за Мною, — той не може бути учнем Моїм!» (Мт. 16:24–25; Лк. 14:25–27). Тобто ніхто і ніщо не повинно бути перешкодою, стати попереду віри слову Господа. Людина приймає рішення йти за Христом («Бо кожен, хто покличе Господнє Ім'я, буде спасений»: Рим. 10:13), вона благає Ісуса: «Спаси мене! Я грішна в цьому світі, але повірила Тобі, прийшла до Тебе!» — відбулося покаяння.

Необхідно добре усвідомити, що означає відкинути себе — це стосується усієї віри та знань цього світу, тому що цей світ водиться духом диявола та переповнений вірою й знаннями! Це потрібно добре засвоїти, прийняти та повірити, щоб зі старого життя нічого не перенести в нове, інакше будуть серйозні проблеми. Наш Спаситель дуже зрозуміло виклав Своє слово: «Ніхто латки з одежі нової в одежу стару не вставляє, а то подере й нову, а латка з нової старій не надасться. І ніхто не вливає вина молодого в старі бурдюки, а то попориває вино молоде бурдюки, — і вино розіллється, і бурдюки пропадуть. Але треба вливати вино молоде до нових бурдюків» (Лк. 5:36–38).

За часів Івана Христителя люди йшли до нього хреститися у воді, сповідуючи в покаянні свої гріхи; фарисеї також йшли до нього, вони були обтяжені власними гріхами, але не хотіли відкривати їх і покаятися; Іван сказав їм: «Роде зміїний, хто вас надоумив утікати від гніву майбутнього? Отож, учиніть гідний плід покаяння!» (Мт. 3:5–12).

«...Щоб покаялися й навернулись до Бога, і чинили діла, гідні покаяння» (Дії 26:20). У чому ж виражаються діла, гідні покаяння? Людина, яка повірила, повинна примиритися з ображеними нею людьми, якщо такі є. Якщо вона винна комусь гроші, речі чи щось інше, то потрібно знайти тих людей, де б вони не перебували, покаятися перед ними, повернути борг і примиритися з ними! Можуть бути такі люди, які не захочуть зустрітися і поговорити — це залишиться їхньою проблемою, але людина, яка повірила, зі своєї сторони повинна все зробити по правді.

Отже, людині все прощено, вона чиста від усього свого минулого, старого життя, Бог не осуджує і не згадує минулого.

Але що далі? Людина повністю навернулася до Бога, зробила перший правильний крок в народженні від Духа Святого, але це не є ще самим народженням, тому що стара, грішна природа ще не вмерла (Ів. 12:24–25). Живучи старим, гріховним Адамом, людина буде знову й знову грішити.

НАРОДЖЕННЯ ЗГОРИ (ВІД БОГА)

Тепер давайте глибше розберемо питання народження від Бога. Тому що сказано: «Коли хто не народиться згори, то не може побачити Божого Царства» (Ів. 3:3).

Писання говорять: «Тому-то, як через одного чоловіка ввійшов до світу гріх, а гріхом смерть, так прийшла й смерть у всіх людей через те, що всі згрішили» (Рим. 5:12).

Народившись від душевного Адама, неможливо родитися іншим, тільки таким самим душевним, яким був і є сам Адам, тобто за родом своїм. Через все життя та існування цього світу дуже ясно бачимо, що все в цьому світі розмножується й примножується за своїм родом: кішка не може народити собаку, кінь не народить корову, тигр не народить лева! Все завжди за родом своїм, як писав про це Яків: «Хіба з одного отвору виходить вода солодка й гірка? Хіба може, брати мої, фігове дерево родити оливки, або виноград — фіги? Солодка вода не тече з солонця» (Як. 3:11–12). Так людина тілесна, душевна, не може народити когось іншого роду, не такого, як вона сама.

«Що вродилося з тіла — є тіло, що ж уродилося з Духа — є дух. Не дивуйся тому, що сказав Я тобі: Вам необхідно родитись згори. Дух дихає, де хоче, і його голос ти чуєш… Так буває і з кожним, хто від Духа народжений» (Ів. 3:6–8) — Господь ясно сказав і поклав основу: якщо людина народжена від Духа, вона чує голос Духа. Чуючи голос Духа, людині потрібно скоритися цьому голосу, виконуючи Його волю: «Бо всі, хто водиться Духом Божим, вони сини Божі… Сам Цей Дух свідчить разом із духом нашим, що ми діти Божі» (Рим. 8:14,16).

ЯК ВІДБУВАЄТЬСЯ НАРОДЖЕННЯ ЗГОРИ?

Чисте слово вчення нашого Господа є живим зерням Божим, яке народжує (1Петр. 1:23); «Захотівши, Він нас породив словом правди…» (Як. 1:18) — народжує тільки чисте слово Бога, неперекручене; тому, щоб звершилось народження, необхідно почути істинне, чисте слово, яке є живим Божим насінням, яке вічне! У всіх релігійних течіях, яких сьогодні тисячі, немає народження від Бога, тому що слово Бога невірно трактують, перекручують, тому слово вчення баптистів народжує баптистів, вчення адвентистів народжує адвентистів, вчення п'ятидесятників народжує п'ятидесятників, вчення харизматів — харизматів, все за родом своїм.

Щоб відбулося народження від Бога, необхідно повірити й прийняти чисте вчення нашого Господа Ісуса Христа, як про це сказав апостол Петро: «Симеон Петро, раб та апостол Ісуса Христа, до тих, хто одержав із нами дорогоцінну віру в правді Бога нашого й Спасителя Ісуса Христа...» (2Петр. 1:1). Приймаючи однаково з апостолами дорогоцінну віру в правді Бога нашого, ми «стали учасниками Божої Істоти, утікаючи від пожадливого світового тління» (2Петр. 1:4). Сутність Бога — це Його святість: «Будьте святі, Я-бо святий!» (1Петр. 1:15–16).

Чи може святий Бог народити несвяте, будучи Сам Святим? Ні! Бог народжує за образом Своїм — святе, чисте та праведне (1Ів. 3:9). Коли відбувається народження згори (від Бога), являється нове створіння, якого ніколи раніше не було. «Бо сили немає ані обрізання, ані необрізання, а створіння нове» — «Тому-то, коли хто в Христі, той створіння нове, стародавнє минуло, ото сталось нове!» — «Знаючи те, що наш давній чоловік розп'ятий із Ним...» (Гал. 6:15; 2Кор. 5:17; Рим. 6:6–7).

Що повинна зробити людина, щоб відбулося народження? — **ПОВІРИТИ В ГОЛГОФУ!** Не просто вірити в історію про Голгофу (гора недалеко від Єрусалиму, на якій були розп'яті Христос та двоє розбійників), тому що диявол підмінив саме слово про хрест, спасаюче від гріха, на історію, яка не спасає. А те, що звершилося для людства на хресті — втрачено. Як хреститися в смерть Христа, щоб справді вмерти із Христом для гріха, щоб з Ним бути похованим і з Ним воскреснути за духом, ставши новим створінням в Небесному Царстві вже сьогодні?

Людина абсолютно нічого не може зробити, щоб стати святою, праведною, а лише одне: чесно повірити всім своїм розумом та серцем в те, що звершив Бог у Христі і Христом! Підкреслимо, що саме звершилося для людства на Голгофі.

Перше: Христос пролив Свою Кров для знищення гріха: «Він тілом Своїм Сам підніс гріхи наші на дерево, щоб ми вмерли для гріхів та для праведности жили» (1Петр. 2:24).

Більше того, написано: «Він з'явився один раз на схилку віків, щоб власною жертвою знищити гріх» (Євр. 9:26). Тож на Голгофі жертвою Ісуса Христа ми назавжди звільнились від гріха (Рим. 6:22). Закон духа життя у Христі Ісусі звільнив нас від закону гріха та смерті (Рим. 8:2).

Друге: Своєю смертю на хресті Господь знищив стару природу за Адамом — життя в гріху і невір'ї Богу (Рим. 6:6). Як ми могли бути розп'яті з Христом так, щоб наша стара, гріховна природа (життя за Адамом) була знищена, тобто вмерла? Адже розп'яття Христа відбулося близько двох тисяч років тому, як же ми були розп'яті з Ним? Тут і захована таємниця народження нового створіння: всі ми були вкладені в Христа Богом, Його Батьком, ще до створення світу: «А з Нього ви в Христі Ісусі...» — «Що нас спас і покликав святим покликом, не за наші діла, але з волі Своєї та з благодаті, що нам дана в Христі Ісусі попереду вічних часів. А тепер об'явилась через з'явлення Спасителя нашого Христа Ісуса, що й смерть зруйнував, і вивів на світло життя та нетління Євангелією» (1Кор. 1:30; 2Тим. 1:9–10). Ще до створення цього всесвіту у Бога вже був готовий план для спасіння людства: «Так як вибрав у Ньому Він нас перше заложення світу, щоб були перед Ним ми святі й непорочні, у любові» (Еф. 1:4). Тобто Всемогутній Бог, віддавши Христа на розп'яття, віддав на розп'яття весь світ за Адамом, за старою природою; тому, коли Христос був розп'ятий на хресті, від Бога і ми були в Ньому розп'яті, хоча нас ще не було на землі, проте від Бога наше розп'яття з Христом звершилося, і це ми прийняли вірою!

Чи можемо ми грішити? — звичайно, ні! Чому? Старої гріховної природи від Адама більше немає — хто ж буде грішити?

Третє: через смерть Ісуса Христа ми вмерли для закону букви, тому він не має над нами ніякої влади! Зрозуміти це питання дуже важливо, тому що жало смерті — гріх, а сила гріха — закон (1Кор. 15:56). Апостол Павло пише: «І Він нас зробив бути здатними служителями Нового Заповіту, не букви, а духа, бо буква вбиває, а дух оживляє» (2Кор. 3:6). «А тепер ми звільнились від Закону, умерши для того, чим були зв'язані, щоб служити нам обновленням духа, а не старістю букви» (Рим. 7:1–6). Якщо хто не зрозумів питання «кінець Закону — Христос» (Рим. 10:4), той ніколи не зможе мати праведності Божої, закон цього не дозволить (про це докладно розкрито в розділах про закон і Христа).

Отже, послідовне прийняття вірою звершеного на Голгофі: визнати себе розп'ятим і мертвим на хресті разом із Христом; поховати себе разом з Ним у водному хрещенні і воскреснути разом з Ним силою Духа Святого для нового життя — це і є народження згори, яке відбувається в нашому дусі, тобто в совісті людини. Наш дух народжується від Божого Духа, і ми стаємо Його дітьми, оправданими воскресінням Ісуса Христа (Рим. 4:25), викупленими дорогою ціною, і ми вже не свої (1Кор. 6:19–20). Ми стали святими, вибраними в Його спадок, щоб провіщати досконалості Того, Хто нас покликав із темряви до дивного світла Свого (1Петр. 2:9–10). Тепер ми живемо лише нашим духом, діємо за духом.

«...Хто приймає рясноту благодаті й дар праведности, запанують у житті через одного Ісуса Христа» (Рим. 5:17).

ОБРІЗАННЯ В СЕРЦІ

«Бо не той юдей, що є ним назовні, і не то обрізання, що назовні на тілі, але той, що є юдей потаємно, духово, і обрізання — серця духом, а не за буквою; і йому похвала не від людей, а від Бога» (Рим. 2:28–29).

Християни — вибраний Божий народ, відділений від цього світу; Ісус Христос віддав Себе за нас, щоб врятувати нас від усякого беззаконня і очистити Собі народ особливий, ревний до добрих діл (Тит. 2:14). З Авраамом було так само, спочатку його спадкоємці були вибрані за тілом (тимчасово, як власний народ) для прикладу на майбутнє, що справжні спадкоємці будуть за вірою! Тому всяка людина, яка повірила Євангелії, належить Христу. Через смерть Ісуса Христа, вмерши з Ним на Голгофі, людина виходить із цього світу (відділяється) — це і є власний народ, тобто відділений від цього світу, святий.

Смерть для цього світу та народження від Бога і є обрізанням, зробленим не руками, а Самим Богом в людському серці.

«Ви в Ньому були й обрізані нерукотворним обрізанням, скинувши людське тіло гріховне в Христовім обрізанні. Ви були з Ним поховані у хрещенні, у Ньому ви й разом воскресли через віру в силу Бога, що Він з мертвих Його воскресив. І вас, що мертві були в гріхах та в необрізанні вашого тіла, Він оживив разом із Ним, простивши усі гріхи» (Кол. 2:11–13).

В Старому Заповіті було так: хто хотів стати ізраїльтянином, повинен був спочатку обрізатись, і тільки тоді його приймали до спільноти ізраїльтян. Так і сьогодні, щоб стати членом Церкви, потрібне нерукотворне обрізання. Хто вмер із Христом на Голгофі, вийшов із цього світу, відділився, став святим, тому що воскрес із Христом для нового життя в

Небесному Царстві — той став громадянином зовсім іншої, неземної країни! Печатка цьому — водне хрещення. Прийнявши водне хрещення, стає членом Тіла Христового, вступив в завіт з Господом і дав обіцянку на все життя підкорятися й служити Господу чистою совістю (сумлінням).

ВОДНЕ ХРЕЩЕННЯ

Водне хрещення — це є слово Бога, Його повеління, і є «не тілесної нечистоти позбуття, але обітниця Богові доброго сумління, спасає тепер і нас воскресенням Ісуса Христа» (1Петр. 3:21–22).

Людина ставить крапку в своїй вірі своїм похованням разом із Христом у водному хрещенні. Все це є вірою слову Ісуса Христа: «Чи ви не знаєте, що ми всі, хто хрестився у Христа Ісуса, у смерть Його хрестилися? Отож, ми поховані з Ним хрещенням у смерть, щоб, як воскрес Христос із мертвих славою Отця, так щоб і ми стали ходити в обновленні життя. Бо коли ми з'єдналися подобою смерті Його, то з'єднаємось і подобою воскресення, знаючи те, що наш давній чоловік розп'ятий із Ним, щоб знищилось тіло гріховне, щоб не бути нам більше рабами гріха, бо хто вмер, той звільнивсь від гріха!» (Рим. 6:3–7).

Водне хрещення — печать, яка засвідчує віру людини. Щоб краще зрозуміти це дуже серйозне і одне з основних питань життя, скажемо образно: пишеться той чи інший документ; коли документ готовий, правильно і відповідно до правил оформлений, необхідна печатка, яка підтвердить цей документ. Без такої печатки документ не має сили і його ніде не приймуть в дію, але коли стоїть печатка, то документ дійсний і має силу.

Отже, коли ми навернулись і повірили Богу, ми починаємо писати документ. Коли людина покаялася, вірою прийняла смерть своєї гріховної природи на хресті разом з Господом і воскресіння з Ним новим створінням — документ написаний, потрібна лише печатка, яка і є водним хрещенням: обіцянка Богу доброї, чистої совісті назавжди!

На сторінках Біблії нам залишені приклади, як варто звершувати водне хрещення. Його проводили там, де було багато води (Ів. 3:23): річка, озеро чи водойма, куди можна зайти обом. «І обидва — Пилип та скопець — увійшли до води, і охрестив він його» (Дії 8:38), тобто необхідно, щоб обоє — той, хто має хреститися, і той, хто здійснює хрещення — могли увійти у воду, і той, хто хреститься, міг повністю зануритись у воду.

Водне хрещення є підтвердженням віри ділом: поховання старої гріховної природи, що померла із Христом на хресті. Вийшовши з води, людина стає новим створінням, життя якого відтепер — Христос, вона належить вже не собі, а Богу. Зрозумівши значення і важливість хреста і свою смерть з Господом на ньому, людина з вірою визнає: Ісус Христос — моє життя; іншого життя не визнаю і не приймаю.

Водне хрещення є свідченням того, у що людина повірила, дала обіцянку Богу назавжди: не на місяць, не на рік, не на десять років, але на все своє життя — ходити перед Богом, жити Богом, служити Богові доброю, чистою совістю! (1Петр. 3:18–22). Якщо потім людина порушує чи відступає від своєї обіцянки, то вона робить себе винною перед Богом, робить сама себе недостойною Бога, не зберігши вірність Богу. Куди це приведе — всім зрозуміло.

ТРИМАТИСЯ ВІРИ

Христос сказав: «Майте віру Божу!» (Мр. 11:22). Віра Божа завжди основується на чистому слові Бога. На все, що написано в Писанні, вона твердо, без будь-яких сумнівів відповідає: «Амінь!». Якщо написано, що «наш давній чоловік розп'ятий із Ним, щоб знищилось тіло гріховне», то віра це так і приймає та говорить: «Амінь! Я розп'ятий із Христом, вмер із Ним, і тіло гріховне знищене. Господи, слава Тобі!». Але тут піднімаються почуття, які ще не навчені розрізняти, не наповнені Христом, та ними ще користується диявол, який обов'язково буде показувати на прояви плоті: «Де ж ти розп'ятий? Ось ти живий і грішиш». І тут необхідно твердо стояти у вірі! «Бо нею засвідчені старші були. Вірою ми розуміємо, що віки Словом Божим збудовані, так що з невидимого сталось видиме. Вірою Авель... Вірою Енох... Вірою Ной... Вірою Авраам... Догодити ж без віри (Богові) не можна...» (Євр. 11:2–10). Який приклад віри залишив нам Авраам? Авраам вірив повною, досконалою вірою і не мав жодних сумнівів, і Бог цю віру в ньому випробував, повелівши принести Богу в жертву Ісака, свого сина, якого він чекав двадцять п'ять років (Бут. 22:1–24). Що ж Авраам? Як він себе повів? Ніяких сумнівів!!! І тіні спротиву!!! Авраам вірив — обіцянки Бог не порушить, але виконає. За таку вірність і непохитну віру Авраам був названий другом Богу (Як. 2:23). Немає ніякої іншої суті і значення для Бога й перед Богом, як тільки віра Йому, така віра, яку мав Авраам.

«А віра — то підстава сподіваного, доказ небаченого» (Євр. 11:1), тобто: сподіваного чи того, на що надієшся, ще не бачиш, воно ще не прийшло, та «ми в дусі з віри чекаємо надії праведности» (Гал. 5:5). Це і є віра — вона тримається за слово, як написано, доки не здійсниться, а здійсниться обов'язково, тому що це Божі обітниці, в яких Богу неможливо сказати неправду (Євр. 6:17–18). Бог вірний Своєму слову, що пообіцяв — виконає. Маючи навколо себе таку кількість свідків віри (як описано в 11 розділі послання до Євреїв), скинемо з себе всякий тягар та гріх, що обплутує нас — невір'я, будемо з терпеливістю проходити шлях, який перед нами; — нехай серце вам не тривожиться, ані не лякається, бо вірний Бог! Бог не чоловік, щоб неправду казати, і Він не син людський (народжений в тілі і з тіла), щоб Йому жалкувати. Чи ж Він був сказав — і не зробить, чи ж Він говорив — та й не виконає? (Євр. 12:1–3; Ів. 14:1,27; Чис. 23:19). Написано: «Коли хто в Христі, той створіння нове, стародавнє минуло, ото сталось нове!» (2Кор. 5:17). Віра мовить: «Амінь! Я — нове створіння у Христі, старого Адама більше немає, він вмер і похований із Христом». «Царство Небесне здобувається силою, і ті, хто вживає зусилля, хапають його» (Мт. 11:12) — віра скаже дияволу: «Відійди від мене, сатано, я будую на вірі, написано, що Бог зарахує мені цю віру». Про що говорять слова: «стійте у вірі», «змагай добрим змагом віри», «пробуваєте в вірі тверді та сталі», «віру зберіг»? (1Кор. 16:13; 1Тим. 6:12; Кол. 1:23; 2Тим. 4:7) — говорять саме про те, що потрібні зусилля, щоб встояти і твердо стояти у вірі. Зусилля потрібні не для того, щоб боротися з гріхами, як цього вчить релігія, але для того, щоб непохитно стояти вірою на обітницях Божих і не давати місця сумнівам! Тому, коли почуття йдуть всупереч словам Божим, тобто всупереч вірі, то їх необхідно рішуче відкидати і не йти за ними. Завжди потрібно пам'ятати: закону немає, осуджувати нікому! Та при цьому твердо свідчити: «Господи, славлю Тебе, Ти і за ці мої діла вмер і заплатив повністю та не засуджуєш мене,

КРОКИ ВІРИ

а виправдовуєш» (Рим. 8:33–34). Отже, віра, щоб було по милості (Рим. 4:16), тому що у Христі Ісусі закон букви нічого не вартий, тільки віра, що чинна любов'ю (Гал. 5:6; 6:15–16).

НЕМОВЛЯ У ХРИСТІ

«Через те відтепер ми нікого не знаємо за тілом; коли ж і знали за тілом Христа, то тепер ми не знаємо вже! Тому-то, коли хто в Христі, той створіння нове, стародавнє минуло, ото сталось нове!» (2Кор. 5:16–17).

Народжена від Бога людина — духовне дитя. В чому проявляється це дитинство? Як і фізична дитина — вона немічна, безпомічна, яка потребує постійного піклування. Писання говорить: «І я, браття, не міг говорити до вас, як до духовних, але як до тілесних, як до немовлят у Христі. Я вас годував молоком, а не твердою їжею, бо ви не могли її їсти, та й тепер ще не можете…» (1Кор. 3:1–3) — що означають слова «бо ви не могли»? В посланні до Євреїв апостол Павло пише: «Бо хто молока вживає, той недосвідчений у слові правди, бо він немовля» (Євр. 5:13). Це означає, що немовля може перекрутити, неправильно тлумачити слово, повірити хибному тлумаченню; вчинки та діла немовляти — тілесні, тобто, як фізичне немовля ходить в штанці, так і духовне немовля чинить за тілом. Чи можна немовля у Христі звинувачувати чи засуджувати за вчинки і діла за тілом та карати за них? — ні, ні в якому разі! Ми померли для закону тілом Христовим, ми більше не під законом (Рим. 7:4–6), тому немовлята ніяк не можуть бути осуджені

(Рим. 8:33–34), але їм належить освячуватися (1Кор. 1:30). Іншими словами, немовлятам потрібно правильно харчуватися, наповнюватися чистим словесним молоком, щоб правильно рости (1Петр. 2:1–2) та у міру зросту очищатися від усього тілесного.

Від чого зростає фізична дитина? — від правильного харчування вона набирає вагу, ростуть кістки, розвивається мозок, слух, зір... Від чого зростає духовне немовля у Христі? — від правильного харчування, наповнення словом істини. Дитина повинна зростати і зміцнюватися в благодаті, у вірі, у слові, в почуттях, навчених звичкою розрізняти добро і зло (Євр. 5:14). Тобто розуміти, що у Христі — оправдання, а не осуд (2Петр. 3:18). Про те, що християнину потрібно рости і зростати, Писання ясно відкриває: «А путь праведних — ніби те світло ясне, що світить все більше та більш аж до повного дня!» (Пр. 4:18; Еф. 4:13,15–16; Фил. 1:9–11; Кол. 1:10 і інші).

ЗРІСТ ТА ОСВЯЧЕННЯ

Коли людина повірила та народилася від Бога, диявол втратив насиджене ним місце в совісті (сумлінні), та це не означає, що він повністю залишив людину, він продовжує переслідувати і, коли можливо, шукає, як вплинути на людину через тіло, яке ще мертве через гріх, як написано: «А коли Христос у вас, то хоч **ТІЛО МЕРТВЕ ЧЕРЕЗ ГРІХ**, але дух (совість людини) живий через праведність» (Рим. 8:10). Тілу потрібно ще «ожити», тобто повністю підкоритися Духу, про це так написано: «...Той, хто підняв Христа з мертвих, оживить і смертельні тіла ваші через Свого Духа, що живе в вас» (Рим. 8:11). Далі написано: «Тому-то, браття, ми не боржники тіла, щоб жити за тілом; бо коли живете за тілом, то маєте вмерти, а коли духом умертвляєте тілесні вчинки, то будете жити» (Рим. 8:12–13). Хоч віра немовляти досконала в міру віку, але необхідно пильнувати, бути завжди уважними до проявів плоті, тому що диявол «ходить, ричучи, як лев, що шукає пожерти кого» (1Петр. 5:8). Він невідступно шукає, чим вловити дитину, спокушаючи через тіло, дуже добре знаючи її «вразливі місця», користується недосвідченістю немовляти у вірі. В першому посланні апостола Петра написано: «Благаю вас, любі, як приходьків та подорожніх, щоб ви здержувались від тілесних пожадливостей, що воюють проти душі» (1Петр. 2:11). Таким чином диявол ззовні може збуджувати душу повернутися назад, спокушаючи її задовольняти свою пожадливість тіла і пожадливість очей, якими вона жила до увірування. Апостол Петро пише про немовлят: «Отож, відкладіть усяку злобу, і всякий підступ, і лицемірство, і заздрість, і всякі обмови... жадайте щирого духовного молока, щоб ним вирости вам на спасіння» (1Петр. 2:1–2). Суперечки та розбіжності теж можуть проявлятися від старого життя, про це також писав апостол Павло у своєму першому посланні до Коринтян (1Кор. 3:1–4). Але немовлята не засуджуються, тому що немає закону. По мірі зростання і пізнання ці явища просто відпадають.

Євангелія навчає, що наше освячення є Христос (1Кор. 1:30). Він — наш зріст і освячення, Христос очищає і освячує нас. Від нас потрібна лише віра і згода. Людина, яка увірувала по правді, радіє в своїй вірі: вона — немовля у Христі, досконала, свята, оправдана, іншого не розуміє, тому що Господь смертю на Голгофі звільнив її від закону. Немовля радіє від Духа Божого, Якого переживає в собі, а те, що ще в житті є багато проявів плоті, не бачить, не переживає, про це апостол Павло написав коринтянам (1Кор. 3:1–4). Дитині у Христі не варто ніяк себе контролювати, вишукуючи в собі недоліки, мучитися, засуджувати себе — щирому немовляті нічого пред'явити чи звинуватити. Дитина радіє, тішиться, наповнюється чистим словесним молоком (їсть), і раптом відкриваються її очі та розум, і бачить, що тут розуміла невірно, отже і діяла невірно, і говорила неправильно! Чому раптом дитина це зрозуміла? Це Господь просвітив і відкрив її очі та розум, вона підросла до цього відкриття, розуміє та з радістю приймає очищення від Господа. Немовляті здається, що воно вже зросло, тепер воно вже знає і розуміє, дуже радіє цьому, та проходить час, і раптом знову йому відкривається неправда в розумінні слова та у вірі, і так до повного зросту, до повного очищення.

Народженій від Бога людині дано самій контролювати та займатися своїм тілом: «Щоб більш не були ми малолітками, що хитаються й захоплюються від усякого вітру науки за людською оманою та за лукавством до хитрого блуду, щоб були ми правдомовні в любові, і в усьому зростали в Нього, а Він — Голова, Христос… Отже, говорю я це й свідкую в Господі, щоб ви більш не поводилися, як поводяться погани в марноті свого розуму… вони отупіли й віддалися розпусті… Але ви не так пізнали Христа» (Еф. 4:14–23). Треба позбутися, за вашим попереднім життям, старої людини — повеління сказане точно дитині Божій, від Нього народженій; пізнаючи і навчаючись істини, вона повинна керувати своїм тілом, щоб воно ставало святим та праведним! Лише тоді людина готова до приходу Христа. Людське тіло зміниться у Христі точно в таке тіло, яке було у Христа після воскресіння.

Бог постійно спостерігає за життям Своїх дітей: наскільки полюбили і люблять Бога, як прикладають зусилля, як довіряють Божому водінню. Бог не буде робити те, що повинна робити людина сама. Бог чекає, щоб душа стала слухняною перед Ним у молитвах, віддаючи себе повністю водінню Божому, щоб Він діяв через неї. Сказано прямо: «Повіддавайте ваші тіла на жертву...» (Рим. 12:1). Бог не буде примушувати людину; вона сама повинна прикладати зусилля, ревно трудитися, займатися собою, вдягаючись у праведність: «Коли знаєте, що Він праведний, то знайте, що всякий, хто чинить справедливість, народився від Нього» (1Ів. 2:29).

Духовний зріст віруючої людини вимірюється повнотою освячення, чистотою віри, праведністю і святим життям, тобто — наскільки Христос володіє людиною, наскільки керує і направляє її (Рим 8:14), коли й тіло повністю покірне совісті, духовному життю людини. Яків так про це пише: «Коли хто не помиляється в слові, то це муж досконалий, спроможний приборкувати й усе тіло» (Як. 3:2). Розпочинає він так: «Не багато хто ставайте, брати мої, учителями... Бо багато ми всі (як недосвідчені) помиляємось... в слові», бо хто молока вживає, той недосвідчений у слові правди (Як. 3:1–2; Євр. 5:13). І якщо тепер недосвідченого в слові правди зробити вчителем (а на практиці так часто трапляється), що буде? — багато наробить біди!

В дитячому віці завжди є небезпека відхилитися від істини. Про це Яків говорить в п'ятому розділі: якщо хто відхилився від істини, такого потрібно повернути назад, тому що він згрішив! Згрішити за Новим Заповітом — це опинитися в неправді, обманутися у вірі, прийняти те чи інше людське вчення — все це може трапитися з немовлям, яке недосвідчене в слові правди. Таке положення описане апостолом Павлом в посланні до Галатів, в ньому говориться про те, що Галати згрішили і відхилилися від правди.

Тому давайте поспішимо зростати, щоб не залишатися немовлятами, що хитаються й захоплюються від усякого вітру науки за людською оманою та за лукавством до хитрого блуду (Еф. 4:14), спішімо пізнавати Сина Божого, щоб вирости в міру зросту Христової повноти (Еф. 4:13). Вічне життя наслідує праведний і святий — до цього повинні прийти всі, це відповідальність кожної людини, як написано: «Тому, браття, тим більше дбайте чинити міцним своє покликання та вибрання, бо, роблячи так, ви ніколи не спіткнетесь. Бо щедро відкриється вам вхід до вічного Царства Господа нашого й Спасителя Ісуса Христа» (2Петр. 1:10–11).

ПЕРЕМОЖЕЦЬ НАСЛІДУЄ ВСЕ

«Переможець наслідить усе, і Я буду Богом для нього, а він Мені буде за сина!» (Об. 21:7). Що ж переможцеві потрібно перемогти? Писання говорить: «Не любіть світу, ані того, що в світі. Коли любить хто світ, у тім немає любови Отцівської, бо все, що в світі: пожадливість тілесна, і пожадливість очам, і пиха життєва, це не від Отця, а від світу. Минається і світ, і його пожадливість, а хто Божу волю виконує, той повік пробуває!» (1Ів. 2:15–17). «А хто світ перемагає, як не той, хто вірує, що Ісус то Син Божий? — Бо кожен, хто родився від Бога, перемагає світ. А оце перемога, що світ перемогла, віра наша», яка є підставою сподіваного (1Ів. 5:5,4; Євр. 11:1). Переможець успадкує усе — нове місто Єрусалим!

Чому написано «перемагає», а не «переміг»?

Господь сказав: «Коли хоче хто йти вслід за Мною, хай зречеться самого себе, і хай візьме свого хреста, та й іде вслід за Мною» (Мт. 16:24). Як зрозуміти слова «зречеться самого себе»? Як я можу зректися себе, якщо я є я? — я живу, дихаю, харчуюся, відпочиваю, працюю — все це є я. Як я можу зректися себе — не можу ж я припинити дихати, їсти, спати? Господь ще по-іншому сказав про те, що означає «зректися себе»: «Хто кохає душу свою, той погубить її; хто ж ненавидить душу свою на цім світі, — збереже її в вічне життя» (Ів. 12:25). Дуже цікаво: ненавидить душу свою на цім світі, або іншими словами, живучи в цьому світі, ненавидіти себе — як це виконати? Хіба я можу перейти з цього світу в інший світ, де буде таке життя, що свого життя в цьому світі можна зректися, що воно стане для мене абсолютно чужим, ненависним?!

Ще Господь сказав: «Коли хто приходить до Мене, і не зненавидить свого батька та матері, і дружини й дітей, і братів і сестер, а до того й своєї душі, — той не може буть учнем Моїм! І хто свого хреста не несе, і не йде вслід за Мною, — той не може бути учнем Моїм!» (Лк. 14:25–27) — які слова! душевна, не народжена від Бога людина, ніколи ці слова не зрозуміє, не зможе зрозуміти; потрібно народитися від Бога, щоб потім отримати відкриття в собі від Господа.

ПЕРЕМОЖЕЦЬ! Так, Христос переміг цей світ тим, що абсолютно не жив цим світом: «Мають нори лисиці, а гнізда — небесні пташки, — Син же Людський не має ніде й голови прихилити!» (Лк. 9:58). Душевній, земній людині, яка хотіла йти за Христом, але попросила: «Господи! Дозволь мені перше піти, і батька свого поховати», Ісус сказав: «Зостав мертвим ховати мерців своїх. А ти йди та звіщай Царство Боже» (Лк. 9:59–60).

Господь показав: немає нічого дорожчого за віру і нічого не повинно стояти попереду служіння для Царства Небесного — людині потрібно перемогти в собі таке! Отже, людина повірила, хоче йти, але для цього завжди є і будуть серйозні перешкоди, так як людина звикла жити по-іншому, розуміла по-іншому, і раптом — зректись, залишити без всякого жалю, роздумів, навіть якщо це рідними й близькими не приймається!

«А інший сказав був: Господи, я піду за Тобою, та дозволь мені перш попрощатись із своїми домашніми. Ісус же промовив до нього: Ніхто з тих, хто кладе свою руку на плуга та назад озирається, не надається до Божого Царства!» (Лк. 9:61–62). Мабуть цей чоловік ходив з Христом та учнями, певний час слухав, як навчав Господь та творив чудеса, і він зробив висновок, що хоче бути з Христом і йти за Ним. Вирішив — повернеться додому, попрощається з рідними, прийде й піде вслід за Христом і з Христом. Коли чоловік сказав це Христу, то Христос побачив в цьому ненадійність, відданість не від усього серця — все ж домашні його були для нього небайдужі, тому давали знати про себе в серці його, тобто не відрікся він від цього світу, життя в ньому. Господь сказав дуже серйозні слова: якщо хто не відречеться всього, чим володіє, при цьому і життя свого, той не може бути Моїм учнем! (Лк. 14:26,33). Людині необхідно відректися себе, свого життя — вона не буде придатною для небесного Божественного світу, якщо не вмре для земного!

Ось тому першою необхідною перемогою самої людини повинно бути зречення себе, перехід з цього світу в світ небесний, людині потрібно бути в цьому переможцем! Христос переміг і готовий звершити цю перемогу і в людині, якщо вона приймає Христа. Господь і звершить, якщо людина надає Йому цю можливість: віра є здійсненням очікуваної перемоги в самому собі.

Що ж такого повинна звершити над собою людина, щоб зректися чи відкинути себе? — людина **ПОВИННА СТАТИ ПЕРЕМОЖЦЕМ!** Господь так навчав: «Увіходьте тісними ворітьми, бо просторі ворота й широка дорога, що веде до погибелі, — і нею багато хто ходять. Бо тісні ті ворота, і вузька та дорога, що веде до життя, — і мало таких, що знаходять її!» — «І озвався до Нього один: Господи, хіба буде мало спасених? А Він відказав їм: Силкуйтеся ввійти тісними ворітьми, бо кажу вам, — багато хто будуть намагатися ввійти, та не зможуть!» (Мт. 7:13–14; Лк. 13:23–24). Багато хто шукав, хотіли увійти, та не змогли — не виявилися переможцями! В цьому все питання: Ісус Христос був готовий звершити перемогу в людині (як і у всіх, хто повірив і хотів ввійти), та людина виявилася не готовою зректися себе, зненавидіти своє життя в цьому світі за тілом, для тіла. Ніколи Христос не буде винний в тому, що людина не звершить свій шлях так, як про це свідчив апостол Павло: «Я змагався добрим змагом, свій біг закінчив, віру зберіг. Наостанку мені призначається вінок праведности, якого мені того дня дасть Господь, Суддя праведний; і не тільки мені, але й усім, хто прихід Його полюбив» (2Тим. 4:7–8).

Отже, перша найважливіша та необхідна перемога — народження від Бога! Якщо народження від Бога словом істини не здійсниться, все інше, що людина не робила б, буде марно — пройде повз мету, тому що не приклала потрібного зусилля пройти крізь тісні ворота, вона вірою не виконала волю великого Бога над собою!

Продовжимо міркування про тих, хто вже народився згори, хто пройшов крізь тісні ворота і знаходиться на вузькому шляху, який веде прямо в Небесне Царство. Цим шляхом є Сам Господь Ісус Христос: «Я — дорога…» (Ів. 14:6). Щоб пройти цією дорогою вірно до кінця, необхідно знову ж таки виявитися переможцем! Господь і апостоли показали це на багатьох прикладах (весь двадцять п'ятий розділ Євангелії від Матвія говорить про це): притча про п'ять нерозумних дів, які не виявилися переможцями і залишилися поза Небесним Царством! Далі, притча про лінивого раба, який закопав свій талант, притча про козлів, які опинилися ліворуч від Бога: «…Ідіть ви від Мене, прокляті, у вічний огонь, що дияволові та його посланцям приготований». І лінивий раб, і п'ять нерозумних дів мали можливість перемогти, їм було дано (у Господа немає особливого ставлення — для всіх все однаково), вони були вже на шляху, але не пройшли шлях так, як це зробив апостол Павло.

Далі, «…догодження тілу не обертайте на пожадливість» (Рим. 13:14); «Усе мені можна, та не все на пожиток… мною ніщо володіти не повинно» (1Кор. 6:12); «Дітоньки, бережіться від ідолів!» (1Ів. 5:21). Питання ідолопоклонства — дуже й дуже серйозне питання! Ідолослужіння — один з наймерзенніших злочинів проти Бога. Ізраїльський народ через своє ідолопоклонство втратив все: свою державу і, як народ Божий — своє спасіння. Тільки залишок єврейського народу спасеться по милості, по благодаті (Рим. 9:27; 11:26–29). В Старому Заповіті безліч прикладів про ідолопоклонство Ізраїля. Про ідолослужіння також говорять місця Писання з Нового Заповіту: 1Кор. 6:9; 10:7,14; Еф. 5:5; Кол. 3:5; 1Пет. 4:3. «А поза ним будуть пси, і чарівники, і розпусники, і душогуби, і ідоляни, і кожен, хто любить та чинить неправду» (Об. 22:15).

Перше послання до Тимофія (весь шостий розділ) детально описує, що необхідно завжди перемагати на своєму вузькому шляху — гордість, грошолюбство, надію на своє земне багатство! «О Тимофію, бережи передання, стережися марного базікання та суперечок знання, неправдиво названого так» — необхідно вести переможне життя на всьому шляху до Небесного Царства!

Отже, чому на всьому вузькому шляху потрібно перемагати? — тому що перехід від віри у віру відбувається через зростання у пізнанні та у благодаті (2Петр. 3:18). «Бо це воля Божа, — освячення ваше: щоб ви береглись від розпусти, щоб кожен із вас умів тримати начиння своє в святості й честі, а не в пристрасній похоті, як і погани, що Бога не знають. Щоб ніхто не кривдив і не визискував брата свого в якій-будь справі… Бо покликав нас Бог не на нечистість, але на освячення» (1Сол. 4:3–7). Апостол Павло не просто так написав: «Бо ми не маємо боротьби проти крови та тіла, але проти початків, проти влади, проти світоправителів цієї темряви, проти піднебесних духів злоби. Через це візьміть повну Божу зброю…» — «А ти терпи лихо, як добрий вояк Христа Ісуса… А як хто йде на змаги, то вінка не одержує (не перемагає), якщо незаконно (не в законі духа життя в Христі Ісусі: Рим. 8:1–2) змагається» (Еф. 6:10–18; 2Тим. 2:1–5).

Слово Господа нашого навчає нас: ми знаходимося на війні, жорстокій війні, де переможці наслідують Небесне Царство, а ті, які переможені — пройдуть повз бажаної вічної цілі.

Наша перемога — Господь Ісус Христос, який буде звершувати в нас і для нас перемогу: «Я певний того, що той, хто в вас розпочав добре діло, виконає його аж до дня Христа Ісуса» (Фил. 1:6). В якому випадку буде так, що Господь в нас і за нас буде звершувати перемогу? «Тому-то, підперезавши стегна свого розуму та бувши тверезі, майте досконалу надію на благодать, що приноситься вам в з'явленні

Ісуса Христа. Як слухняні…» (1Петр. 1:13–14). Необхідно бути слухняними і перемагаючими дітьми великого Бога і таким чином наслідувати все!

ПРО ПИЛЬНУВАННЯ

«Пильнуйте й моліться, щоб не впасти в спокусу, — бадьорий-бо дух, але немічне тіло!» (Мр. 14:38). «Будьте тверезі, пильнуйте! Ваш супротивник диявол ходить, ричучи, як лев, що шукає пожерти кого. Противтесь йому, тверді в вірі…» (1Петр. 5:8–9). «Блаженна людина, яка мене слухає, щоб пильнувати при дверях моїх день-у-день» (Пр. 8:34).

«Пильнуйте!» — неодноразово говорив Господь (Мт. 24:42; Мр. 13:35–37). «Пильнуйте!» — наставляли всі апостоли (Дії 20:31). Як це — пильнувати? Чому потрібно пильнувати? — питання настільки важливі та життєво необхідні, що переоцінити їх неможливо!

Писання нам промовляє: «О сину дияволів, повний всякого підступу та всілякої злости, ти ворогу всякої правди! Чи не перестанеш ти плутати простих Господніх доріг?» (Дії 13:10). Це місце Писання показує нам, чим зайнятий ворог всякої правди: зруйнувати в людині правду і підступно та злодійськи направити серце людини до всякої неправди.

Чому необхідно завжди бути на сторожі, пильнувати? — тому що є диявол зі своїм обманом та злом. Він приймає вигляд ангела світла, а його служителі роблять вигляд служителів правди (2Кор. 11:13–15), постійно зайнятих тим, щоб зводити людей, вводити в оману, щоб мати над ними владу, впливати на людей та приймати славу від них. Диявол на

Небесне Царство не може розраховувати, будучи духом зла, а зло тому є злом, що говорить: «Я не маю спасіння, і ти не матимеш». Щоб не обманутися, не повірити неправді замість правди і не опинитися в тенетах диявола, людині варто завжди бути пильною, стоячи твердо в вірі, щоб розуміти та виявляти обман диявола — свого ворога, як він ходить навкруги і яким чином заплутує людину. Диявол теж є дух, тому дивитися на його злі діла потрібно духовними очима.

Апостол Петро не просто так наводить приклад з ревучим левом; людина розуміє, що означає зустрітися з фізичним левом: в будь-який момент лев може кинутись і розірвати людину! Таким прикладом апостол Петро показує, що якщо людина недостатньо озброєна, то диявол без всякого жалю, милосердя та співчуття нанесе удар, і людина опиниться в смерті!

Можна навести такий приклад: йде війна, людям потрібен відпочинок, потрібен сон. Виставляють вартових, щоб вони пильнували, не заснули, але охороняли спокій та сон всього народу. Для чого це потрібно? — щоб ворог не підкрався, щоб раптово не напав і не занапастив усіх. І поки вартовий не спить, а пильнує, постійно дивиться довкола, прислухається, щоб нічого не пропустити, але відразу помітити ворога, який наближається, і дати знати своїм товаришам, то все добре, ворог не може підкрастися непоміченим. Та що буде, якщо вартовий засне? — ворог негайно скористається такою нагодою.

Фізичний ворог шукає, як йому знищити своїх фізичних ворогів; так само духовний ворог шукає знищити свого духовного ворога — триває жорстока війна за душі людей, і це без перебільшення. Що диявол робить в першу чергу? — притупляє пильність людини, щоб вона неправду прийняла за правду. Якщо б диявол вів свою війну під своїм справжнім знаменом неправди і зла, то було б куди простіше вести з ним війну. Але він завжди виступає під прапором, підробленим під правду та любов. Для цього він свою брехню вбирає в одяг зовнішньої праведності, любові, миру і дуже майстерно та тонко їх підносить так, що людина сприймає все за правдиве.

В ЧОМУ НЕОБХІДНА ПИЛЬНІСТЬ?

Якщо людина знає та любить правду, то диявол — її смертельний ворог. Якщо людина стала на шлях Господній, який є Сам Господь, то диявол неодмінно шукатиме, як ухилити її з прямої дороги Господньої.

Людина повірила істинному слову і народилася від Бога. Тепер їй потрібно освячуватися та зростати у вірі в мужа досконалого, в міру повного зросту Христового (Еф. 4:13–16). Пильність — це не контроль над словами та ділами народженої від Бога людини; це не зовнішнє благочестя чи праведність, коли дотримуються певних законів (що дозволено, а що заборонено) і не порушують їх. Внутрішність (серце) при цьому як затиснута пружина, яка завжди хоче розправитися і проявити себе. Людина не дає їй звільнитися, вважаючи, що це і є та пильність та стояння на варті своєї релігійної правди. Але, насправді, це не є пильнування, це є неправда диявола. Така людина є дуже вправною, майстерною в лицемірстві, тому що в серці одне, а видає зовні зовсім інше, протилежне.

Правильне зростання у вірі залежить від примноження пізнання, а пізнання — від пильності над словом і в слові вчення Ісуса Христа: докопуватися, досліджувати, при цьому молитися і просити Бога про відкриття. І, зрештою, саме водитися Духом Божим, до чого ми й покликані, неможливо без пильнування. Щоб почути і зрозуміти Духа Святого в собі, необхідна пильність і молитва в серці. Таким чином, пильність — це все життя людини, доки вона знаходиться в тілі на землі! (Рим. 8:23–25; 1Кор. 15:50–54).

ЗБРОЯ ДИЯВОЛА

Людині, яка перебуває в правді Божій, у міру її зросту все ясніше відкривається зброя диявола. З чого розпочинаються нападки диявола? Вони не розпочинаються з того, щоб людина перестала вірити в Ісуса Христа. Проте його кінцева ціль — досягти в людині повної зневіри істини.

В Писанні сказано: «Бо пильную про вас пильністю Божою, заручив-бо я вас одному чоловікові, щоб Христові привести вас чистою дівою. Та боюсь я, як змій звів був Єву лукавством своїм, щоб так не попсувалися ваші думки, і ви не вхилилися від простоти й чистости, що в Христі» (2Кор. 11:2–3). Диявол розпочинає свою роботу з найменшого — відхилити від простоти у Христі: привнести людині трохи лицемірства, трохи гордості, ходіння перед людьми, щоб оточуючі люди думали про людину краще, ніж вона є насправді; або захопити безпечністю: не хочеться читати Біблію, вже все знаю. Непомітно приходить зацікавлення земним — і людина знову в обмані диявола. Якщо дияволу це вдалося, то він отримав місце в серці людини і обов'язково продовжить свою руйнівну роботу до повного знищення в ній правильної віри; людина знову переходить від життя в смерть.

При цьому потрібно дуже добре знати, чим озброєний ворог, що це за зброя і як він нею користується. Три сильні армії ворог посилає на тих, хто сміливий та хоче наслідувати

Небесне Царство: «...пожадливість тілесна, і пожадливість очам, і пиха життєва, це не від Отця, а від світу» (1Ів. 2:15–17). Диявол ходить, як ревучий лев, шукає слабкі місця, і, коли знаходить, відразу направляє потрібну армію: або пожадливість тілесну, або пожадливість очам, або пиху (гордість) життєву! Ці армії дуже сильні, стріли їхні розпалені, і ніяк не встояти, не перемогти християнину, якщо він не зодягнений у всеозброєння Боже.

ЗБРОЯ ХРИСТИЯНИНА

«Зодягніться в повну Божу зброю, щоб могли ви стати проти хитрощів диявольських. Бо ми не маємо боротьби проти крови та тіла, але проти початків, проти влади, проти світоправителів цієї темряви, проти піднебесних духів злоби» (Еф. 6:11–12). Наша війна — духовна війна, і це потрібно добре розуміти! Щоб в цій страшній війні, на життя чи на смерть, вийти переможцем, необхідно розуміти, як і в чому виражається всеозброєння Боже. «Через це візьміть повну Божу зброю, щоб могли ви дати опір дня злого, і, все виконавши, витримати. Отже, стійте, підперезавши стегна свої правдою, і зодягнувшись у броню праведности, і взувши ноги в готовість Євангелії миру. А найбільш над усе візьміть щита віри, яким зможете погасити всі огненні стріли лукавого. Візьміть і шолома спасіння, і меча духовного, який є Слово Боже» (Еф. 6:13–17).

Божа зброя повністю відрізняється від зброї піднебесних духів злоби. Якщо зброя диявола — гордість, висока думка про себе, як про особливу, неповторну особистість, то зброя Божа: «Блаженні вбогі духом, бо їхнєє Царство Небесне» (Мт. 5:3). І цей стан є одним із основоположних у всеозброєнні християнина, тоді людина перемагає будь-яку зброю диявола, тому що до цього озброєння належать: лагідність, терпіння, покора та любов до своїх ворогів. До озброєння Божого належить вся нагірна проповідь нашого Господа: блаженні чисті серцем; ви — сіль землі; ви — світло для світу! Також про всеозброєння Боже говорять два послання апостола Павла до Тимофія.

Дуже й дуже важливо добре зрозуміти зброю великого Бога: вона перемагаюча, вона духовна, Дух істини. Зброя диявола теж духовна, але вона земна, плотська, все для тіла, навколо тіла і несе собою вічну смерть у пітьмі. Гріх — це бути озброєним зброєю диявола, тому що людина вірить в нього; викривати піднебесних духів злоби — це є зброя світла, що діє вірою і любов'ю у Христі, Господі нашім.

МОЛИТВА

«Усякою молитвою й благанням кожного часу моліться духом, а для того пильнуйте з повною витривалістю та молитвою за всіх святих, і за мене, щоб дане було мені слово відкрити уста свої, і зі сміливістю провіщати таємницю Євангелії» (Еф. 6:18–19). «Будьте тривалі в молитві, і пильнуйте з подякою в ній! Моліться разом і за нас, щоб Бог нам відчинив двері слова, звіщати таємницю Христову, що за неї я й зв'язаний, щоб з'явив я її, як звіщати належить мені» (Кол. 4:2–4). «Безперестанку моліться!» (1Сол. 5:17).

Починаючи від Сифа, який народився замість Авеля (Бут. 4:25) і від якого розпочався рід синів Божих, через всю Біблію ми бачимо, яким було поклоніння Богу і як люди зверталися в молитві до Нього. Коли у Сифа народився син, якого він назвав Енош, — відтоді люди почали закликати Ім'я Господнє (Бут. 4:26). Отже, через всю історію людство завжди молилося й молилося або живому, істинному Богу Творцю, або ідолам, яких підносив і нав'язував людям диявол. Таким чином стало дуже багато богів. Для нас написане таке слово: «...та для нас один Бог Отець, що з Нього походить усе, ми ж для Нього, і один Господь Ісус Христос, що все сталося Ним, і ми Ним» (1Кор. 8:5–6).

Саме таке положення, що необхідно молитися (всі люди завжди моляться; якщо хто говорить, що не молиться — така людина все одно молиться, навіть не усвідомлюючи цього), показує те, що людині потрібно шукати свою повноту, свою досконалість. Фізично людина створена Богом досконалою, але духовно вона має потребу в наповненні; людина створена посудиною для утримання в собі досконалості, щоб мати спокій, мир, радість, впевненість у собі. Звідси пошуки, потреба в молитві у всіх людей. Скількома шляхами люди йдуть до своєї духовної досконалості? — їх тисячі тисяч! Існує безліч об'єднань, організацій, партій, релігій — всі впевнені, що знайшли правильну дорогу до своєї досконалості.

Кожна людина, віруюча вона чи ні, обов'язково веде розмови в своєму серці. На що людина себе присвятила або віддала, з тим богом вона і спілкується, тобто тому богу або ідолу вона і поклоняється. Це поклоніння і є молитвою. Молитва обов'язково випливає з віри людини; вірить у гроші — про це тільки думає і на гроші «молиться»; вірить людина в свою зовнішність — туди направлені всі її думки і прагнення, щоб досконало виглядати, гарно вдягатися; поклоняється людина якійсь «зірці» телебачення — обов'язково її серце наповнене думками про цю відому людину.

МОЛИТВА ХРИСТИЯНИНА

У всьому нашому житті та стоянні перед Богом і в Бозі не може й не повинно бути ніяких шаблонів, ніякої гри та показухи один перед одним, як це є в релігійному світі — там по-іншому й не може бути. Показуха, гра на публіку, артистичність — дух цього світу, життя земної людини, яка завжди боїться, щоб хтось не проник у її внутрішнє, сховане від сторонніх очей.

Стояння в Бозі — відкрите, чесне, просте: бути завжди тим, хто ти є насправді, ні перед ким не виділятися, не лицемірити, але який є, такий і є. При цьому твердо вірити, що Бог любить мене таким, який я є сьогодні, що спасіння моє не від діл і не по ділам, а по Божій милості.

Це стосується і молитви. Звичайно, перед Богом не потрібно щось із себе вдавати — це явище в релігійному світі переросло в закон необхідності. Людина, молячись, з дня на день повторює одне й те саме, часто за день молиться одними й тими ж словами, а якщо пропустила час молитви, то відразу поспішить на коліна, покаятися за недбалість, і знову почне шаблонно повторювати те саме, втішаючись, що виконала належне Богові. Бог задоволений, і вона також — до наступного разу; така її віра, по-іншому не розуміє і змінити нічого не може, молиться за своєю звичкою та й не хоче щось змінювати.

В релігії питання молитви зовсім не розуміють по істині. Там моляться, стоячи на колінах або стоячи на ногах. А щоб по-іншому молитися, наприклад, сидячи або лежачи в ліжку, то це недостойно, неблагоговійно перед Богом; потрібно встати, вмити лице, одягнутися і потім, ставши на коліна, помолитися — тільки так правильно, побожно. В релігії у цьому форма, шаблон, закон, що не є життям, а незручним, тяжким ярмом, до якого люди звикають і без якого потім вже не можуть. Та це ярмо не дає життя вічного, це мертва релігія, де Бога немає.

Як нам сьогодні молитися нашому Богу, Отцю Небесному, який живе в нас?

Через всю Біблію показано, як люди молилися Богу. Молитви були різними: наприклад, Неемія, подаючи царю вино, був засмучений, і цар це помітив у ньому. Коли цар поцікавився, чому той сумний, чого він бажає, Неемія «помолився до Небесного Бога, і сказав цареві...» (Неєм. 2:4–5). Запитання: як Неемія помолився? Він що? — став на коліна чи стоячи перед царем став молитися? — ні, звичайно, він помолився в серці своєму, таємно від царя. Молився Ездра: «А коли я почув це слово, то роздер я одежу свою та плаща свого, і рвав волосся з голови своєї та з бороди своєї, і сидів остовпілий... А за вечірньої жертви встав я з упокорення свого, і, роздерши шату свою та плаща свого, упав я на коліна свої, і простягнув руки свої до Господа, Бога мого...» (Езд. 9:3–6). Цар Давид молився, лежачи на ліжку своєму (Пс. 6; 138 (139):18). Як бачимо за Писаннями, молитва не має форми, ніякої офіційності, не залежить від часу, від місця, ні від положення тіла нашого — будь-коли в серці відбувається молитва за потребою, за бажанням. Господь наповнює Собою все, Він усюди: як в серці людини, яка повірила, так і на небесах: «Бо очі Господні — до праведних, а вуха Його — до їхніх прохань» (1Петр. 3:12). Бог живе в неприступному світлі і в упокореному, смиренному серці (1Тим. 6:16; Іс. 57:15).

Писання навчають: «Безперестанку моліться!» (1Сол. 5:17). Як це слово виконати? Сам Бог сказав: «...богомільці правдиві вклонятися будуть Отцеві в дусі та в правді, бо Отець Собі прагне таких богомільців» (Ів. 4:23–24). Людина, яка щиро повірила, пізнала істину, не може обійтися без молитви, як і фізичне тіло не може існувати без дихання. Ми вдихаємо повітря, при цьому не роздумуємо: потрібно довше подихати. Ми не маємо таких намірів і не говоримо собі: потрібно подихати! Ми дихаємо, тому що це життя фізичного тіла, без цього нас чекає смерть! Як фізичній людині необхідне дихання, так і духовній внутрішній людині потрібна молитва.

Для того, щоб молитва линула з людини і була подихом віри, необхідно жити за Духом; якщо це було упущено або ще не досягнуто, то слід зростати у вірі. Слово Боже говорить: «...вправляйся в благочесті. Бо вправа тілесна мало корисна, а благочестя корисне на все, бо має обітницю життя теперішнього та майбутнього» (1Тим. 4:7–8). Благочестя — це природа Бога; щоб Бог міг жити і діяти в людському серці і людина могла себе віддавати Богу — необхідні молитви; необхідно навчатися смирення, терпіння, лагідності, тобто давати діяти Господу, без молитви це неможливо. Перебуваючи в молитві, душа знаходиться в Дусі, дає місце Духу, який живе в совісті (сумлінні).

Отже, молитва є подихом віри, незалежно від того, стоїть, сидить, чи лежить людина! Немає шаблону, немає закону, проте є любов до Бога й бажання жити в Ньому і Ним. Чудово, коли всередині, в серці діє Дух. Щоб цю дію почути і не вгасити («Духа не вгашайте!»: 1Сол. 5:19), необхідно пильнувати і молитись в серці! Це і є перебувати в єднанні з Господом, чути Його, жити Ним і виконувати Його волю.

ХРЕЩЕННЯ ДУХОМ СВЯТИМ

«А ви не в тілі, але в дусі, бо Дух Божий живе в вас. А коли хто не має Христового Духа, той не Його... Бо всі, хто водиться Духом Божим, вони сини Божі; бо не взяли ви духа неволі знов на страх, але взяли ви Духа синівства, що через Нього кличемо: Авва, Отче! Сам Цей Дух свідчить разом із духом нашим, що ми діти Божі» (Рим. 8:9,14–16).

«Взяли ви Духа синівства» — це є Дух Божий або Дух Христів. Це ясно показано (Рим. 8:9): ви не за тілом живете, а в дусі, бо Дух Божий живе в вас; і відразу написано: а коли хто Христового Духа не має, той не Його. І далі: всі, хто водиться Духом Божим, — вони сини Божі; і сміливо можна сказати так, що всі, хто водиться Духом Христовим, — вони діти Божі! Ще сказано: бо ви не прийняли духа рабства, але прийняли Духа синівства. А Сам Дух всиновлення є Дух Сина Божого, про це ясно написано: «Як настало ж виповнення часу, Бог послав Свого Сина... щоб викупити підзаконних, щоб усиновлення ми прийняли. А що ви сини, Бог послав у ваші серця Духа Сина Свого, що викликує: Авва, Отче! Тому ти вже не раб, але син...» (Гал. 4:4–7). Ці місця Писання показують і стверджують, що Дух Божий чи Дух Христів — один і той же Дух.

Коли та яким чином людина приймає і отримує Духа Божого чи Духа Христового? Отримує Духа Святого один раз і назавжди чи отримує Його двічі? Людина отримує Духа Святого відразу, коли народилася від Бога, чи необхідно ревно і посилено молитися, щоб отримати ще хрещення Духом Святим?

«Виступив був так Іван, що в пустині хрестив та проповідував хрещення на покаяння — для прощення гріхів...» — «Я хрещу вас водою на покаяння, але Той, Хто йде по мені, потужніший від мене... Він хреститиме вас Святим Духом й огнем» (Мр. 1:4–8; Мт. 3:11).

Як же Господь Ісус Христос хрестив Духом Святим? Дуже зрозуміло Писання показують: «Бо ми всі одним Духом охрещені в тіло одне... і всі ми напоєні Духом одним» — «Чи ви не знаєте, що ми всі, хто хрестився у Христа Ісуса, у смерть Його хрестилися?» (1Кор. 12:12–13; Рим. 6:3). Христове хрещення Духом Святим є хрещенням в смерть разом із Ним на хресті старої природи за Адамом: «...нехай нічим не хвалюся (за тілом), хіба тільки хрестом Господа нашого Ісуса Христа, що ним розп'ятий світ для мене, а я для світу. Бо сили немає ані обрізання, ані необрізання, а створіння нове» — «Тому-то, коли хто в Христі, той створіння нове, стародавнє минуло, ото сталось нове!» (Гал. 6:14–15; 2Кор. 5:17).

Тому хрещення Духом Святим напряму належить до народження згори, народження від Бога Духом Святим. І це дуже просто й зрозуміло простежується в Писаннях: коли Петро в домі Корнилія проповідував слово істини, відбулося їх народження — на них зійшов Дух Святий, і це всі побачили; потім Петро повелів прийняти водне хрещення, тобто поставити печатку, підтвердити: відбулося народження нового створіння (Дії 10:1–48). Євнух, якому Пилип проповідував Ісуса Христа, повірив і був готовий хреститися у воді;

і коли, охрестившись, вийшли з води, Дух Святий зійшов на євнуха, тобто відбулося народження від Бога! (Дії 8:34–39).

Написано так: «І не засмучуйте Духа Святого Божого, Яким ви запечатані на день викупу (коли повірили)» (Еф. 4:30). І прямо написано: «У Ньому й ви, як почули були слово істини, Євангелію спасіння свого, та в Нього й увірували, запечатані стали Святим Духом обітниці, Який є завдаток нашого спадку» (Еф. 1:13–14). І ще: «Бо ви всі сини Божі через віру в Христа Ісуса! Бо ви всі, що в Христа охрестилися, у Христа зодягнулися! Нема... (нікого за плоттю)» (Гал. 3:26–29).

Святе Письмо далі пояснює: хто народився від Духа Святого, всі й отримали Духа Святого; немає такого, щоб потім ще конкретно молитися про хрещення Духом Святим (є ціле вчення про це). Але що відбувається далі після народження? «...І, немов новонароджені немовлята, жадайте щирого духовного молока, щоб ним вирости вам на спасіння» — «І Він, отож, настановив одних за апостолів... а тих за пастирів та вчителів, щоб приготувати святих на діло служби для збудування Тіла Христового, аж поки ми всі не досягнемо з'єднання віри й пізнання Сина Божого, Мужа досконалого, у міру зросту Христової повноти, щоб більш не були ми малолітками, що хитаються й захоплюються від усякого вітру науки за людською оманою та за лукавством до хитрого блуду, щоб були ми правдомовні в любові, і в усьому зростали в Нього, а Він — Голова, Христос» — «Бо в Ньому тілесно живе вся повнота Божества. І ви маєте в Нім повноту» (1Петр. 2:2; Еф. 4:11–16; Кол. 2:8–10) — ось про це потрібно ревнувати, бажати, бути покірливим, просити та стукати. Багато є дарів, але в усьому той Самий Дух Святий, Який народив людину — Він є, і Він пробуває вічно. Необхідно наповнятися словом, добре «їсти» духовну їжу, щоб правильно зростати (1Кор. 12:4–11,27–31; Ів. 6:27; 1Тим. 4:16; 2Тим. 1:13).

«Але щоб зростали в благодаті й пізнанні Господа нашого й Спасителя Ісуса Христа» (2Петр. 3:18). Досягнувши певного віку та зміцнівши в цій благодаті, з'являється бажання служити; для цього сказано просто: «...повіддавайте ваші тіла на жертву живу, святу, приємну Богові, як розумну службу вашу» — «І самі, немов те каміння живе, будуйтеся в дім духовий, на священство святе, щоб приносити жертви духовні, приємні для Бога через Ісуса Христа» (Рим. 12:1; 1Петр. 2:4–5). «І ви — тіло Христове, а зосібна — ви члени (в одне Тіло хрестилися всі Духом Святим)... Тож дбайте ревно про ліпші дари... Дбайте про любов, і про духовне пильнуйте...» (1Кор. 12:27–31, 14:1).

Народженій від Бога людині, яка має Святого Духа, вже не потрібно ревнувати про Духа, проте необхідно зростати в мужа досконалого, в міру повного зросту Христового, в смиренні просити про служіння дарами Духа Святого.

МІРА ЗРОСТУ ХРИСТОВОЇ ПОВНОТИ

«Тому полишімо початки науки Христа, та й звернімося до досконалости, і не кладімо знову засади покаяння від мертвих учинків та про віру в Бога» (Євр. 6:1) — так писав апостол Павло євреям, які повірили в Христа, тому що вони залишалися все ще немовлятами: «Ви-бо за віком повинні б бути вчителями, але ви потребуєте ще, щоб хтось вас навчав перших початків Божого Слова. І ви стали такими, яким потрібне молоко, а не страва тверда. Бо хто молока вживає, той недосвідчений у слові правди, бо він немовля. А страва тверда — для дорослих» (Євр. 5:12–14).

Писання відкривають, що народженим від Бога немовлятам необхідно полюбити чисте Боже Слово, щоб зростати, примножувати віру, та як Господь сказав: «Пильнуйте не про поживу, що гине, але про поживу, що зостається на вічне життя, яку дасть нам Син Людський, бо відзначив Його Бог Отець» (Ів. 6:27). Цю духовну їжу в життя вічне дав Сам Ісус: «Я — хліб життя!.. Я — хліб живий, що з неба зійшов: коли хто споживатиме хліб цей, той повік буде жити. А хліб, що дам Я, то є Тіло Моє, яке Я за життя світові дам — Хто Тіло Моє споживає та Кров Мою п'є, той має вічне життя, і того воскрешу Я останнього дня. Бо Тіло Моє — то правдиво пожива, Моя ж Кров — то правдиво пиття. Хто Тіло Моє споживає та Кров Мою п'є, той в Мені перебуває, а Я в ньому» (Ів. 6:48,51,54–56).

Ісус Христос, Його слово — є чисте молоко, а потім і хліб — їжа вже твердіша. Людина, яка їсть — зростає. Так і в духовному, щоб зростати у вірі, потрібно правильно харчуватися, щоб не звернути з істинної дороги, не переступити вчення Христове, тому що «Кожен, хто робить переступ та не пробуває в науці Христовій, той Бога не має» (2Ів. 9 вірш).

Перебуваючи в чистій Христовій науці, людина має в собі любов і знаходиться в ній: «Коли хто визнає, що Ісус — то Син Божий, то в ньому Бог пробуває, а він у Бозі. Ми познали й увірували в ту любов, що Бог її має до нас. Бог є любов, і хто пробуває в любові, пробуває той в Бозі, і в ньому Бог пробуває!» (1Ів. 4:15–16). Ось тому просто необхідно: «...щоб були ми правдомовні в любові (не душевній, людській, але Божій), і в усьому зростали в Нього, а Він — Голова (Церкви, дому Божого), Христос. А з Нього все тіло, складене й зв'язане всяким допомічним суглобом, у міру чинности кожного окремого члена, чинить зріст тіла на будування самого себе любов'ю» — «...росте зростом Божим» (Еф. 4:15–16; Кол. 2:19).

Наповнюючи своє серце Словом, їжею духовною, людина зростає в мужа досконалого. Міра цього досконалого зросту виражається так, що не було нічого неможливого для Христа. Він міг абсолютно все: йшов по воді, наче по суші; заборонив вітру — відразу стихла буря; заспокоїв хвилі на морі; нагодував багатотисячний натовп людей декількома хлібами та рибками, ще й лишилося; воскрешав мертвих; зцілював різні хвороби; виганяв злих духів — як апостол Іван написав: «Багато є й іншого, що Ісус учинив. Але думаю, що коли б написати про все те зокрема про кожне, то й сам світ не вмістив би написаних книг!» (Ів. 21:25).

Як являється досконалість людини, яка виросла в міру повного зросту Христового? Чи може народжена від Бога людина вирости до такого рівня досконалості, яким був Господь у з'явленні Своїм?

Господь сказав таке слово: «Поправді, поправді кажу вам: Хто вірує в Мене, той учинить діла, які чиню Я, і ще більші від них він учинить, бо Я йду до Отця. І коли що просити ви будете в Іменя Моє, те вчиню, щоб у Сині прославивсь Отець» (Ів. 14:12–13). Христос також сказав: «Майте віру Божу! Поправді кажу вам: Як хто скаже горі цій: Порушся та й кинься до моря, і не матиме сумніву в серці своїм, але матиме віру, що станеться так, як говорить, — то буде йому! Через це говорю вам: Усе, чого ви в молитві попросите, вірте, що одержите, і сповниться вам» (Мр. 11:22–24); «коли будете ви мати віру, хоч як зерно гірчичне, і горі оцій скажете: Перейди звідси туди, то й перейде вона, і нічого не матимете неможливого!» (Мт. 17:20). До всього цього апостол Павло написав: «Коли я говорю мовами людськими й ангольськими, та любови не маю, то став я як мідь та дзвінка або бубон гудячий! І коли маю дара пророкувати, і знаю всі таємниці й усе знання, і коли маю всю віру, щоб навіть гори переставляти, та любови не маю, то я ніщо! І коли я роздам усі маєтки свої, і коли я віддам своє тіло на спалення, та любови не маю, то пожитку не матиму жодного... Ніколи любов не перестає...» (1Кор. 13:1–13). Вона — Бог, Його Дух, Його благочестя, Його безсмертя (1Ів. 4:12,16,19,21).

Сам Господь сказав: «Не кожен, хто каже до Мене: Господи, Господи! увійде в Царство Небесне, але той, хто виконує волю Мого Отця, що на небі. Багато хто скажуть Мені того дня: Господи, Господи, хіба ми не Ім'ям Твоїм пророкували, хіба не Ім'ям Твоїм демонів ми виганяли, або не Ім'ям Твоїм чуда великі творили? І їм оголошу Я тоді: Я ніколи не знав вас... Відійдіть від Мене, хто чинить беззаконня!» (Мт. 7:21–23) — випливає зрозумілий висновок: людина має спасіння не тому, що робить великі чудеса. Господь показав, що і диявол може підлаштовуватися та творити різноманітні чудеса. Вічне спасіння, життя вічне з Богом — це є любов. Любов не душевна, не плотська, яка минає, проходить, не має ніякого майбутнього, але любов, яка є Сам Бог, Його безсмертний Дух Святий. Цю любов і явив людству Бог через Свого Сина Ісуса Христа. Сам Христос так сказав про любов: «Хто заповіді Мої має та їх зберігає, той любить Мене. А хто любить Мене, то полюбить його Мій Отець, і Я полюблю Його, і об'явлюсь йому Сам... і Ми прийдемо до нього, і оселю закладемо в нього. Хто не любить Мене, той не береже Моїх слів» (Ів. 14:21,23–24). «Не береже моїх слів», тобто, хто переступає вчення Христове і не перебуває в ньому, не має Бога (2Ів. 9 вірш).

В першому посланні до Коринтян в дванадцятому розділі перераховано духовні дари для служіння один одному, щоб будувалася Церква Христова, Його Тіло: «Є різниця між дарами милости, Дух же той Самий. Є й різниця між служіннями, та Господь той же Самий. Є різниця й між діями, але Бог той же Самий, що в усіх робить усе. І кожному дається виявлення Духа на користь» і далі перелічуються дари (1Кор. 12:4–13). Закінчується цей розділ: «Тож дбайте ревно про ліпші дари…» (1Кор. 12:31). Але найперш, щоб ревнувати про духовні дари, слово Боже попереджає: «Дбайте про любов» (1Кор. 14:1). Якою є любов і як вона себе являє? — докладно описано: 1Кор. 13:4–13! Чи маю я любов Христову, чи живу я цією любов'ю? — варто запитати себе та випробувати. Тим більше, що про діла плоті, які не є від любові Божої, детально і зрозуміло описано в посланні до Галатів — просто і прямо написано, що людина не наслідує Царства Божого, якщо живе ділами плоті (Гал. 5:19–21).

Апостол Павло написав: «Бо в Ньому тілесно живе вся повнота Божества. І ви маєте в Нім повноту» (Кол. 2:9–10) і попередив: «Стережіться, щоб ніхто вас не звів філософією та марною оманою за переданням людським, за стихіями світу, а не за Христом» (Кол. 2:8). Лише у Христі людина має всю повноту життя вічного в Царстві блаженного, вічного, нетлінного Бога, і дається це життя в подарунок, не за заслуги чи діла. Людина нічого для цього не зробила — Бог дарує спасіння просто від любові до Свого творіння; все звершив за людину і для людини Ісус Христос: «…то тим більше ті, хто приймає рясноту благодаті й дар праведности, запанують у житті через одного Ісуса Христа… щоб, як гріх панував через смерть, так само й благодать запанувала через праведність для життя вічного Ісусом Христом, Господом нашим» (Рим. 5:17,21). Благодать зацарювала через праведність — праведністю і життям людини є тільки Христос: «А з Нього ви в Христі Ісусі, що став нам мудрістю від Бога, праведністю ж, і освяченням, і відкупленням…» (1Кор. 1:30). «Бо Царство Боже не пожива й питво, але праведність, і мир, і радість у Дусі Святім. Хто цим служить Христові, той Богові милий…» (Рим. 14:17–18).

Залишається питання: як поводиться людина, яка досягла досконалого зросту Христового?

На це питання дає відповідь слово Господа нашого: «А над усім тим зодягніться в любов, що вона — союз досконалости!» (Кол. 3:14). Любов — це Сам Бог (1Ів. 4:16); Бог — це Слово (Ів. 1:1–5); Слово стало тілом — явлення Однородженого Божого Сина Ісуса Христа (Ів. 1:14–18); Слово, яке є Бог і Син Божий Ісус Христос (1Ів. 5:20), є істиною (Ів. 17:17). Перебуваючи в слові істини, яке є словом Господа, людина цю істину пізнає (Ів. 8:31–36). Пізнавши її, людина народилася від Бога словом істини (Як. 1:18), звільнилася від закону гріха і смерті, живе вже не за плоттю, але за духом — за законом духа життя у Христі Ісусі (Рим. 8:1–2; 1Ів. 3:9).

Любов Божа є життя вічне, бо Бог вічний і безсмертний (1Тим. 6:16). «Любов довготерпить, любов милосердствує, не заздрить, любов не величається, не надимається, не поводиться нечемно, не шукає тільки свого, не рветься до гніву, не думає лихого, не радіє з неправди, але тішиться правдою… Ніколи любов не перестає!..» (1Кор. 13:4–8), вона — Бог, вона — закон досконалості. Людина вже не помиляється в слові, спроможна приборкати усе тіло (Як. 3:1–2).

Тому людина, яка досягла цієї досконалості, тобто «виросла» у повну міру Христового зросту, має повноту любові в своєму житті. Маючи любов Божу й живучи нею, людина сама в собі має безсмертя Боже — життя вічне.

ПЛОДИ ДУХА

10
РОЗДІЛ

242 Терпіння
246 Лагідність та смиренність
253 Виконувати волю Божу

«А плід духа: любов, радість, мир, довготерпіння, добрість, милосердя, віра, лагідність, здержливість: Закону нема на таких!» (Гал. 5:22–23). «Бо Царство Боже не пожива й питво, але праведність, і мир, і радість у Дусі Святім. Хто цим служить Христові, той Богові милий і шанований поміж людьми» (Рим. 14:17–18). Коли хто прийняв Царство Боже всередину себе, то він має праведність (усі його справи, вчинки, поведінка, відношення, мова — завжди все правда, немає брехні, насилля, зла); має мир, спокій (немає ніколи ворожнечі, відношення до всіх людей з любов'ю, з ніжністю, з повагою, без лицемірства); має радість (йому завжди добре, завжди радісно, немає смутку, немає знемоги, немає роздратування, немає нахилу до сварок, скандалів, суперечок). Такий внутрішній стан людини показує, що вона має в собі Царство Боже, вічне життя і являє плоди Святого Духа.

ТЕРПІННЯ

«Терпеливістю вашою душі свої ви здобудете» (Лк. 21:19). «Бо вам терпеливість потрібна, щоб Божу волю вчинити й прийняти обітницю» (Євр. 10:36). «А коли терпимо, то будемо разом також царювати» (2Тим. 2:12). Прочитавши ці місця з Писання, стає зрозумілим, яке велике значення має терпіння у житті християнина. Якщо не будеш терпіти — душу свою не врятуєш! Якщо не будеш терпіти — волю Божу не виконаєш! Якщо не будеш терпіти — і царювати з Ним не будеш! Цілком очевидно, що без терпіння людина не має спасіння, не може успадкувати Небесне Царство.

Тому дуже важливо і просто необхідно добре зрозуміти: що таке терпіння? Також не менш важливо знати себе: а чи маю я терпіння? Людство знає, що терпіння таки є, бо всім людям доводиться терпіти, але це є небажане явище для них — не хотіли б вони терпіти, але доводиться; та люди дуже шукають та бажають, аби швидше звільнитись від такого стану речей і щоб настала радість. Терпіння неминуче пов'язане з втратами, зі скорботами, зі стражданнями, з різними переживаннями, наприклад, у сім'ї (чоловік п'є та б'ється) чи на роботі (начальник недобрий, чи-то колеги нерозсудливі), тому люди, терплячи, шукають, щоб скоріше це все закінчилося. Стає зрозумілим, що терпіння — невід'ємна частина самого життя людини, яке не буває і не може бути без терпіння.

Що ж таке терпіння? Звідки воно? Біблія багато говорить про терпіння та про те, яке велике значення воно має. Біблія відкриває: «...хвалимося в утисках, знаючи, що утиски приносять терпеливість, а терпеливість — досвід, а досвід — надію, а надія не засоромить...», вона — якір безпечний та міцний!.. (Рим. 5:3–5; Євр. 6:18–20). Терпіння — необхідна ланка у ланцюгу спасіння, і тому, як далі відкривають Писання, «терпеливість нехай має чин досконалий, щоб ви досконалі та бездоганні були, і недостачі ні в чому не мали» (Як. 1:4). Коли для людини цього світу терпіння небажане явище, то для християнина терпіння необхідне і має досягти досконалості. Воно повинно рости та примножуватися, інакше немає правильного життя християнина. І тому, якщо в земному житті людина шукає якомога скоріше позбутися такого явища, як терпіння, то християнин, навпаки, має прагнути до примноження у ньому терпіння, що, в свою чергу, принесе подальші бажані плоди.

Писання відкриває, що плід Духа Святого — любов, радість, мир, довготерпіння... (Гал. 5:22) і що Сам Бог є Бог терпіння (Рим. 15:5). Таким чином приходимо до знання, що терпіння є складовою частиною єства Самого Бога і несе у собі таємницю безсмертя! Це підтверджується словом Писання (1Кор. 13:1–13): «Ніколи любов не перестає!..», і це зрозуміло, бо Бог є любов (1Ів. 4:16). Любов є сукупність досконалості (Кол. 3:14), яка несе у собі терпіння (1Кор. 13:4); інакше кажучи, любов складається з терпіння, смиренності, лагідності, миру, радості та надії. Любов є Сам Бог, Його вічне нетлінне буття.

Бог — Він невидимий (Рим. 1:20), отже, і терпіння невидиме. Чи можливо доторкнутися до терпіння, взяти його в руки? Всі знають, що терпіння є, але доторкнутися, побачити, роздивитися його фізичними очима неможливо. Однак воно стає видимим через плід, коли людина його являє: «який терпеливий!», «яке терпіння потрібно мати, щоб все це витримати!».

Будь-яка людина має здатність терпіти по-людському, по-земному, тому що створена за образом та подобою Бога — це є терпіння виключно за законом (цьому є багато прикладів Старого Завіту: Пр. 14:29, 15:18; Екл. 7:8; 1Цар. 2:26). Часто терпіння за законом, за буквою, яка навчає: «потрібно, повинен терпіти», плутають зі справжнім терпінням, яке є єством Бога. Господь по Своїй милості та любові відкрив нам справжнє терпіння, яке є Він Сам, яке живе в нас. Ставши нашим духом, нашим сумлінням, Його терпіння стало нашим терпінням, тобто наше терпіння — є наш Господь Ісус Христос, а це означає, що воно безсмертне; тому, прийнявши віру по правді Бога нашого, ми маємо Його безсмертя та стали учасниками Його єства (2Петр. 1:1–4).

Люди розуміють, які це добрі якості: терпіння, смиренність, лагідність, любов. І коли знають людину з такими рисами, то вона всім подобається. Але чому ж люди, розуміючи ці прекрасні якості, не являють їх? — не можуть! Чому?

Ми, християни, які пізнали істину, знаємо відповідь на це питання. Бог є Дух, Він і є усі ці якості: любов, терпіння, смиренність, лагідність, мир і радість, віра, надія, стриманість. Тільки прийнявши Бога своїм життям, живучи Ним, віддавши себе у владу Бога, щоб Він управляв, направляв, тобто діяв людиною, тоді ця людина являтиме справжні плоди безсмертя. «Бо всі, хто водиться Духом Божим, вони сини Божі ...хто не має Христового Духа, той не Його» (Рим. 8:14,9).

Люди, віруючи в Бога, але не маючи Його своїм життям, являють ці якості своїми зусиллями суто за законом, що є мертві діла, а не вічне життя. У цьому люди обмануті дияволом, який спочатку вселяє розуміння, що ти маєш бути терпеливим, лагідним, смиренним, старайся, старайся, а потім у слушну мить являє через людину своє: гнів, роздратування і таке інше. Згодом заспокоює: нічого, буває, Бог милосердний, прощає, візьми себе в руки, стань на варту, приклади зусилля і станеш терпеливим. І все повторюється знову й знову, і завжди те ж саме. Яка страшна катастрофа очікує того, хто стоїть під законом, дуже старається, але насправді не народився від Бога, не прийняв вірою єство Бога.

Одне нам всім має бути зрозумілим, що терпіння росте й зміцнюється в нас через страждання: «...хвалимося в утисках, знаючи, що утиски приносять терпеливість» (Рим. 5:3), «Майте, брати мої, повну радість, коли впадаєте в усілякі випробування, знаючи, що досвідчення вашої віри дає терпеливість» (Як. 1:2–3) — сприймімо це вчення, з'їжмо його, зрозуміймо та даймо місце в нас, бо воно є вчення Ісуса Христа, Його Дух, Він Сам.

Досконала дія терпіння потрібна всюди і в усьому, починаючи з великих справ до самих малих, життєвих, та у відносинах віруючих між собою (1Кор. 6:7–8; 2Кор. 11:19–20); також і у тому, щоб встояти, зберегти віру до кінця, до смерті, і, можливо, до мученицької смерті (Об. 3:10, 13:10, 14:12–13). Зробимо Господа нашого Ісуса Христа нашим терпінням, щоб пройти призначений нам шлях, тому що без терпіння цього ніяк зробити не зможемо (Євр. 12:1). Амінь!

ЛАГІДНІСТЬ ТА СМИРЕННІСТЬ

«Блаженні лагідні, бо землю вспадкують вони» (Мт. 5:5). «Візьміть на себе ярмо Моє, і навчіться від Мене, бо Я тихий і серцем покірливий, — і знайдете спокій душам своїм» (Мт. 11:29). «Нехай у вас будуть ті самі думки, що й у Христі Ісусі!» (Фил. 2:5). «Бог противиться гордим, а смиренним дає благодать!» (1Петр. 5:5).

Смиренність має велике значення у спасінні та житті християнина: «Він упокорив Себе, бувши слухняний аж до смерті, і то смерті хресної... Тому й Бог повищив Його, та дав Йому Ім'я, що вище над кожне ім'я, щоб перед Ісусовим Ім'ям вклонялося кожне коліно небесних, і земних, і підземних, і щоб кожен язик визнавав: Ісус Христос — то Господь, на славу Бога Отця!» (Фил. 2:8–11). Смиренність пов'язана із самозреченням, із самоприниженням, як і Господь це зробив (Фил. 2:7–8), тобто без смиренності людина не може отримати благодать, бо у ній перебуватиме гордість, а Бог гордим противиться.

Смиренність — це щось велике, але Господь чомусь не сказав: «Блаженні смиренні», а сказав: «Блаженні лагідні». Так, саме лагідні мають дві великі обітниці: «блаженні» та «землю вспадкують». І, звичайно ж, Господь не мав на увазі цю фізичну землю, на якій ми живемо. Він вчив: «Небо й земля проминуться…», «земля та діла, що на ній, погорять» (Лк. 21:33; 2Петр. 3:10). «Але за Його обітницею ми дожидаємо неба нового й нової землі, що правда на них пробуває» (2Петр. 3:13) — саме цю землю мав на увазі Господь, коли сказав, що лагідні наслідують землю.

Отже, питання: що таке лагідність? Можна швидко знайти відповідь, відкривши Гал. 5:22–23, де чітко та зрозуміло сказано: «А плід духа: …лагідність, здержливість: Закону нема на таких!». Стає зрозумілим, що лагідність — плід духа людини, у якій живе Ісус Христос, тобто лагідність є духовне явище, що належить Богові. «Я тихий (лагідний)», — сказав Господь, отож лагідність — то єство Його Святого Духа, а це передусім означає, що лагідність — Божественний Дух, Його складова, і це є частка безсмертя!

Прийнявши Ісуса Христа та зробивши Його своєю совістю (сумлінням), людина прийняла і лагідність, яка має дві обітниці вічності: блаженство та спадщину нетлінну, нев'янучу, заховану на небі для нас, що ми бережені силою Божою через віру на спасіння (1Петр. 1:3–5). Зрозуміймо, що силою

Божою зберігаються тільки ті, хто перебуватиме у вірі по правді Бога нашого!

Отже, що таке справжня лагідність згідно вчення Господа нашого Ісуса Христа — стало зрозуміло. Але як проявляється лагідність, і як вона виражається через людину? Лагідність проявляється і виражається через мову, у спілкуванні, при настановах та порадах, і Святі Писання це ясно відкривають: «Лагідна відповідь гнів відвертає…» (Пр. 15:1); «Язик лагідний — то дерево життя…» (Пр. 15:4); «Завжди готовими будьте на відповідь… із лагідністю та зі страхом» (1Петр. 3:15); «що навчав би противників із лагідністю…» (2Тим. 2:25). Із приведених місць Біблії можна зробити висновок, що лагідність проявляється через язик людини, а оскільки язик бере участь, то й відразу стає зрозумілим, чому Господь так виділив лагідність і дав їй великі обітниці блаженства, бо ж язик — невеликий член, але багато робить, як про це пише Яків у третьому розділі: «І язик… поставлений так поміж нашими членами, язик скверніть усе тіло, запалює круг життя, і сам запалюється від геєнни» (Як. 3:5–6). І де ж ця геєнна знаходиться? — у совісті (сумлінні) людини, якщо нею не став Ісус Христос. «Та не може ніхто із людей язика вгамувати, він зло безупинне, він повний отрути смертельної!» (Як. 3:8) — ніяким законом, ніяким покаранням змінити положення та стан язика неможливо! Людина власними зусиллями може на деякий час утримувати, приборкувати його, але оскільки це залежить від стану совісті, то рано чи пізно язик проявить те, що живе в ній.

Є тільки одна можливість змінити цей стан: померти з Господом на Голгофі для брехні, вірою у Нього вигнати із себе диявола, Господом нашим очиститися від усякої неправди так, щоб у слові не грішити, тобто щоб через наші уста не проходило ніяке хибне слово у тлумаченні, щоб не було ніякої брехні у вченні віри нашої — тільки такий «муж досконалий, спроможний приборкувати й усе тіло» — пише Яків (Як. 3:2).

Чому лагідність має таке велике значення? — тому що, як сказав Господь наш Ісус Христос: «Бо зі слів своїх будеш виправданий, і зі слів своїх будеш засуджений» (Мт. 12:37).

Лагідність — це мудрість, що сходить згори (від Бога): «Хто мудрий і розумний між вами? Нехай він покаже діла свої в лагідній мудрості добрим поводженням! Коли ж гірку заздрість та сварку ви маєте в серці своєму, то не величайтесь та не говоріть неправди на правду, це не мудрість, що ніби зверху походить вона, але земна, тілесна та демонська» (Як. 3:13–18); «Смерть та життя — у владі язика…», — сказав Соломон від премудрості, даної йому від Бога (Пр. 18:21; 1Цар. 3:1–28). І ще багато місць із Писань можна привести, які показують, наскільки життєво необхідно одягтися у лагідність (Кол. 3:12); апостол Павло, наставляючи Тимофія діяти добрим вчинком віри, переконував багатіти лагідністю (1Тим. 6:11–14). Виходячи з усього сказаного, кожен, хто почує та вдумається, вже зможе добре зрозуміти вчення про лагідність.

Перейдемо до питання про смиренність, бо смиренність також є Боже єство, а єство Бога — одне ціле, нероздільне, де одне без іншого не буває: коли є лагідність, то неминуче є і смиренність; якщо є смиренність, неминуче є і терпіння; а де є терпіння, неминуче є стриманість! Апостол Петро пише: «…докладіть до цього всю пильність, і покажіть у вашій вірі чесноту, а в чесноті — пізнання, а в пізнанні — стримання, а в стриманні — терпеливість, а в терпеливості — благочестя, а в благочесті — братерство, а в братерстві — любов» (2Петр. 1:5–7).

Для того, щоб досягти безсмертя та слави Господа нашого, необхідно здобути смиренність, без якої немає правильного життя, немає правильної віри, неможливо ходити шляхом істини. Смиренність є великим явищем на шляху спасіння людини, без якого вона ніколи не дійде до мети, тому що не може стати і бути гідною для Бога! Сам Господь сказав: «Навчіться від Мене, бо Я тихий і серцем покірливий, — і знайдете спокій душам своїм» (Мт. 11:29). Якщо не навчимося, то не знайдемо спокою; де немає спокою — немає миру; де немає миру — там немає і радості; а немає радості — немає і праведності, немає правильної віри, надії, як наслідок, людина ходить у темряві!

В Писаннях знаходимо велике відкриття стосовно смиренності: «Заплата покори і страху Господнього, — це багатство, і слава, й життя» (Пр. 22:4); «Страх Господній — початок премудрости» (Пр. 9:10); «Страх Господа чистий, він навіки стоїть… страх Господній відводить від злого» (Пс. 18 (19):10; Пр. 16:6). Багатство — про яке багатство йде мова? — «О глибино багатства, і премудрости, і знання Божого!» (Рим. 11:33–36); слава — про яку славу мова? — «…кого виправдав, тих і прославив» (Рим. 8:29–31); а життя — то життя вічне, звичайно. І все це йде за смиренністю.

Звернімо увагу на цей вірш: «Бо так промовляє Високий і Піднесений, повіки Живущий, і Святий Його Ймення: Пробуваю Я на Височині та в святині, і з зламаним та з упокореним, щоб оживляти духа скромних, і щоб оживляти серця згноблених!» (Іс. 57:15). Ось ще кілька місць із Писання про смиренність: Пс. 33 (34):19, 50 (51):19; Пр. 15:33. Смиренність рятує, повністю змінює відношення Бога до людини, і ось приклади: 1Цар. 21:29; 2Хр. 33:9–13! Непокірливість — це загибель, приклади тому: 2Хр. 33:21–24, 36:11–21! «Упокоріться перед Господнім лицем, і

Він вас підійме!», — написав Яків (Як. 4:10); про це також написав апостол Петро: «Тож покоріться під міцну Божу руку, щоб Він вас Свого часу повищив» (1Петр. 5:6).

Що ж таке смиренність, і як вона себе проявляє? — приймати обставини (ситуації або положення) такими, які вони прийшли від Бога, та бути задоволеним: не жалітися, не суперечити, не обурюватися; славити та дякувати за все Господу, за будь-які переживання, якими б вони не були: скорботи, втрати, страждання! Це підтверджується словом: «Пізнавай ти Його на всіх дорогах своїх, і Він випростує твої стежки» (Пр. 3:5–6), «Увіходьте тісними ворітьми... Бо тісні ті ворота, і вузька та дорога, що веде до життя, — і мало таких, що знаходять її!» (Мт. 7:13–14).

Чому ж тільки деякі знаходять тісні ворота й вузький шлях, адже вони ведуть у життя? — тому що тільки знайти їх — означає повну самовіддачу себе Господу, а це неминуче тягне за собою земні втрати, що завжди пов'язано зі смиренністю та терпінням. І хто до цього готовий?

Не інакше, як тільки через страждання людина може їх здобути, як це і сталося із Самим нашим Господом: «Він за днів тіла Свого з голосінням великим та слізьми приніс був благання й молитви до Того, хто від смерті Його міг спасти, і був вислуханий за побожність Свою. І хоч Сином Він був, проте навчився послуху з того, що вистраждав був» (Євр. 5:7–9).

Тут знаходимо відповідь: «Він упокорив Себе, бувши слухняний аж до смерті, і то смерті хресної...» (Фил. 2:8). Плоть ніколи так просто не здасть свої позиції, бо існує господар цього тілесного життя, що гарно видно з життя за Старим Заповітом.

Для того, щоб Ізраїля зробити Своїм народом, підкорити його Собі (оскільки вони не підкорялися слову Бога), «Та Він упокорив їхнє серце терпінням, спіткнулись вони — і ніхто не поміг, і в недолі своїй вони Господа кликали, і Він визволяв їх від утисків їхніх! І Він вивів їх з темряви й мороку, їхні ж кайдани сторощив» (Пс. 106 (107); Вих. 5:4–19). Мойсей говорить: «І впокорював Він тебе, і морив тебе голодом… щоб випробувати тебе, щоб пізнати те, що в серці твоїм…», та робив усе це Господь для того, щоб Його народ став здатним наслідувати Його благословення (Повт. 8:2–3,16–20). Далі приклади у Писанні: 2Хр. 12:1–8; Пс. 105 (106):32–46; Суд. 2:13–16, 3:1–11, 10:6–16, які нам покажуть шляхи, якими Господь веде до смиренності Свій народ! У першому випадку — спочатку роботами, потім томив голодом та спрагою, страхом смерті від змій; у другому випадку — вороги нападали, брали у полон та знущалися з них. У будь-якому випадку смиренність приходить не інакше, як тільки через страждання тіла, через втрати, внаслідок чого людина приходить до справжнього терпіння та смиренності, або серце її стає затверділим і вона відпадає!

Так само і за Новим Заповітом, бо тіло залишається тілом, і щоб його умертвити, відкинути, людина неминуче проходить через страждання (Євр. 12:6–13; Як. 1:2–8; 1Петр. 1:6–7, 4:12–16), тобто мова завжди йде про те, як відкинути земне життя (за тілом), що не має майбутнього. Апостол Петро прямо закликає озброїтись думкою страждати тілом (1Петр. 4:1–5). Необхідно стати духовними, жити за Духом, а не за тілом, «ті, хто ходить за тілом, не можуть догодити Богові» (Рим. 8:8).

Лагідність, смиренність, терпіння, мир, радість, віра, надія, стриманість та любов — усі разом ці плоди складають істину, вони і є Дух Святий, або єство Самого Бога, яке явив нам Господь наш Ісус Христос, Він є істина і життя. Приймаючи Ісуса Христа своїм життям (а це означає, що всі ці добрі якості стають нашим єством і являються у нашому житті повсюди), ми прийняли у себе Царство Боже та носимо у собі безсмертя! (Рим. 14:17–18). Це ніяк не поверхнева релігійна гра у гарні якості та добрі справи, але це потрібно зрозуміти, прийняти і стати таким — в цьому правда, в цьому таємниця вічного життя. Амінь!

ВИКОНУВАТИ ВОЛЮ БОЖУ

«А з Нього (Бога Отця) ви в Христі Ісусі, що став нам мудрістю від Бога, праведністю ж, і освяченням, і відкупленням, щоб було, як написано: Хто хвалиться, нехай хвалиться Господом!» (1Кор. 1:30–31). Написано, що Христос став нашою праведністю і Він є наша святість, бо праведність — плід святості! Без святості не може бути праведності у добрих вчинках, коли ці добрі справи не призначені для нас від Господа: «Бо ми — Його твориво, створені в Христі Ісусі на добрі діла, які Бог наперед приготував, щоб ми в них перебували» (Еф. 2:10).

Такі добрі вчинки у Христі — від водіння Духом Святим. Людина робить їх (діла) не від страху покарання, а від радості, від любові, від надихання життя Христа у ній, коли вона живе не за тілом, а в Дусі Ісуса Христа (Рим. 8:9).

Жити для Господа — це означає бути Його рабом, виконувати волю Його. Словом істини Господь нам говорить: «Допевняйтеся, що приємне для Господа... не будьте нерозумні, але розумійте, що є воля Господня» — «Не кожен, хто каже до Мене: Господи, Господи! увійде в Царство Небесне, але той, хто виконує волю Мого Отця, що на небі» (Еф. 5:10,17; Мт. 7:21). Тому варто постійно пізнавати та знати волю Божу.

«Тож благаю вас, браття, через Боже милосердя, повиддавайте ваші тіла на жертву живу, святу, приємну Богові, як розумну службу вашу, і не стосуйтесь до віку цього, але перемініться відновою вашого розуму, щоб пізнати вам, що то є воля Божа, добро, приємність та досконалість» (Рим. 12:1–2). У нашій вірі ми не повинні своїм розумом, волею та силою служити і діяти, як це спостерігається в релігійних течіях, але повинні навчитися слухати та чути Господа у нашому сумлінні: до чого Він спонукає та дає знати, як і що нам говорити чи робити. Нашою справою на сьогодні у Христі є віддано і вірно виконувати волю Бога, не ухиляючись та не перекручуючи слово, бо як написано: «Силкуйся поставити себе перед Богом гідним, працівником бездоганним, що вірно навчає науки правди» (2Тим. 2:15).

Сам Господь Ісус Христос, увіходячи у цей світ, говорить: «Ось іду... волю чинити Твою, Боже!» — «Бо Я з неба зійшов не на те, щоб волю чинити Свою, але волю Того, Хто послав Мене — А Той, Хто послав Мене, перебуває зо Мною; Отець не зоставив Самого Мене, бо Я завжди чиню, що Йому до вподоби — Я прославив Тебе на землі, — довершив Я те діло, що Ти дав Мені виконати» (Євр. 10:7; Ів. 6:38, 8:29, 17:4). Та вже перед тим, як мали Його взяти на смерть, Він молився до Отця: «Отче, як воліш, — пронеси мимо Мене цю чашу! Та проте — не Моя, а Твоя нехай станеться воля!» (Лк. 22:40–44).

Людина може досить добре розуміти вчення Господа та своїм розумом і силою волі виконувати вказане за буквою Писання — так було під законом Мойсея. Проте того, що таким служінням волю Бога не можна виконати — не розуміє.

Новий Завіт (вчення Господа Ісуса Христа) — є служіння духа: «І Він нас зробив бути здатними служителями Нового Заповіту, не букви, а духа, бо буква вбиває, а дух оживляє» (2Кор. 3:6).

Служити духом — це означає водитися сумлінням (совістю), у якому живе Христос. Як водитися сумлінням? Початком всьому є правильна віра по правді Бога нашого, прийнявши яку і перебуваючи в якій, в людині змінюється стара віра на чисте пізнання вчення Господа. Від перебування у чистому слові старі почуття обов'язково змінюються на почуття, які є у Христі, як і написано: «Нехай у вас будуть ті самі думки, що й у Христі Ісусі!» (Фил. 2:5–8), саме у розумінні самого себе, а це відбувається через самозречення та самовідданість; вбога духом людина, будучи нічим, узяла свій хрест — тобто відбулась смерть із Христом.

Далі, народжена від Бога людина чує голос Господа у собі. Яким чином? Духовний стан людини проявляє себе перш за все через почуття: любов, радість, мир, терпіння — все це є почуття Божі. «І молюсь я про те, щоб ваша любов примножалась ще більше та більше в пізнанні й усякім дослідженні, щоб ви досліджували те, що краще, щоб чисті та цілі були Христового дня» (Фил. 1:9–11). «Чуття, привчені звичкою розрізняти добро й зло» (Євр. 5:14).

«Уважай на самого себе та на науку, тримайся цього. Бо чинячи так, ти спасеш і самого себе, і тих, хто тебе слухає!» (1Тим. 4:16). Необхідно займатися собою щиро, відверто, постійно, докладаючи всі зусилля, щоб здобути та навчитися слухати, розуміти та водитися Господом. Для цього і є вся наука Нового Заповіту Господа нашого Ісуса Христа.

Господь у совісті ніколи не мовчить. І навіть коли всередині тиша, немає ніякого потягу, ніякого спонукання, проте мир та радість завжди будуть, як і написано: «Бо Царство Боже не пожива й питво, але праведність, і мир, і радість у Дусі Святім» — «А плід духа (Христового): любов, радість, мир, довготерпіння, добрість, милосердя, віра, лагідність, здержливість: Закону нема на таких!» — «Хто цим служить Христові, той Богові милий...» (Рим. 14:17; Гал. 5:22–23; Рим. 14:18).

Тому дуже важливо зрозуміти, що сьогодні ми — знаряддя в руках у Бога, яким Він творить Свою волю Своєю силою, водінням Духа в нас!

ЦЕРКВА ХРИСТА

11
РОЗДІЛ

260 Наречена Христа

264 Наше служіння Богу

269 Хто хоче бути більшим — хай буде слугою

271 Десятина

276 Яку Церкву забере Собі Христос другим пришестям?

«Ця таємниця велика, а я говорю про Христа та про Церкву!» (Еф. 5:32).

Повернімось до питання: для чого Бог створив людину? Відповідь можна прослідкувати через усю Біблію: початок — створення першої людини; кінець — величезна маса людей, які стали новим Єрусалимом, святим, великим містом, яке зійшло з неба на нову землю, підготовлене як наречена (Об. 21:1–2). У цьому і вся відповідь — для чого Бог створив людину.

Бог Отець народив Сина, як і написано: «І ось ти в утробі зачнеш, і Сина породиш, і даси Йому ймення Ісус. Він же буде Великий, і Сином Всевишнього званий, і Господь Бог дасть Йому престола Його батька Давида. І повік царюватиме Він у домі Якова, і царюванню Його не буде кінця» (Лк. 1:31–33). Бог зрозумів, що недобре Сину залишатися самому, та потрібно створити Йому помічницю — дружину, яка б царювала з Ним навіки назавжди.

НАРЕЧЕНА ХРИСТА

«Радіймо та тішмося, і даймо славу Йому, бо весілля Агнця настало, і жона Його себе приготувала! — І я, Іван, бачив місто святе, Новий Єрусалим, що сходив із неба від Бога, що був приготований, як невіста, прикрашена для чоловіка свого. І почув я гучний голос із престолу, який кликав: Оце оселя Бога з людьми, і Він житиме з ними! Вони будуть народом Його, і Сам Бог буде з ними» (Об. 19:7, 21:2–3) — новий небесний Єрусалим, до якого входять тільки обрані Богом люди, святі Його, є нареченою Христа: «І їй дано було зодягнутися в чистий та світлий вісон, бо вісон — то праведність святих» (Об. 19:8).

Образ Христа і Його Церкви, як чоловіка та дружини, показаний спочатку на прикладі Адама і Єви: «І сказав Господь Бог: Не добре, щоб бути чоловіку самотнім. Створю йому поміч, подібну до нього. І вчинив Господь Бог із землі всю польову звірину, і все птаство небесне, і до Адама привів, щоб побачити, як він їх кликатиме... І назвав Адам імена всій худобі, і птаству небесному, і всій польовій звірині. Але Адамові помочі Він не знайшов, щоб подібна до нього була... І Він узяв одне з ребер його... І перетворив Господь Бог те ребро... на жінку, і привів її до Адама. І промовив Адам: Оце тепер вона — кість від костей моїх, і тіло від тіла мого. Вона чоловіковою буде зватися, бо взята вона з чоловіка... і стануть вони одним тілом» (Бут. 2:18–24). І далі апостол Петро порівнює у Новому Завіті чоловіка та дружину з Христом і Церквою: «Ця таємниця велика, а я говорю про Христа та про Церкву!» (Еф. 5:32). «Дружини, коріться своїм чоловікам, як Господеві, бо чоловік — голова дружини, як і Христос — Голова Церкви, Сам Спаситель тіла! І як кориться Церква Христові, так і дружини своїм чоловікам у всьому. Чоловіки, любіть своїх дружин, як і Христос полюбив Церкву, і віддав за неї Себе, щоб її освятити, очистивши водяним купелем у слові, щоб поставити її Собі славною Церквою, що не має плями чи вади... але щоб була свята й непорочна!.. Бо ніколи ніхто не зненавидів власного тіла, а годує та гріє його, як і Христос Церкву, бо ми — члени Тіла Його від тіла Його й від костей Його!» (Еф. 5:22–30).

Отже, Церква є Тіло Його, бо взята від Нього, від тіла Його і від кісток Його, як і Єва від Адама. Звідси стає зрозуміло, що Адам є прообразом на Христа.

На прикладі тварин, серед яких не знайшлося рівних Адаму (Бут. 2:19–20), зображений релігійний світ, люди, які не мають народження від Бога. І на сьогодні розмаїття релігійного світу таке велике, як і тваринного світу: яких тільки течій там немає, їх вже важко і перерахувати! Але жодна з цих течій не має частки у Христі, оскільки не народжені від Бога, вони не від тіла та не від кісток Його, як і тваринний світ — не від тіла і кісток Адама. Жодна релігія не може бути дружиною Ісуса Христа.

Для Адама була створена одна дружина, не дві, не три, але одна, яка доповнювала його. Так і для Сина Божого, Бог Отець задумав створити одну наречену або дружину для повноти Сину, для взаємної любові, для спілкування, злагоди та втіхи. Без любові та єдності між чоловіком і дружиною не може будуватися сім'я, так само і не може будуватися Церква Христова, гармонією якої є Сам Христос через єдність у дусі та любові: «...пильнуючи зберігати єдність духа в союзі миру» (Еф. 4:3).

Дружина Христа явлена від Нього — від слова істини, яке є Господь Ісус Христос. Тому дружина Христа — свята і праведна, взята від Христа. Коли хто не стане святим і праведним — він ніяк не може знаходитися в Тілі Христовому і не може бути на весільній вечері Агнця, де наречена готова поєднатися з Христом навіки: «...Блаженні покликані на весільну вечерю Агнця! І сказав він мені: Це правдиві Божі слова!» (Об. 19:9).

«...І все впокорив Він під ноги Йому, і Його дав найвище за все — за Голову Церкви, а вона — Його Тіло, повня Того, що все всім наповняє!» (Еф. 1:17–23). Церква є стовп і підвалина правди (1Тим. 3:15), де немає обману, де не спотворюється слово Бога, де немає людських постанов у вигляді традицій та різних правил. Церква — дім Божий, якого художником і будівничим є Сам Бог (Мт. 16:18; Євр. 3:4–6, 11:10). Вона знаходиться поза цим світом, у сфері буття Божого, Його Святого Духа: «Ісус відповів: Моє Царство не із світу цього...» (Ів. 18:36), і далі: «Коли б ви зо світу були, то своє світ любив би. А що ви не зі світу, але Я вас зі світу обрав, тому світ вас ненавидить» (Ів. 15:19–20). Усі члени цієї Церкви стали учасниками Божого єства і вийшли вірою з цього світу, «утікаючи від пожадливого світового тління» (2Петр. 1:4).

Ісус Христос, Який Сам є вічне життя, обов'язково має відкритися й жити у кожному віруючому, що входить до Церкви, як написано: «Хто має Сина, той має життя; хто не має Сина Божого, той не має життя» (1Ів. 5:12). Коли хто з віруючих не дасть Ісусу Христу стати його совістю (сумлінням) — пройде повз мету! Совість людини завжди є основою її життя: у що вона вірить, чому поклоняється; тому тим, хто бажає успадкувати Божественну вічність у Його блаженному вічному Царстві, необхідно зробити Ісуса Христа своєю совістю і жити, направляючись нею! Кожен, хто бажає стати членом істинної Церкви, повинен хреститися у смерть Ісуса Христа. Це означає: померти із Христом на Голгофі для гріха, для всякої неправди та обману, які є основою цього світу, та воскреснути з Ним у Божому Царстві, де стверджується тільки правда, іншими словами, перейти із смерті в життя (Ів. 5:24). І на завершення всього: «А ви не в тілі, але в дусі, бо Дух Божий живе в вас. А коли хто не має Христового Духа, той не Його» (Рим. 8:9). Тільки таким чином людина зіллється зі святими Тіла Христового і перебуватиме у спілкуванні та єдності з ними.

НАШЕ СЛУЖІННЯ БОГУ

«Але наступає година, і тепер вона є, коли богомільці правдиві вклонятися будуть Отцеві в дусі та в правді, бо Отець Собі прагне таких богомільців. Бог є Дух, і ті, що Йому вклоняються, повинні в дусі та в правді вклонятись» (Ів. 4:23–24).

Ісус Христос недвозначно сказав: «Бог є Дух, і ті, що Йому вклоняються, повинні в дусі та в правді вклонятись». Господь використав тут слово «повинні», яке не допускає ніякого відхилення — це означає, що іншого богослужіння Бог не приймає. І далі Господь наголосив: Бог шукає Собі богомільців, які вклонятимуться Йому в дусі та правді. Слова «шукає Собі» показують, що у Бога шанувальників багато, але серед них немає тих, хто б служив Йому в дусі та правді, бо Він є Дух! Якщо людина не вклоняється Богу в дусі та істині, що тільки й є прийнятним Господу, то всі інші старання служити Богові будуть марними. «В дусі» — мається на увазі в сумлінні (совісті), в якому живе Христос, і тому сумління чисте та добре. «В дусі» — означає, що душа покладається на сумління, на Христа. Чистим серцем людина ходить перед Богом, перебуваючи у Христі, маючи Христа, вклоняється, шанує, молиться, славить, постійно служить та своїм життям прославляє Господа Бога свого — святить Бога у своєму серці (1Петр. 3:15).

За Старим Заповітом проводити служіння могли тільки священники, які мали на собі святе помазання і носили особливий священницький одяг. «І стали вони проти царя Узії та й сказали йому: Не тобі, Уззіє, кадити для Господа, а священникам, синам Аароновим, посвяченим на кадіння... Вийди зо святині, бо ти спроневірився, і не за честь це буде тобі від Господа Бога» (2Хр. 26:18).

ЦЕРКВА ХРИСТА

За Новим Заповітом всі народжені від Бога є царі та священники: «Але ви — вибраний рід, священство царське, народ святий, люд власности Божої, щоб звіщали чесноти Того, Хто покликав вас із темряви до дивного світла Свого, колись «не народ», а тепер народ Божий, колись непомилувані, а тепер ви помилувані!» (1Петр. 2:9–10). Будучи обраними царями і священниками, ми зодягнені у священницьке вбрання та маємо право кадити перед Богом; більш того, ми повинні кадити Богові в дусі та істині, наприклад, молитися, співати духовні пісні, бо коли ми співаємо, то у піснях наших закликаємо ім'я Господа, молимося Йому, прославляємо Його, дякуємо та святимо Господа у серцях наших: «Та Ти Святий, пробуваєш на хвалах Ізраїлевих!» (Пс. 21 (22):4); «Співайте із радістю, праведні в Господі, бо щирим лицює хвала! Хваліть Господа гуслами, співайте Йому з десятиструнною арфою» (Пс. 32 (33):1–2); «...і я піснею буду хвалити Ім'я Боже, співом вдячним Його величатиму!» (Пс. 68 (69):31); «Навчайте та напоумляйте самих себе! Вдячно співайте у ваших серцях Господеві псалми, гімни, духовні пісні!» (Кол. 3:16; Еф. 5:19). Коли людина щирим і чистим серцем дякує, славить молитвами та піснями Бога — вона горить духом своїм (Рим. 12:11), тобто кадить Богові.

ЯК ПРОХОДЯТЬ НАШІ ЗІБРАННЯ?

Христос став нашим життям! Його життя зруйнувало всередині нас (у совісті) закон гріха та смерті, і ми живемо Христом, тому наші зібрання проходять у цілковитій свободі, відкритості, без закону, без правил та постанов. Кожен член може вільно висловлювати свою думку, міркувати, адже ми збираємося саме для того, щоб мати спілкування один з одним від серця до серця, у простоті. Тільки у такій свободі являється через нас Дух Ісуса Христа — єство Самого Бога. Тому в наших зібраннях ніколи не буде хаосу, але навпаки, від дитинства, коли ще може бути й галасливо і здається — безлад, ми, живлячись Христом, підростаємо, стаємо дорослими; в нас самих і в зібраннях наших оселяється спокій та чинність. Але не награна чинність, як у релігії, від того, що так належить, але від того, що Бог наш є Бог злагоди та миру (1Кор. 14:33), бо Він все більше й більше управляє нами в нас та через нас, і здійснюється слово: «Бо всі, хто водиться Духом Божим, вони сини Божі» (Рим. 8:14).

Важливо розуміти, що тільки Ісус Христос має місце і право священнодіяти у Церкві. Душевне служіння, коли воно не від Бога та не є Дух Ісуса Христа, неприпустиме! Неприйнятна гордість і звеличення одного над іншим! Варто прагнути того, щоб Господь використав тебе у справі створення Свого Тіла, та цього потрібно бажати так, щоб то було для Господа, а не для своєї гордості та марнославства. Належить ревнувати у впокоренні та самозреченні, шукати повного наповнення Господом, щоб **СЛУЖІННЯ БУЛО ОСНОВАНЕ НА СИЛІ ГОСПОДА, ЙОГО ІСТИНІ, ЙОГО ЛЮБОВІ**. «Я правдива Виноградина, а Отець Мій — Виноградар... Як та вітка не може вродити плоду сама з себе, коли не позостанеться на виноградині, так і ви, як в Мені перебувати не будете. Я — Виноградина, ви — галуззя! Хто в Мені перебуває, а Я в ньому, той рясно зароджує, бо без Мене нічого чинити не можете ви» (Ів. 15:1–5). Потрібно добре розуміти: якщо не Господом служити, то яка з того користь і кому це потрібно? Адже якщо не Господь, то у справі інший дух — дух зла та неправди, хоча він і буде вдавати із себе ангела світла. Апостол Павло написав: «Коли-бо хто думає, що він щось, бувши ніщо, сам себе той обманює» (Гал. 6:3).

Як практично виглядає, що Христос священнодіє у наших зібраннях та спілкуванні? «...і в усьому зростали в Нього, а Він — Голова, Христос. А з Нього все Тіло, складене й зв'язане всяким допомічним суглобом, у міру чинности кожного окремого члена...» (Еф. 4:15–16) — кожен член Тіла Церкви діє Ісусом Христом у міру дару та життя у ньому Ісуса Христа. А тому Тіло Церкви — це єдиний функціонуючий організм, де задіяний кожен, без виключення. «Є різниця між дарами милости, Дух же той Самий. Є й різниця між служіннями, та Господь той же Самий. Є різниця й між діями, але Бог той же Самий, що в усіх робить усе. І кожному дається виявлення Духа на користь. Одному-бо Духом дається слово мудрости, а другому слово знання тим же Духом, а іншому віра тим же Духом, а іншому дари вздоровлення тим же Духом, а іншому роблення чуд, а іншому пророкування, а іншому розпізнавання духів, а тому різні мови, а іншому вияснення мов. А все оце чинить один і той Самий Дух, уділяючи кожному особно, як Він хоче» (1Кор. 12:4–12). Таким чином священнодіє Ісус Христос, тобто Він управляє Своїми членами Тіла так, як Він хоче; Він — голова і це Його Тіло!

Написано: «...Коли сходитесь ви, то кожен із вас псалом має, має науку, має мову, об'явлення має, має вияснення, нехай буде все це на збудування!.. А пророки нехай промовляють по двох чи по трьох, а інші нехай розпізнають. Коли ж відкриття буде іншому з тих, хто сидить, нехай перший замовкне! Бо можете пророкувати ви всі по одному, щоб училися всі й усі тішилися!..» (1Кор. 14:26,29–33). У зібранні проходить служіння один одному Ісусом Христом, тобто Духом

Святим, як спонукає Господь. Хто тут може бути винятком? Чи можуть тут бути винятком заміжні сестри? Кому можна сказати: «Ти мовчи, не пророкуй, не говори, коли отримала або отримав відкриття»? Очевидно, що у служінні немає ні чоловічої, ані жіночої статі, але в усіх — Христос: «Нема юдея, ні грека, нема раба, ані вільного, нема чоловічої статі, ані жіночої, бо всі ви один у Христі Ісусі!» (Гал. 3:28). Написано: «Коли ж відкриття буде іншому з тих, хто сидить, нехай перший замовкне!». Скажімо, що хтось із братів говорить, і раптом дружині — пророцтво, що ж їй робити? Мовчати чи говорити? Коли дружина наповнена Духом Святим, то хто через неї говорить? — Христос! Тому служіння у наших зібраннях є і повинно бути в Дусі, не душевне, не плотське, але духовне. Як тоді зрозуміти місце Писання: «...нехай у Церкві мовчать жінки ваші! Бо їм говорити не позволено, тільки коритись, як каже й Закон»? (1Кор. 14:34). У цьому місці мова йде про життя у тілі: дружина підкорена чоловікові — їй не дозволено панувати над чоловіком, як і написав апостол Павло, що все, залишене нам за тілом (за природою, як то створив Бог), так і повинно залишатися незмінним до кінця. Однак про життя в дусі апостол Павло зрозуміло говорить: «...ви вмерли для Закону через тіло Христове... Бо кінець Закону — Христос» (Рим. 7:4; 10:4). Як нам тепер це поєднати? — раніше говорилось: «як і Закон говорить», а тут — «вмерли для Закону»? Ось ми і ставимо все на свої місця: коли в дусі (в Ісусі Христі), то немає ні чоловічої, ані жіночої статі, бо Христос — служіння кожного. Проте, коли говориться про життя у тілі, то це за природою, як Бог створив та постановив: голова у сім'ї — чоловік; дружина покірна чоловікові, вона створена для чоловіка і ніяк не інакше! Тому, як і дружина, коли не діє

Духом Святим, нехай мовчить, так, згідно із пізнанням правди, і чоловік, коли не діє Духом Святим, а за плоттю, також нехай мовчить! Наше служіння Христу не в тілі, а в дусі. Ісус Христос священнодіє у святилищі та справжній скинії, яку збудував Господь, а не людина (Євр. 8:1–2), тільки Йому місце у служінні в наших зібраннях, і без різниці, через кого Він діятиме, бо всі одне у Христі Ісусі.

Отже, прийнятним служінням Богу в Новому Завіті є життя за духом: «Тож благаю вас, браття, через Боже милосердя, повіддавайте ваші тіла на жертву живу, святу, приємну Богові, як розумну службу вашу...» (Рим 12:1). Воно не припиняється ніколи, адже ми завжди та повсюди служимо Богу, віддаючи себе Христу, перебуваючи в Тілі Церкви, служимо один одному любов'ю.

ХТО ХОЧЕ БУТИ БІЛЬШИМ — ХАЙ БУДЕ СЛУГОЮ

«А Ісус їх покликав і промовив: Ви знаєте, що князі народів панують над ними, а вельможі їх тиснуть. Не так буде між вами, але хто великим із вас хоче бути, — хай буде слугою він вам. А хто з вас бути першим бажає, — нехай буде він вам за раба. Так само й Син Людський прийшов не на те, щоб служили Йому, а щоб послужити, і душу Свою дати на викуп за багатьох!» (Мт. 20:25–28). «...Хто бо найменший між вами всіма, — той великий!» (Лк. 9:48).

Йдеться про дім Божий, який є Церква живого Бога, яку Він придбав Собі Своєю Кров'ю. В домі Божому ніяк не може бути так, як є у цьому світі: правителі панують над усіма, змушують коритися їх волі та служити їм, караючи непокірних, щоб усі їх боялися! Те ж саме діється у будь-якій релігії: ходять у страху та вшановують не Бога, бо не знають і не розуміють Його волі, а ходять перед людиною, яка себе так поводить, щоб її боялися. Коли бояться, тоді й вшановують. Хто не боїться, той або любить, бо залежний від чогось, або ненавидить, але тримає це глибоко в собі в таємниці. Аж раптом ще від когось чує, що і той також таємно ненавидить; відкривається йому, що зійшлися в одній думці, зрозуміли один одного… і створено початок нової партії — дух партійності у справі.

Проте нас навчає слово науки Господа, яке є Дух безсмертя: «Тож благаю між вами пресвітерів, співпресвітер та свідок Христових страждань, співучасник слави, що повинна з'явитись: пасіть стадо Боже, що у вас, наглядайте не з примусу, але добровільно по-Божому, не для брудної наживи, а ревно, не пануйте над спадком Божим, але будьте для стада за взір. А коли Архипастир з'явиться, то одержите ви нев'янучого вінка слави» (1Петр. 5:1–4).

Справжня Церква — як сім'я. В сім'ї всі різного віку: молодший брат чи сестра, старший брат або сестра, батько й мати. У Церкві відмінність, гідність або висота можливі тільки у міру зросту Христового і наповнення Божою любов'ю. Чим більше Бог використовує людину, тим нікчемнішою вона себе бачить, оскільки вся слава належить Богові, про що й написав апостол Павло: «Не шукаємо ми слави в людей, ані в вас, ані в інших. Хоч могли ми потужними бути, як Христові апостоли, але ми серед вас були тихі, немов годувальниця та, яка доглядає дітей своїх. Так бувши ласкаві до вас, хотіли ми вам передати не тільки Божу Євангелію, але й душі свої, бо були ви улюблені нам» (1Сол. 2:6–8). Ось і молодшим написано: «Також молоді, коріться старшим! А всі майте покору один до одного…» (1Петр. 5:5).

У Церкві немає більш або менш гідних, нікого не ділять на чини, проте всі члени однаково потрібні одні одним: «Бо ми всі одним Духом охрещені в тіло одне… і всі ми напоєні Духом одним (усім дано однаково). Бо тіло не є один член, а багато… Коли б оком було ціле тіло, то де був би слух? А коли б усе слух, то де був би нюх?.. Якби всі одним членом були, то де тіло було б?.. І ви — тіло Христове, а зосібна — ви члени!» (1Кор. 12:4–31). «Бо як в однім тілі маємо багато членів, а всі члени мають не однакове діяння, так багато нас є одне тіло в Христі, а зосібна ми один одному члени. І ми маємо різні дари… пророцтво… служіння… вчитель… втішитель… Любов нехай буде нелицемірна… У ревності не лінуйтеся, духом (душею) палайте, служіть Господеві» (Рим. 12:4–11; 1Петр. 4:10–11).

Ісус Христос навчає про ставлення до будь-якої людини у колі святих і взагалі до всіх людей: в покорі майте один одного за більшого від себе! Бо хто звеличується, той буде принижений, а хто принижує себе, той піднесеться! (Лк. 14:11; Рим. 12:10; Фил. 2:3–4).

ДЕСЯТИНА

«Мав же і перший заповіт постанови богослужби та світську святиню — …тільки в потравах та в напоях, та в різних обмиваннях, в уставах тілесних, установлено їх аж до часу направи» (Євр. 9:1–10). «Тоді Я (Христос) сказав: Ось іду, в звої книжки про Мене написано, щоб волю чинити Твою, Боже!.. Відміняє Він перше, щоб друге поставити» (Євр. 10:7–10).

Господь, коли ще був на землі, сказав: «Закон і Пророки були до Івана» (Лк. 16:16). Апостол Павло, який мав від Бога ясне відкриття про закон Мойсея, написав: «І Він нас зробив бути здатними служителями Нового Заповіту, не букви, а духа, бо буква вбиває, а дух оживляє» (2Кор. 3:6). І далі: «...кінець Закону — Христос на праведність кожному, хто вірує» (Рим. 10:4).

Десятина стала обов'язком, законом у релігії. Цю заповідь закону навчають старанно виконувати, лякаючи людей тим, що від цього залежить їх спасіння. Коли не даєш десятини — буде біда з дітьми і взагалі не буде благословення Божого у твоєму домі. Проте, коли Господь відмінив перше (завіт Мойсея) та постановив друге (Новий Завіт у Крові Господа), і якщо закон і пророки були тільки до Івана Хрестителя, а Христос — кінець закону, то яким чином до цього часу діє закон про десятину?

У законі Мойсея десятину приносили частіше продуктами, фруктами, овочами, тваринами, щоб харчувалися священники і левити з їх сім'ями, бо коліно Левія не отримало у спадок землю, але: «...сказав Господь до Аарона: У їхньому Краю ти не будеш мати власності, і не буде тобі частки між ними, — Я частка твоя та власність твоя поміж Ізраїлевими синами! А Левієвим синам Я дав ось кожну десятину в Ізраїлі на спадщину, взамін за їхню службу, бо вони виконують службу скинії заповіту...» (Чис. 18:20–24). Через пророків Господь промовляє: «Принесіть же ви всю десятину до дому скарбниці, щоб страва була в Моїм храмі...» (Мал. 3:10).

У всьому Новому Завіті немає вчення про десятину, оскільки немає закону. Ми знаємо, що закон — тінь зі справжнього

(Євр. 10:1), тобто закон скопійований з духовного, справжнього і викладений для тіла по-земному; тому заповіді закону необхідно переносити в духовне розуміння і тоді буде все вірно. Тож, якщо вчення про десятину розуміти духовно, то про яку їжу чи про які пожертви йдеться?

Всі жертвоприношення, як тварин, так і дари хлібні, вказували на Христа; так і десятина вказує на Христа: Я є справжня пожива та пиття (Ів. 6:48–58). «Пильнуйте не про поживу, що гине, але про поживу, що зостається на вічне життя, яку дасть нам Син Людський, бо відзначив Його Бог Отець» (Ів. 6:27). Їжа у домі Божому сьогодні — це слово вчення Нового Завіту. Ми живимось духовно; тому десятина Нового Завіту — це, по-перше, приносити свої переживання та ділитися ними в зібранні, як написано: «...у міру чинності кожного окремого члена» (Еф. 4:16) і «Коли сходитесь ви, то кожен із вас псалом має, має науку... об'явлення має...» (1Кор. 14:26). Так і апостол Петро пише: «...приносити жертви духовні, приємні для Бога через Ісуса Христа» (1Петр. 2:5) — з чого й складається все життя християнина. Служіння Нового Завіту — це служіння Духом Святим із серця, а Дух Святий є Бог, Бог є Любов. Усі жертви людина приносить від любові, а не з примусу, що є закон.

Про пожертви, які включають і грошові внески, Новий Завіт навчає просто: «А щодо складок на святих, то й ви робіть так, як я постановив для Церков галатійських. А першого дня в тижні нехай кожен із вас відкладає собі та збирає, згідно з тим, як ведеться йому, щоб складок не робити тоді, аж коли я прийду» (1Кор. 16:1–2). І немає тут жодної мови про десятину, проте кожен жертвує, скільки йому дозволяє його становище. У другому посланні до Коринтян (восьмий та дев'ятий розділи) детально описано про збір коштів на потреби святих або потреби Церкви і знову нічого не сказано про десятину, як про неї описувалося у Старому Завіті. Не затверджується ніякого закону, діє повна свобода: «Нехай кожен дає, як серце йому призволяє, не в смутку й не з примусу, бо Бог любить того, хто з радістю дає!» (2Кор. 9:7). При цьому апостол Павло написав: «Хто скупо сіє, той скупо й жатиме…» (2Кор. 9:6).

Отже, по істині Нового Завіту немає закону про десятину у вигляді грошей. У Бога немає закону і немає ніякої потреби у законі, оскільки являється любов до Бога та до Його справи! Ще до закону говорилося про десятину за вірою на прикладі Авраама, як написано: «Бо цей Мелхиседек, цар Салиму… Авраам відділив йому й десятину від усього… — І, щоб сказати отак, через Авраама і Левій, що бере десятини, дав сам десятини. Бо ще в батькових стегнах він був, коли стрів його Мелхиседек» (Євр. 7:1–2,9–10).

Звідси виникають питання: чи закінчилося сьогодні служіння Богу у домі Його, у Церкві? Чи ж не добре, коли Церква має кошти для підтримки нужденного? Для служіння за законом Старого Завіту Бог визначив найнеобхідніше, що ніяк не було непосильним тягарем для людей. А як на сьогодні? — від любові до Бога та справи Божої віруючі можуть жертвувати набагато більше десятини! Писання говорять: «Хіба ви не знаєте, що ваше тіло — то храм Духа Святого, що живе Він у вас, якого від Бога ви маєте, і ви не свої? Бо дорого куплені ви. Отож прославляйте Бога в тілі своєму та в дусі своєму, що Божі вони!» (1Кор. 6:19–20). Апостол Павло пише: «Бо ми — Його твориво, створені в Христі Ісусі на добрі діла, які Бог наперед приготував, щоб ми в них перебували» (Еф. 2:10). Ми віддали себе Богу добровільно, і ми не свої. Чи не Господь дав людині все, чим вона володіє, і чи не належить це Богу? «І Я вам кажу: Набувайте друзів собі від багатства неправедного, щоб, коли проминеться воно, прийняли вас до вічних осель. Хто вірний в найменшому, — і в великому вірний; і хто несправедливий в найменшому, — і в великому несправедливий. Отож, коли в несправедливім багатстві ви не були вірні, хто вам правдиве довірить? І коли ви в чужому не були вірні, хто ваше вам дасть? Жоден раб не може служить двом панам, бо або одного зненавидить, а другого буде любити, або буде триматись одного, а другого знехтує. Не можете Богові й мамоні служити (земному для тіла)! Чули все це й фарисеї, що були срібнолюбці, та й стали сміятися з Нього. Він же промовив до них: Ви себе видаєте за праведних перед людьми, але ваші серця знає Бог. Що-бо високе в людей, те перед Богом гидота» (Лк. 16:9–15).

Далі, Господь дуже точно показав у притчі на прикладі багатія і бідного Лазаря, як можна не бачити потреб своїх братів та сестер у Церкві (Лк. 16:19–31). Будучи вельми заможним, багатій, засліплений своїм достатком, зовсім не бачив, не звертав увагу на бідного та хворого Лазаря — це й показало, де його серце.

«І поглянув Він (Господь) угору, і побачив заможних, що кидали дари свої до скарбниці. Побачив і вбогу вдовицю одну, що дві лепті туди вона вкинула. І сказав Він: Поправді кажу вам, що ця вбога вдовиця вкинула більше за всіх! Бо всі клали від лишка свого в дар Богові, а вона поклала з убозтва свого ввесь прожиток, що мала...» (Лк. 21:1–4).

І знову питання: чи потрібні Богу дари від людей? «Бог, що створив світ і все... не вимагає служіння рук людських, ніби в чомусь Він мав би потребу, бо Сам дає всім і життя, і дихання, і все» (Дії 17:24–25). Але як Богу випробувати людські серця, куди вони направлені, чим наповнені, що люблять і де їх багатство? «Бо де скарб твій, там буде й серце твоє!» (Мт. 6:21). «Шанує син батька, а раб — свого пана; та якщо Я вам батько, де пошана Моя? А якщо Я вам пан, де страх передо Мною? говорить Господь Саваот вам, священники, що погорджуєте Моїм Іменням… І коли ви проносите в жертву сліпе, це не зле? І як кульгаве та хворе приносите, чи ж це не зле?» (Мал. 1:6–9). На той час за законом приносили у жертву тварин, і як суворо Господь докоряв їм: «І проклятий обманець, що в стаді його є самець, а він обіцяє та в жертву дає Господеві зіпсуте…» (Мал. 1:14).

Сьогодні наші пожертвування — не за законом і не принесенням тварин, але жертви необхідні, і, коли Господь тоді бачив у стаді здорову тварину, а господар намагався позбутися від хворої, сліпої, кульгавої, то невже Господь не бачить наші серця, як людина відноситься до пожертвувань, наскільки вона віддана справі Божій? Випробовується кожне серце — **ЯК ВОНО ЛЮБИТЬ БОГА.**

ЯКУ ЦЕРКВУ ЗАБЕРЕ СОБІ ХРИСТОС ДРУГИМ ПРИШЕСТЯМ?

«Отже, ви вже не чужі й не приходьки, а співгорожани святим, і домашні для Бога, збудовані на основі апостолів і пророків, де наріжним каменем є Сам Ісус Христос, що на Ньому вся будівля, улад побудована, росте в святий храм у Господі, що на Ньому і ви разом будуєтеся Духом на оселю Божу» (Еф. 2:19–22).

Діти Божі — то є живі камені, які вкладаються у духовний дім (1Петр. 2:5). І далі: «І я, Іван, бачив місто святе, Новий Єрусалим, що сходив із неба від Бога... Оце оселя Бога з людьми...» (Об. 21:2–3). Злагоджено складаючись, завершилося будівництво у явленні святого міста Єрусалиму. Як саме споруджується ця будівля?

По-перше, є тільки один вірний фундамент (основа): «Ніхто-бо не може покласти іншої основи, окрім покладеної, а вона — Ісус Христос» (1Кор. 3:11) — Сам Господь Ісус Христос; іншої вірної основи від Бога немає: «Як у слові Моїм позостанетеся... і пізнаєте правду» — «Кожен, хто робить переступ... той Бога не має. А хто пробуває в науці Його, той має і Отця, і Сина» — «Май же за взір здорових слів... — Та однако стоїть міцна Божа основа та має печатку оцю: "Господь знає тих, хто Його", та: "Нехай від неправди відступиться всякий, хто Господнє Ім'я називає!"» (Ів. 8:31–32; 2Ів. 9 вірш; 2Тим. 1:13, 2:19).

По-друге, мова йде про цілковиту єдність усіх, без жодного розділення думок: «Тож благаю вас, браття, Ім'ям Господа нашого Ісуса Христа, щоб ви всі говорили те саме, і щоб не було поміж вами поділення, але щоб були ви поєднані в однім розумінні та в думці одній!» — «...борючись однодушно за віру євангельську» (1Кор. 1:10; Фил. 1:27). Для прикладу візьмемо людське тіло. Воно складається із багатьох органів і членів, які з'єднані між собою та функціонують повноцінно й злагоджено. Кожна клітина живиться через кров, яка однаково постачає органам все необхідне для життя. І якщо взяти тіло людини й розділити його на частини та покласти окремо — що станеться? Чи будуть поодинці працювати частини тіла? Відповідь очевидна — тіла не стане, оскільки всі члени його будуть мертві, вони не можуть функціонувати порізно! Наше фізичне тіло є прообраз на Тіло Христове. Воно не може бути розділеним або розірваним на окремі частини. І кожна частина тіла не може діяти сама собою — поза тілом вона мертва «...все тіло, суглобами й зв'язями з'єднане й зміцнене, росте зростом Божим» (Кол. 2:18–19). «Одне тіло, один дух, як і були ви покликані в одній надії вашого покликання. Один Господь, одна віра, одне хрещення...» (Еф. 4:4–5; Дії 11:26).

Цілковита єдність, одні думки в одному дусі можливі тільки в появі нового створіння, життям якого є Христос (Гал. 6:15; Як. 1:18). Сила нового створіння — є любов, якою будується Тіло Христове: «Улюблені, любім один одного, бо від Бога любов, і кожен, хто любить, родився від Бога та відає Бога! Хто не любить, той Бога не пізнав, бо Бог є любов!.. Бог є любов, і хто пробуває в любові, пробуває той в Бозі, і в ньому Бог пробуває! Любов удосконалюється з нами так, що ми маємо відвагу на день судний, бо який Він, такі й ми на цім світі» (1Ів. 4:7–17).

Тільки у повній Божій любові злагоджено будується Божа споруда — від немовляти до зрілого християнина (мужа досконалого): «...аж поки ми всі не досягнемо з'єднання віри й пізнання Сина Божого, Мужа досконалого, у міру зросту Христової повноти... і в усьому зростали в Нього, а Він — Голова, Христос. А з Нього все тіло, складене й зв'язане всяким допомічним суглобом, у міру чинності кожного окремого члена, чинить зріст тіла на будування самого себе любов'ю» (Еф. 4:13–16).

Апостол Павло написав: «Бо пильную про вас пильністю Божою, заручив-бо я вас одному чоловікові, щоб Христові привести вас чистою дівою» (2Кор. 11:2). «Тож, улюблені, чекаючи цього, попильнуйте, щоб ви знайшлися для Нього нескверні та чисті у мирі» (2Петр. 3:14). Дім Божий є Церква Бога Живого, стовп і підвалина правди (1Тим. 3:15).

Тепер виникає питання: коли прийде Господь другим пришестям, то яку саме Церкву Він Собі забере назавжди? — звісно буде взята та, яка виявиться Його єдиним Тілом, головою якого є Він Сам. Перебуваючи на землі, наш Господь вчив і говорив: «Як хто служить Мені, хай іде той за Мною, і де Я, там буде й слуга Мій...» (Ів. 12:26); у молитві ж просив Отця про одне Тіло: «...щоб були всі одно: як Ти, Отче, в Мені, а Я — у Тобі, щоб одно були в Нас і вони... Я — у них, а Ти — у Мені, щоб були досконалі в одно...» (Ів. 17:21,23).

Справжній дім Бога неодмінно будується злагоджено, оскільки Сам Господь здійснює свою справу через вірних та відданих Йому слуг. Біблія навчає, попереджує, радить, переконує: у кого немає єдності у вченні Господа нашого, хто відділяється і заздрить чи підозрює, не любить брата або сестру, хто не має спілкування зі святими у Церкві — той і залишиться поза Тілом (коли Господь прийде за Своїм Тілом), буде відправлений у зовнішню пітьму, де перебуває диявол зі своїми ангелами.

Отже, добре усвідомимо, що Господь забере до Себе **ЧИСТЕ, ЄДИНЕ, ЦІЛЕ ТІЛО**, яке й зміниться в образ Його Святий та Праведний.

ДРУГЕ ПРИШЕСТЯ ХРИСТА

12
РОЗДІЛ

283 Остання година
285 Книга Об'явлення
290 Світ майбутній

«Минається і світ, і його пожадливість, а хто Божу волю виконує, той повік пробуває! Діти — остання година!» (1Ів. 2:17–18). Ось минуло більше двох тисяч років, і як тепер розсудити нам про цей вислів «остання година»? Це було б дуже важко зрозуміти, якби не слово апостола Петра: «Нехай же одне це не буде заховане від вас, улюблені, що в Господа один день немов тисяча років, а тисяча років немов один день!» (2Петр. 3:8). Виходить, у Бога пройшло всього лиш два дні від часів апостолів, а ми знаходимося на початку третього! Тому апостол Петро і сповіщає далі: «Не бариться Господь із обітницею, як деякі вважають це барінням, але вам довготерпить, бо не хоче, щоб хто загинув, але щоб усі навернулися до каяття. День же Господній прибуде, як злодій вночі...» (2Петр. 3:9–10).

Коли менш за все чекатимуть, раптом відбудеться найвеличніша подія, яка вирішить долю цього фізичного всесвіту та всього людства: «І зараз, по скорботі тих днів, сонце затьмиться, і місяць не дасть свого світла, і зорі попадають з неба, і сили небесні порушаться. І того часу на небі з'явиться знак Сина Людського, і тоді заголосять всі земні племена, і побачать вони Сина Людського, що йтиме на хмарах небесних із великою потугою й славою. І пошле Анголів Своїх Він із голосним сурмовим гуком, і зберуть Його вибраних від вітрів чотирьох, від кінців неба аж до кінців його — А про день той й годину не знає ніхто: ані Анголи небесні, ані Син, — лише Сам Отець — Тож пильнуйте, бо не знаєте, котрого дня прийде Господь ваш — Тому будьте готові й ви, бо прийде Син Людський тієї години, коли ви не думаєте!» (Мт. 24:29–31,36,42,44).

Визначений день прийде — це слово великого Бога, а Він «...не чоловік, щоб неправду казати, і Він не син людський, щоб Йому жалкувати. Чи ж Він був сказав — і не зробить, чи ж Він говорив — та й не виконає?» (Чис. 23:19). Яким блаженним та вічно щасливим буде той, хто очікував, мав надію, яка не посоромить. Спочатку прийде день, потім прийде година, і раптом з'явиться Господь з ангелами сили та слави Своєї. Звершиться таємниця переміни тіла фізичного на духовне — які це будуть почуття, які переживання?! Піднесемося на хмарах у повітря назустріч Господеві, і так завжди з Ним будемо (1Кор. 15:51–53; 1Сол. 4:13–18).

ОСТАННЯ ГОДИНА

День пришестя Господа настане! Буде це скоро чи ні, — але він прийде. Задум Бога обов'язково здійсниться: «І ввесь людський рід Він з одного створив, щоб замешкати всю поверхню землі, і призначив окреслені доби й границі замешкання їх, щоб Бога шукали вони...» — «Бо "Господня земля, і все, що на ній!"» (Дії 17:26–27; 1Кор. 10:26). Проте, людина сама зробила себе богом і думає та розуміє, що це її земля — робить все, що заманеться, зовсім не рахуючись із Творцем всього всесвіту. Скільки ж Бог терпітиме таке? Відповідь на це запитання знаходимо: «І проповідана буде ця Євангелія Царства по цілому світові, на свідоцтво народам усім. І тоді прийде кінець!» (Мт. 24:14). І хоч слово справджується, людство зовсім не думає про кінець: «Насамперед знайте оце, що в останні дні прийдуть із насмішками глузії, що ходитимуть за своїми пожадливостями, та й скажуть: Де обітниця Його приходу? Бо від того часу, як позасинали наші батьки, усе залишається так від початку творіння» — «Знай же ти це, що останніми днями настануть тяжкі часи. Будуть-бо люди тоді самолюбні, грошолюбні, зарозумілі, горді... (просто жахливі)» — «...вони отупіли й віддалися розпусті, щоб чинити всяку нечисть із зажерливістю» (2Петр. 3:3–4; 2Тим. 3:1–5; Еф. 4:18–19). Господь, коли був у тілі на землі, розповів про останні часи детально та зрозуміло: «І будуть ознаки на сонці, і місяці, і зорях, і тривога людей на землі, і збентеження від шуму моря та хвиль, коли люди будуть мертвіти від страху й чекання того, що йде на ввесь світ, бо сили небесні порушаться» — «І багато хто в той час спокуситься, і видавати один одного будуть, і один одного будуть ненавидіти. Постане багато фальшивих пророків, і зведуть багатьох. І через розріст беззаконства любов багатьох охолоне. А хто витерпить аж до кінця, той буде спасений!» (Лк. 21:25–26; Мт. 24:10–13). І все це вже у дії: страх очікування тероризму, смуток та беззаконня примножилися так, що виникає питання, чи може бути ще гірше, ніж на сьогодні вже є? У наші дні Євангелія проповідується у всесвіті через телебачення, через інтернет. Цілодобово надходить інформація — кінець всьому дуже близький.

Тому ми очікуємо великого дня, коли прийде за нами Господь, наш Спаситель. Це очікування нелегке, адже ми не хочемо виявитися роздягненими, оголеними, але хочемо бути зодягненими у праведність святих (Об. 19:7–8), бути готовими до великої події: «Уважайте ж на себе, щоб ваші серця не обтяжувалися ненажерством та п'янством, і життєвими клопотами, і щоб день той на вас не прийшов несподівано, немов сітка; бо він прийде на всіх, що живуть на поверхні всієї землі. Тож пильнуйте, і кожного часу моліться, щоб змогли ви уникнути всього того, що має відбутись, та стати перед Сином Людським!» (Лк. 21:34–36). Усім тим, хто очікує, Господь сказав: «Тож не відкидайте відваги своєї, бо має велику нагороду вона. Бо вам терпеливість потрібна, щоб Божу волю вчинити й прийняти обітницю. Бо ще мало, дуже мало, і Той, хто має прийти, прийде й баритись не буде! А праведний житиме вірою. І: Коли захитається він, то душа Моя його не вподобає. Ми ж не з тих, хто хитається на загибіль, але віруємо на спасіння душі» (Євр. 10:35–39).

КНИГА ОБ'ЯВЛЕННЯ

«Бо ви знаєте перше про те, що жодне пророцтво в Писанні від власного вияснення не залежить. Бо пророцтва ніколи не було з волі людської, а звіщали його святі Божі мужі, проваджені Духом Святим» (2Петр. 1:20–21).

Книга Об'явлення св. Івана Богослова, з одного боку, говорить: «Блаженний, хто читає, і ті, хто слухає слова пророцтва та додержує написане в ньому, час-бо близький!» (Об. 1:1–3); з іншого боку, Іван пише: «Свідкую я кожному, хто чує слова пророцтва цієї книги: Коли хто до цього додасть що, то накладе на нього Бог кари, що написані в книзі оцій. А коли хто що відійме від слів книги пророцтва цього, то відійме Бог частку його від дерева життя, і від міста святого, що написане в книзі оцій» (Об. 22:18–19). Дуже важливе та серйозне попередження від Господа і Бога нашого!

Ангел, який показав усе, про що йдеться у цій книзі, мовив Івану: «Не запечатуй слів пророцтва цієї книги. Час-бо близький!» (Об. 22:10). Добре показано, що істинно, настала остання година!

У п'ятому розділі говориться про книгу, яка запечатана сімома печатками (Об. 5:1). Ці печатки міг зняти (розкрити, що за ними приховано) тільки Господь наш Ісус Христос, тому що все Ним і для Нього створено (Кол. 1:15–17).

Книга за сімома печатками звіщає про час, який розпочався від явлення Господа у цей світ і триває до цього часу, у якому ми живемо. У Господа Бога все було готове від самого початку: «...діла Його були вчинені (зроблені) від закладин світу» (Євр. 4:3); «Про них же звіщав був Енох, сьомий від Адама, і казав: Ось іде Господь зі Своїми десятками тисяч святих, щоб суд учинити над усіма, і винуватити всіх безбожних за всі вчинки безбожности їхньої, що безбожно накоїли, та за всі жорстокі слова, що їх говорили на Нього безбожні грішники» (Юд. 14–15).

За печатками приховане передбачення про те, що очікує на цей світ, починаючи від явлення нового часу, про який сказано: літо Господнє приємне, ось тепер день спасіння (Лк. 4:19; 2Кор. 6:1–2).

Коли Агнець Божий зняв першу печатку, тоді з'явився «...ось кінь білий, а той, хто на ньому сидів, мав лука... і він вийшов, немов переможець, і щоб перемогти» (Об. 6:2). І Він здобув перемогу: «Страждання зазнаєте в світі, але будьте відважні: Я світ переміг!» (Ів. 16:33). Ця перемога дана і нам через життя Христа в нас і за нас. «Бо кожен, хто родився від Бога, перемагає світ. А оце перемога, що світ перемогла, віра наша» (1Ів. 5:4–5), «Переможець наслідить усе, і Я буду Богом для нього, а він Мені буде за сина!» (Об. 21:7).

«І коли другу печатку розкрив... вийшов кінь другий, червоний. А тому, хто на ньому сидів, було дано взяти мир із землі та щоб убивали один одного. І меч великий був даний йому» — і насправді, з приходом вчення про соціалізм та комунізм, знамена яких червоні (саме цей червоний кінь), на землі більше не стало ніякого миру, так і є до цього дня: вбивають, знищують один одного (Об. 6:3–4).

«І коли третю печатку розкрив... і ось кінь вороний. А той, хто на ньому сидів, мав вагу в своїй руці...» (Об. 6:5–6) — так стало, що за все потрібно сплачувати... Ізраїльтяни, коли переселилися свого часу на сімдесят років з Ізраїлю до царства Вавилон, скаржаться у молитві до Бога: «Свою воду за срібло ми п'ємо, наші дрова за гроші одержуємо... У потилицю нас поганяють, помучені ми, і спокою не маємо!» (Плач. 5:4–5). А ми на сьогодні за все платимо (не тільки за воду), адже все має міру, має вагу; ми так до цього звикли, що й іншого не знаємо.

«А коли Він четверту печатку розкрив... я глянув, і ось кінь чалий. А той, хто на ньому сидів, на ім'я йому Смерть, за ним же слідом ішов Ад. І дана їм влада була на четвертій частині землі забивати мечем, і голодом, і мором, і земними звірми» (Об. 6:7–8) — вже здійснилося й у повноті продовжує здійснюватись: смерть переможно крокує по землі, забираючи своє навіки.

«І коли п'яту печатку розкрив, я побачив під жертівником душі побитих за Боже Слово, і за свідчення, яке вони мали. І кликнули вони гучним голосом, кажучи: Аж доки, Владико святий та правдивий, не будеш судити, і не мститимеш тим, хто живе на землі, за кров нашу? І кожному з них дано білу одежу, і сказано їм іще трохи спочити, аж поки доповнять число їхні співслуги, і брати їхні, що будуть побиті, як і вони» (Об. 6:9–11) — говорить про те, що ще будуть вбиті за слово вчення, за віру чисту та істинну (так воно вже й було, коли римські імператори знущалися та жорстоко страчували християн), як написано: «І їй дано провадити війну зі святими, та їх перемогти. І їй дана влада над кожним племенем, і народом, і язиком, і людом» — «...коли скінчиться розбивання сили святого народу, все це сповниться. А я це слухав і не розумів. І сказав я: Мій пане, який цьому кінець? І він сказав: Іди, Даниїле, бо заховані й запечатані ці слова аж до часу кінця. Багато-хто будуть очищені, і вибіляться, і будуть перетоплені; і будуть несправедливі несправедливими, і цього не зрозуміють усі несправедливі, а розумні зрозуміють» (Об. 13:7; Дан. 12:7–10).

І ось цей час настав, коли Господь Ісус Христос вже переміг і дано Йому зняти печатки, щоб бачили ті, хто вірний Йому, як все буде та коли вже прийде всьому кінець. «І коли шосту печатку розкрив, я поглянув, і ось сталось велике трясіння землі, і сонце зчорніло, як міх волосяний, і ввесь місяць зробився, як кров... І на землю попадали зорі небесні, як фігове дерево ронить свої недозрілі плоди, коли потрясе сильний вітер... І небо сховалось, згорнувшись, немов той сувій пергамену, і кожна гора, і кожен острів порушилися з своїх місць... І земні царі, і вельможі та тисячники, і багаті та сильні, і кожен раб та кожен вільний, поховались у печери та в скелі гірські, та й кажуть до гір та до скель: Поспадайте на нас, і позакривайте ви нас від лиця Того, Хто сидить на престолі, і від гніву Агнця!.. Бо прийшов це великий день гніву Його, і хто встояти може?» (Об. 6:12–17).

Тож вище розповідається, як були зняті шість печаток, і далі, у сьомому розділі, вже показано: «Потому я глянув, і ось натовп великий, що його зрахувати не може ніхто, з усякого люду, і племен, і народів, і язиків, стояв перед престолом і перед Агнцем, зодягнені в білу одежу, а в їхніх руках було

ДРУГЕ ПРИШЕСТЯ ХРИСТА

пальмове віття... — Це ті, що прийшли від великого горя, і випрали одіж свою, та вибілили її в Крові Агнця...» (Об. 7:9,14–17).

Отже, описано всі земні періоди та як все буде. Загалом, як і показано у книзі Даниїла — сон царя Навуходоносора: «...великий бовван, — бовван цей величезний... голова його — з чистого золота, груди його та рамена його — зі срібла, нутро його та стегно його — з міді, голінки його — з заліза, ноги його — частинно з заліза, а частинно з глини. Ти бачив, аж ось одірвався камінь сам, не через руки, і вдарив боввана по ногах його, що з заліза та з глини, і розтрощив їх. Того часу розтрощилося, як одне, — залізо, глина, мідь, срібло та золото, і вони стали, немов та полова з току жнив, а вітер їх розвіяв, і не знайшлося по них жодного сліду; а камінь, що вдарив того боввана, став великою горою, і наповнив усю землю» (Дан. 2:27–35). Далі детально пояснюється: через цього боввана показаний період життя на землі, починаючи від царства Вавилону до часу, коли настане всьому кінець. Схоже, в п'ятому-сьомому розділах книги Об'явлення описуються всі періоди від явлення у світ Господа Ісуса Христа. Починаючи від восьмого розділу цієї книги («І коли сьому печатку розкрив»), повторно показано від початку, як і що буде (знову сім ангелів, яким дано сім труб) — до шлюбу Агнця з жоною (Об. 19:6–10). І на завершення знову показаний білий кінь та Той, Хто на ньому сидів, Вірний і Правдивий... (Об. 19:11). Вже наближається час суду Божого і явлення золотого міста Небесного Єрусалиму.

Книга Об'явлення св. Івана Богослова здебільшого залишається таємницею; тільки за пророцтвом, що вже здійснилося, чи коли стає щось зрозуміло, чи воно вже в дії, можна розмірковувати, але й тут, як написано: «Отож, тепер бачимо ми ніби у дзеркалі, у загадці...» (1Кор. 13:9–13). Тож не слід на власний розсуд тлумачити Писання, бо: «Коли хто до цього додасть що, то накладе на нього Бог кари, що написані в книзі оцій» (Об. 22:18).

СВІТ МАЙБУТНІЙ

«І бачив я небо нове й нову землю, перше-бо небо та перша земля проминули, і моря вже не було. І я, Іван, бачив місто святе, Новий Єрусалим, що сходив із неба від Бога, що був приготований, як невіста, прикрашена для чоловіка свого — ...весілля Агнця настало, і жона Його себе приготувала!» (Об. 21:1–2; 19:7–8).

«Бо Він не піддав Анголам світ майбутній, що про нього говоримо. Але хтось десь засвідчив був, кажучи: Що є чоловік, що Ти пам'ятаєш про нього, і син людський, якого відвідуєш?» (Євр. 2:5–6).

Майбутній світ, в якому буде перебувати велике, святе місто Єрусалим, Бог підкорив не ангелам, а людині. Саме це місто на новій землі очікував Авраам: «...Бо чекав він міста, що має підвалини, що Бог його будівничий та творець» (Євр. 11:10). Проте не один Авраам очікував цього міста, а й потомство його, про яке засвідчено: «Вірою й Сара сама дістала силу прийняти насіння, і породила понад час свого віку, бо вірним вважала Того, Хто обітницю дав. Тому й від одного, та ще змертвілого, народилось так багато, як зорі небесні й пісок незчисленний край моря. Усі вони повмирали за вірою, не одержавши обітниць, але здалека бачили їх, і повітали, і вірували в них, та визнавали, що вони на землі чужаниці й приходьки. Бо ті, що говорять таке, виявляють, що шукають батьківщини. І коли б вони пам'ятали ту, що вийшли з неї, то мали б були час повернутись. Та бажають вони тепер кращої, цебто небесної, тому й Бог не соромиться їх, щоб звати Себе їхнім Богом, бо Він приготував їм місто» (Євр. 11:11—16).

Назва цього міста — небесний Єрусалим: «Але ви приступили… до міста Бога Живого, до Єрусалиму небесного, і до десятків тисяч Анголів» (Євр. 12:22). Воно є сама чистота; тому дуже ясно написано: «І не ввійде до нього ніщо нечисте, ані той, хто чинить гидоту й неправду, але тільки ті, хто записаний у книзі життя Агнця» (Об. 21:27) — дуже важливо, життєво необхідно зрозуміти, що таке чистота серця, та придбати її, інакше не увійдеш до святого чистого Єрусалиму. «І прийшов до мене один із семи Анголів… та й промовив до мене, говорячи: Ходи, покажу я тобі невісту, жону Агнця. І заніс мене духом на гору велику й високу, і місто велике мені показав, святий Єрусалим, що сходив із неба від Бога… а місто було — щире золото… — І показав він мені чисту ріку живої води, ясну, мов кришталь, що виплавала з престолу Бога й Агнця… І жодного прокляття більше не буде… і побачать лице Його, а Ймення Його — на їхніх чолах» — «Блаженні чисті серцем, бо вони будуть бачити Бога» (Об. 21:9—10,18, 22:1,3—4; Мт. 5:8). Чітко та ясно розкрито: святе місто Єрусалим із чистого золота — є наречена, дружина Христа, Церква Господа нашого, якою являємось ми, яка є дім Божий — стовп і підвалина правди (Євр. 3:6; 1Тим. 3:15).

«А храму не бачив я в ньому, бо Господь, Бог Вседержитель — то йому храм і Агнець. І місто не має потреби ні в сонці, ні в місяці, щоб у ньому світили, слава-бо Божа його освітила, а світильник для нього — Агнець» (Об. 21:22—23).

Читаючи про майбутній світ, про нове небо і нову землю, про велике неосяжне небесне місто із чистого золота, розміри якого такі великі, що людська уява безсила, стає зрозуміло, для чого великий Бог створив цей фізичний всесвіт та людину в ньому. Саме з тих, які будуть достойні майбутнього світу, складатиметься святий Єрусалим, для них він і приготований Богом, як написано: «Чого око не бачило й вухо не чуло, і що на серце людині не впало, те Бог приготував був тим, хто любить Його!» (1Кор. 2:9). І справді, що можна зрозуміти з того, як описано небесний Єрусалим? Читаючи двадцять перший розділ книги Об'явлення, варто тільки мовчки дивуватися, роздумувати, міркувати та визнати, що нічого не зрозуміло!

Безперечно, що це майбутнє Богом приготоване для людини, тому що не ангелам Бог підкорив майбутній світ (Євр. 2:5), мова йде про християн, які мають чисте серце, про тих, хто фізично помер із чистим сумлінням та чистим розумом, тобто про святих: «Пильнуйте... про святість, без якої ніхто не побачить Господа» (Євр. 12:14). Тільки вони воскреснуть у нетлінних тілах, які будуть подібними до прославленого тіла Господа, коли Христос прийде вдруге (Фил. 3:21). Важливо усвідомлювати, що тіло, яке не ожило (Рим. 8:11), залишилося гріховним (з нечистим сумлінням та розумом), не переміниться у нетлінне вічне тіло.

Слово свідчить та показує, що ті люди, які успадкують майбутній світ, святий Єрусалим — вони належать Господу: «А ви не в тілі, але в дусі, бо Дух Божий живе в вас. А коли хто не має Христового Духа, той не Його» (Рим. 8:9). «Благословенний Бог і Отець Господа нашого Ісуса Христа, що нас у Христі поблагословив усяким благословенням духовним у небесах (не в земній сфері, а у небесній), так як вибрав у Ньому Він нас перше заложення світу, щоб були перед Ним ми святі й непорочні, у любові…» (Еф. 1:3–4). «Блаженні чисті серцем, бо вони будуть бачити Бога» (Мт. 5:8) — сама чистота є Господь наш Ісус Христос, коли Він цілковито володіє нами.

Зрештою всі, хто сподобиться досягти небесного світу, будуть одне (Ів. 17:21–23). І коли хто не перебуватиме у єдності, той не знайдеться у Тілі Господнім і не буде взятий Ним, коли Він прийде.

«І сказав Той, Хто сидить на престолі: Ось нове все творю! І говорить: Напиши, що слова ці правдиві та вірні! І сказав Він мені: Сталося! Я Альфа й Омега, Початок і Кінець. Хто прагне, тому дармо Я дам від джерела живої води. **ПЕРЕМОЖЕЦЬ НАСЛІДИТЬ УСЕ, І Я БУДУ БОГОМ ДЛЯ НЬОГО, А ВІН МЕНІ БУДЕ ЗА СИНА!**» (Об. 21:5–7).

ДЛЯ НОТАТОК

ДЛЯ НОТАТОК

ДЛЯ НОТАТОК

www.ingramcontent.com/pod-product-compliance
Lightning Source LLC
Chambersburg PA
CBHW070547050426
42450CB00011B/2746